大学生体育与健康

文烨 龙正印 欧繁荣 ——— 主编

DAXUESHENG
TIYU YU JIANKANG

北京师范大学出版集团
BEIJING NORMAL UNIVERSITY PUBLISHING GROUP
北京师范大学出版社

U0646310

图书在版编目(CIP)数据

大学生体育与健康 /文烨等主编.—北京:北京师范大学出版社,2019.9(2021.1重印)
　ISBN 978-7-303-25127-8

Ⅰ.①大… Ⅱ.①文… Ⅲ.①体育—高等学校—教材 ②健康教育—高等学校—教材 Ⅳ.①G807.4 ②G647.9

中国版本图书馆 CIP 数据核字(2019)第 197490 号

营 销 中 心 电 话　010-57654738　57654736
北师大出版社高等教育与学术著作分社　http://xueda.bnup.com

DAXUESHENG TIYU YU JIANKANG

出版发行:北京师范大学出版社　www.bnup.com
　　　　　北京市西城区新街口外大街 12-3 号
　　　　　邮政编码:100088

印　　刷:北京溢漾印刷有限公司
经　　销:全国新华书店
开　　本:730 mm×980 mm　1/16
印　　张:18.5
字　　数:276 千字
版　　次:2019 年 9 月第 1 版
印　　次:2021 年 1 月第 2 次印刷
定　　价:38.00 元

策划编辑:祁传华　　　　　责任编辑:李云虎　冯　倩
美术编辑:李向昕　　　　　装帧设计:李向昕
责任校对:康　悦　　　　　责任印制:马　洁

编 委 会

前　言

　　百年大计，教育为本；教育工作，育人为先。体育作为学校素质教育不可缺少的组成部分，不仅担负着提高学生身体素质的主要任务，而且承担着立德树人的根本使命。大学体育课程是大学生以身体练习为主要手段，通过合理的体育教育和科学的体育锻炼过程，以增强体质、增进健康和提高体育素养为主要目标的公共必修课程。设立大学体育课程，意在对学生进行思想教育，向学生传授体育理论知识，让学生学习运动技术，使其掌握运动技能，从而增强体育锻炼的意识，培养对体育运动的兴趣和爱好，树立"健康第一"的指导思想。因此，学会科学锻炼身体的方法，养成终身锻炼的良好习惯，达到终身受益的目的是大学体育的宗旨。

　　教材是实现体育教育目的的重要载体，也是进行体育教育的重要理论依据。为此，我们以教育部颁发的《全国普通高等学校体育课程教学指导纲要》和《普通高等学校体育工作基本标准》为指导，以"每天锻炼一小时，掌握两项运动技能"，增进大学生的身心健康为具体目标，组织编写了"大学生体育与健康"课程系列教材。

　　本教材有如下特点。

　　第一，以"健康第一"为指导思想，立足于当代大学生的体育需求，突出学生的生理和心理特点，以提高学生的身心健康为目标，注重培养学生的健康意识和行为，促进学生身体、心理和社会适应能力诸方面的发展。

　　第二，注重培养学生的体育意识与能力，使运动能力的培养同体育文化的学习有机地结合起来。在系列教材的编写中，强调理论与实践相结合，运动项目与健身理念相结合，引导大学生在学习掌握运动技巧战术的同时，树立主动参与运动和终身体育的意识，培养良好的团队精神

1

和鲜明的个性气质。

第三，内容系统全面，针对性、实用性强，融科学性、系统性、知识性、民族性和时代性于一体。

随着社会的发展，人们对体育的需求更加多元化，加之编者对教材的创新尝试也是探索性的，故书中难免存在不当之处，恳请广大院校师生和读者批评指正，以便今后不断修订完善。

编 者
2019 年 3 月

目　录
CONTENTS

基础理论篇

实践基础篇

基础理论篇

第一章 体育与健康概述

第一节 体育概述

一、体育的渊源

(一)体育的概念

体育的概念有广义和狭义之分。广义的体育(亦称体育运动)是指以身体练习为基本手段,以增强人的体质、促进人的全面发展、丰富社会文化生活和促进精神文明为目的的一种有意识、有组织的社会活动。它是社会总文化的一部分,其发展受一定社会的政治和经济的制约,并为一定社会的政治和经济服务。狭义的体育(亦称体育教育)是发展身体、增强体质、传授锻炼身体的知识、技术和技能,培养道德、品质和意志的教育过程。它是学校教育的重要组成部分,是培养全面发展人才不可缺少的一个重要方面。体育具有自然属性和社会属性双重属性。自然属性如体育的方法、手段等,社会属性如体育的思想、制度等。

(二)体育的起源

关于体育的起源问题,是学习体育必须要回答的问题。目前,研究体育的起源问题有以下四种方法。一是考古学方法,二是文献资料方法,三是文化人类学方法,四是心理学方法。人们只有真正搞清楚体育的起源问题,才能正确处理体育与德育、智育的关系,才能明确身体是"载知识与道德之车",才能更加自觉地锻炼身体,从而培养和树立终身体育观念,提高身心健康水平。

体育的起源主要有以下几种观点。

3

1. 劳动

翻开人类社会发展史，可以清楚地认识到劳动在人类社会发展上起着十分重要的作用。首先是与生活技能直接相关的活动，例如，捕鱼、狩猎和农耕等；其次是原始武力活动所必需的技能，例如，攻防、格斗等，这类技能的掌握必须借助生活技能，例如，走、跑、跳、投等技能的掌握与提高；再次是既不是生产、又非生活必需的技能，而仅仅是为了满足人的娱乐需求，例如，游戏、竞技和舞蹈等。正如恩格斯所说的"劳动是整个人类生活的第一个基本条件，而且达到这样的程度，以致我们在某种意义上不得不说：劳动创造了人本身"①。从这个意义上说，体育起源于原始的生产劳动。

2. 教育

随着人类社会的进步与发展，社会实践活动的方式也日益复杂化。在原始社会，教育是氏族部落的一项重要工作，当时的教育内容比较单一，都是传授直接为社会生活劳动服务的基本技能。当长辈需要对小孩进行某种技能的教育时，通常需要进行传、帮、带、练等学习过程，这样便产生了教育。因此，人类原始的体育活动产生了人类原始体育教育的初级形式，生活技能得以一代代地向下传承，在这一教育过程中，体育特征因素被不断加强，这为后来的体育与生产劳动的分离创造了条件，并奠定了一定理论基础。从这个意义上说，体育起源于教育。

3. 宗教与祭祀

原始社会人类由于认识能力的低下，对大自然的变化，例如，日月星辰的运转、气候的变化、山洪的暴发、电闪雷鸣、花开花落以及人类自身的生老病死等现象还不能做出正确的判断，因此产生了一种认为超自然力的神灵在主宰自然和人类的信仰。原始人类为了表达对崇拜物的真诚情感而集体进行一系列活动，原始人借助这些可操作的社会礼仪活动，模拟在日常生活中的狩猎、耕种、战争和其他自然与人类的活动，试图通过该礼仪操纵和控制自然发生的过程与结果。随着社会的发展，这些仪式本身的功利目的逐渐弱化，最终使很多体育活动和宗教娱乐游戏沉淀下来，成为古代体育文化的宝贵遗产。古代宗教与祭祀活动是体育起源的重要因素之一。

---

① 《马克思恩格斯选集》第三卷，988页，北京，人民出版社，2012。

4. 战争

人类进入原始氏族社会时期，原始氏族与部落之间为了争取生活和生产资源经常发生冲突，这便是最初的战争。开始时，战争的规模较小，其目的是为了争夺自然资源和生产资料。随着战争规模的扩大，在古希腊斯巴达城邦，男子从儿童时期就开始接受极为严格的身体训练，以造就他们强壮的体魄和勇敢顽强的精神。现代体育运动项目中有相当一部分形式，都是从原始社会那些格斗方式和生活技能中延续下来的，战争促使体育活动从人类原始的社会实践中分离出来。从这个意义上说，战争促进了体育的产生。

5. 疗疾

在人类诞生初期，生活条件极端恶劣，人们茹毛饮血，导致各种消化疾病流行，这促进了原始医疗保健活动产生和发展。在医疗保健的产生和发展过程中，最重要的是火的发明和使用。火的使用以及衣服、饮食、居住、婚姻等方面的不断改进和完善，大大提高了原始人类的健康水平。以某种体育手段治疗疾病，古已有之。如东汉末期的华佗认为："动摇则谷气得消，血脉流通，病不得生，譬如户枢，终不朽也。"[①]宋代的健身操"八段锦"，明清时代的"太极拳"等也都是在人们对体育的健身、医疗作用有了深刻认识的基础上发展起来的。

二、体育与社会的发展

体育在人类社会发展中有着悠久的历史，在各个时期，人们对体育的理解见仁见智。体育的产生与发展具有鲜明的时代特征。原始社会的组织形态先后经历了血缘家族社会、母系氏族社会和父系氏族社会三个阶段。从社会与经济发展水平来看，人类社会经历了旧石器时代和新石器时代两大时期。原始社会的大发展维系了稳定的群居生活，逐步形成了对知识和生活经验的积累，促使人类原始教育的产生。体育作为原始教育的主要内容，成为原始社会最重要的生产力的准备和储存手段之一。从这一意义上讲，劳动和社会生产实践直接促进了体育的形成与发展。

在原始社会，男孩青年在即将进入成年前（一般在 15 岁左右）常常需履行一定的仪式，这称为成丁礼。据有关人类学和氏族学的考察与研究资料表明，在原始社会中，男孩的成丁礼包括大量原始体育训练与考核

---

① 《后汉书·方术列传》，2739 页，北京，中华书局，1965。

内容，例如，跑、跳、攀岩、投掷等基本运动能力以及射箭、用弩、捕兽、格斗、背诵氏族传说等，人们通过一些比赛性的活动检验和提高学习的实用性，竞技活动就在这些比赛中产生了。

竞技活动的出现，表明原始体育活动进入了一个新的发展阶段。随着社会的发展，各种身体活动的形式被人类不断地加以分类、提炼和总结，并相互比较，逐渐演化出竞技体育。竞技体育活动是早期身体活动发展的必然产物，并随着历史的发展而保留下来。但是它和一般身体活动又有本质的区别，它不再是自然和劳动技能的简单模仿，而是更多地利用生物学、心理学和社会学等人为因素设计的身体活动形式，例如，摔跤、格斗和野外生存等。竞技活动充分展现了人们的勇敢、顽强、智慧和审美情趣等，因此它自然而然地成为祭祀活动中歌颂和纪念祖先英烈业绩的主要表现形式，以图腾、灵魂、自然和祖先崇拜为目的的许多竞技活动，由巫术和祭祀的形式得到发展。但随着时代发展，这些祭祀仪式本身的直接功利目的逐渐弱化，最终使许多体育活动沉淀下来，形成了人类最初的竞技活动形式——运动会。

在奴隶社会，随着经济的发展和战争的频繁发生，统治阶级文武兼备的思想逐渐确立。这一时期，体育活动的内容丰富多彩，民族传统体育初步形成，体育失去了那种为全民所共享的原始低级平等性质，成为统治者使用的工具；社会实践和劳动对体育发展的促进作用开始减缓，战争和政治对体育发展的作用越来越大；体育的社会职能已初见端倪；随着医学的发展，人类的养生之道作为教育的重要内容开始传播。

与奴隶社会相比，封建社会的体育无论在发展速度上还是在规模上，都有很大程度的提高和发展。这一时期，体育活动的内容更加丰富，参加体育活动的人明显增加，体育逐渐具有区别于其他社会实践活动的形式且呈现出独立存在的意义；学校体育得到了进一步发展，养生术和养生思想的发展尤为迅速，而"武校"（体育学校）的创立，使学武有了专门的场所。这一时期，在思想观念上，文武双全成为封建社会衡量人才的重要标准，军事武艺在社会活动中越来越显露出它的重要性，备受统治阶级重视。在这个历史阶段中，民族传统体育的发展尤为迅速，民族之间体育交流频繁。

17世纪中叶，英国资产阶级革命的胜利，标志着人类社会步入了新的历史时期——资本主义社会。体育在这个时期得到了全面系统的发展，开始形成独立的学科体系；体育成为造就全面发展人才的重要内容和手段，成为学校教育的重要组成部分；体育运动的项目和规模都远远超过了人类以往社会的发展，其发展速度也是以往社会无法比拟的。

20 世纪初期，随着俄国十月革命的胜利，世界上建立了第一个社会主义国家，也开启了世界体育史的一个新纪元。在体育人才培养方面力求将每个社会成员都培养成为德、智、体全面发展的人才，使之具备有益于社会工作的各种能力和良好的思想道德品质。中华人民共和国成立后，我国坚定不移地贯彻群众体育和竞技体育协调发展、普及与提高相结合的总方针，体育事业得到了极大的发展。

（一）现代社会生活方式的特征

1. 生活方式的概念

生活方式是指社会生活中的人为满足生存和发展需要而进行活动的总体模式，是人们在某种价值观念指导下各种生活活动的形式，包括人们的物质生活、精神生活、政治生活和社会生活等。

生活方式的构成要素包括以下几点。①行为习惯：这是生活方式的重要组成部分，也是生活方式的外部体现，它对居民的健康水平和体质状况有深刻影响；②生活时间：生活时间的结构和支配方式是影响生活方式前提条件；③生活节奏：生活节奏的快慢与生活方式的特征息息相关；④生活空间：生活空间的范围与生活方式的种类和质量密切相关；⑤生活消费：生活消费水平和结构影响着生活方式的水平和质量。

影响生活方式的因素总体上包括生产方式、社会制度、自然地理环境、经济发展水平和文化传统等，例如，在不同的地理气候条件下生活的人们在衣、食、住、行等方式上会有所不同。草原游牧民族吃的食物主要是牛羊肉，海边渔民的饮食则以鱼虾为主；因纽特人以雪橇为交通工具，中国江南水乡人民则以船代步。

2. 现代社会生活方式的特点

现代科学技术深刻地改变着人们的生产和生活方式。现代社会生活方式具有以下特点。

（1）"世界化"

约翰·奈斯比特在他的著作中曾这样描述生活方式世界化的发展趋势："今天，随着世界经济的繁荣和全球电信、旅游事业的发展，欧洲、北美和环太平洋地区正以空前的频率进行着交流。在发达国家的城市中心，国际青年文化的主题随处可见。在大阪、马德里和西雅图，人们兴致勃勃地买卖着食品、音乐磁带和时装，一种新的全球生活方式在此盛行……贸易、旅游和电视，为生活方式的全球化提供了条件……新生活方式以光速在世界上普及，辐射到每个角度。"①现代社会正变得世界化，在交往中相互影响，每个民族生活方式中的精华部分都会被世界各国所吸收，成为一种"世界化"的生活方式。同时，在世界各国出售的相同产品和交换的信息，又培养着人们相同的兴趣、爱好和行为方式特征。现代社会生活方式正朝着"世界化"的方向发展。

（2）寻求物质与精神生活的平衡

在人们的物质生活条件有了极大提高以后，人们对精神需求提出了客观要求。阿尔温·托夫勒在《第三次浪潮》中指出："把为交换而生产和为使用而生产两者在经济中安排得不偏不倚，比较平衡，人们开始听到越来越强烈的呼声，要求有一个'平衡的'生活方式。"②21世纪的生活方式将寻求一种在本质上更能使物质生活与精神生活共处得更为和谐、更加平衡的生活方式。这种"平衡"的生活方式源于人类自身对过去那种物质生活过分追求的反思。对这种新的"平衡"的追求，不完全是简单观念化的结果，更体现了人类社会生产力发展的客观要求。

（3）追寻健康是现代社会生活观的核心

随着社会的不断发展，人类的基本身体素质正在退化，人的生活经常会因健康问题而受到影响，一些恶性疾病在现代人身上成为多发病，例如，肿瘤、心血管疾病、艾滋病等时常夺取人的生命。这些也引起了人类自身的反思，人们开始重新审视生活价值观中首要的目标。越来越多的人在生活目标的多向选择中，把健康摆在了首要的位置。积极、健康、向上的生活内容将成为今后人们生活方式的发展方向。

（4）环保型生活理念逐步确立

环境保护是人类社会发展所面临的最为严峻的问题。面对"人类的生存困境"和人与大自然关系的失衡，摆在人类面前的是要么与自然对抗，要么调整和转变现代的生活理念，唤起人们自身的理性，与自然和谐相处。近年来，许多人在生活方式上更加注重环保，尽力消除对环境有害的生活方式，减少污染，杜绝破坏生态环境的活动。

（5）终身教育成为现代社会生活方式的重要内容

美国学者彼得·德鲁克在《新现实——走向21世纪》一书中指出：

---

① ［美］约翰·奈斯比特、［美］帕特里西娅·阿伯丁：《九十年代世界发展十大趋势》，118～122页，北京，中国经济出版社，1991。

② ［美］阿尔温·托夫勒：《第三次浪潮》，452页，北京，生活·读书·新知三联书店，1983。

"在知识社会中不存在这种'完成的教育'。它要求受过高等教育的人一而再、再而三地重入学校。人们的再教育尤其是医生、教师、科学家、管理人员、工程师与会计师等受过高等教育的人的再教育，必将成为未来发展极快的新行业。"①今天，教育已不仅仅是学校的事了，在欧美一些发达国家，企业、商业部门、政府机构、军事组织为了使自己在竞争中立于不败之地，不惜投入巨大的精力和财力对其成员进行培训和再教育。为适应这种变革，教育体制也必须做出相应的调整，再教育的对象也不再是少数精英，而要面向大众。既要为大部分人谋生做好准备，又要为他们的生活做好准备；既要重视技能教育，又要注重人文教育。终身学习将成为现代生活的有机组成部分，成为现代人的一种生活方式。

（6）现代人的工作和闲暇重叠交融

20 世纪，工作与闲暇无论在活动的性质和功能上，还是在时空的分布上，都是泾渭分明的。从活动性质上看，工作时间具有强制性，闲暇时间具有自主性；从活动功能看，工作是创造和积累财富，闲暇是耗费财富；从活动场所上看，工作与休息、娱乐场所是分开的；从时间上看，只有在工作时间之外才谈得上闲暇时间，闲暇时间与工作时间是相互排斥的。21 世纪，工作与闲暇的界限被打破，生活时间结构上发生了突出变化，工作和闲暇活动之间的界限将变得较为模糊，在功能和活动空间上出现相互重叠与交融的现象。

（二）现代社会生活方式病的形成

近三十年来，人类所取得的科技成果比过去两千多年的总和还要多。科学技术的迅猛发展，使现代社会的生产方式和生活方式发生了巨大的变化，同时，也使人类的健康面临着严峻的挑战。

1. 社会生产方式的变化

20 世纪 50 年代以来，随着科学技术的发展，生产过程的自动化程度日益提高，劳动力结构逐渐向智能化趋势发展，体力劳动者与脑力劳动者的比例不断地发生变化。据研究，在机械初级化阶段，两者比例为 9：1（即体力劳动者占九成，脑力劳动者占一成）；在中等机械化条件下，两者比例为 6：4；在全自动化条件下，二者比例为 1：9。目前，在一些发达国家，脑力劳动者人数已超过体力劳动者。

---

①　［美］彼得·德鲁克：《新现实——走向 21 世纪》，196～197 页，北京，中国经济出版社，1993。

在劳动方式和劳动工具发生巨大变化的今天，即使是蓝领工人，也开始告别过去那种依靠蛮力进行劳动的状况，代之以轻体力劳动的电器设备操作。人类社会劳动正在从体力劳动型向智能型转化，人们的体力活动将越来越少。

2. 社会生活方式的变化

科学技术使社会的物质文明大大进步，改变了人们的社会生活方式和日常生活模式。新的交通工具让人们感到方便快捷；新的通信方式使人足不出户便知天下事；各种生活便捷服务可以让人长期待在一个屋子里而没有不便之感。现代化在不断改善人们的生活条件和工作条件的同时也给人的健康带来了负面影响，使现代社会生活方式病蔓延。主要原因有以下几点。

(1)运动不足

现代科学技术正在不断地促使科学、技术和生产一体化，生产劳动日益朝着机械化、自动化、电气化和智能化的方向发展，人的体力劳动越来越多地被技术设备所代替，繁重的体力劳动大大减少。同时，由于现代社会的生活和工作节奏过于紧张，人们无暇顾及身体锻炼，由于运动不足，出现肌肉无力、肥胖，易罹患心血管病、中风、糖尿病与低血糖等病症，使人类的运动能力和体力受到威胁。

(2)营养过剩

进入21世纪，工业发达国家居民的膳食结构发生了重大的变化，例如，20世纪中期美国每年每人消耗的食物总量为1463磅，其中脂肪含量高达42%，动物蛋白摄取量占蛋白摄取量的80%，这可能是心脏病、糖尿病、高血压、肥胖症和恶性肿瘤成为高发病的一个主要原因。由于食物结构的变化，人们从食物中摄入的热量越来越多，而过剩的热量就会转成为脂肪。这种摄入的热量增加而活动与消耗的热量减少的生活方式必然导致各种现代社会生活方式病。在美国，55%的成年人过胖，23%的成年人超重。据统计，全球约有22亿人超重，约有7.12亿人是肥胖人群，2015年全球约有1.08亿肥胖儿童和6.04亿肥胖成年人。在全球20个人口密集的国家中，埃及成年人肥胖比例最高，达到35%；美国儿童肥胖比例最高，达到12.7%。美国因国民肥胖问题，每年至少损失2150亿美元。布鲁金斯学会发表的研究结果显示，与体重正常的成年人相比，肥胖的成年人每年的医疗费用多出了1470亿美元。2016年4月，国际著名杂志《JAMA Intern Med》发表了揭示我国高血压流行现状的研究报告。该研究显示，我国高血压的患病率为32.5%，也就是每10人中就有3名高血压患者（≥140/90mmHg）。此外，还有 39.5% 的人为高血压前期（120/80～139/89 mmHg）。这样看来我国七成以上的人都在高血压的威胁之下。

（3）精神压力过大

现代社会竞争激烈，紧张的工作和生活节奏给人带来了巨大的心理压力，造成记忆力减退、注意力范围缩小、悲观失望、自我评价能力下降等现象的出现。另据联合国国际劳工组织的一份调查报告显示，心理压抑现已成为 21 世纪最严重的健康问题之一。

（4）应激过多

现代社会生活节奏快，常令人感到焦虑不安，应激增多。在生理上可导致偏头疼、便秘、腹泻、溃疡症、结肠炎、糖尿病、癌症、高血压和心脏病等疾病，在心理上可导致焦虑、抑郁、狂躁、自卑、妄想狂、神经衰弱和精神分裂等。持续的过度应激还可能导致种种亚健康症状，例如，食欲不振、疲乏无力、失眠多梦、烦躁、易怒、健忘、胸闷、心悸、头晕、感觉迟钝、注意力不集中、记忆力下降、思维和想象能力降低、偏执、消极悲观、情绪低沉、犹豫不决和容易沾染坏习惯等。

（三）体育是现代健康生活方式的重要内容

今天，人们在学习、工作之余经常参与一些体育活动，例如，跑步、打球、游泳及旅游等活动，或者结合身体、生活和工作实际有计划、有目的地进行体育锻炼，可以达到增强体质、健美身材、娱乐身心、促进交往的目的。体育已成为社会文明、科学发展和人们健康生活不可缺少的内容。

1. 体育锻炼是现代人增强体质、促进健康最有效的方式

在现代社会，由于现代化水平不断提高，人类运动能力下降造成了人类生理结构和机能的退化，例如，体乏、睡眠不佳、腰酸腿痛及内分泌紊乱等；而高营养、低消耗代谢的生活方式会造成体内物质积蓄，导致肥胖病、高血压等病症。经常参加体育锻炼，能提高神经系统的反应能力，消除脑细胞的疲劳，提高工作和学习效率，预防和治疗神经衰弱；增强心脏的机能，使血液中红细胞、白细胞和血红蛋白的含量增加，防止心血管疾病的发生；增大肺活量，提高呼吸系统的转换能力；促进血液循环和新陈代谢，使体内多余的、有毒的物质迅速排出体外；促进骨组织的血液供应，提高骨骼的坚固性，提高关节的灵活性和稳定性；促使身体发育匀称，使肌肉有力，皮肤有弹性。

2. 体育是预防现代人生理疾病最积极的方法

俗话说，"水停百日生虫，人停百日生病""冬练三九，疾病自走"。

东汉名医华佗认为，人若经常活动，能使消化旺盛，气血流通，防止生病。法国 18 世纪著名的医生蒂索说过，运动就其作用来说，几乎可以代替任何药物。但是，世界上的一切药物，并不能代替运动的作用。用体育锻炼来治疗疾病的方法叫作体育疗法，也叫作医疗体育，常用的方法有保健操、医疗操、散步、跑步、游泳、打球、气功、太极拳和按摩等。体育疗法能调整由中枢神经的功能失调而引起的神经衰弱、精神性疾病和胃溃疡等。长期锻炼能使大脑皮质功能增强，病情好转。患者若长期卧床、精神不振、睡眠不好，容易引发感冒、肺炎、褥疮、关节强直、肌肉萎缩、神经麻痹等并发症。体育锻炼能振奋精神、增强食欲、改善睡眠，并使肌肉关节得到活动，血液畅通，新陈代谢旺盛，身体抵抗力增强。医学从某种意义上讲，体现了人类维护健康的非自然性。与医疗卫生相比，体育具有更加积极的意义，是追求健康最积极的方式之一。

3. 体育运动可以提高人的心理适应能力

调查表明，运动员和经常从事体育活动的人对生活节奏的变化有较强的适应能力。经常参加运动，会使人表现出较强的自制、快乐、超越、坚韧、敏锐、自信、合群和从容不迫的心理状态。体育运动可以提高人体对快节奏生活的应变能力和耐受能力，也可以缓解人们对快节奏生活的抵触、恐惧、怨烦和焦虑等心理，体育运动可以稳定心理情绪、抑制身心紧张、增强自信心。人们在体育活动中所掌握的多种活动技能，有利于人们准确、协调、敏捷地完成各种工作和生活动作。

体育运动还可以通过扩展生活空间的方式调节人们的心理。人们都有一种在宽敞生活空间伸展肢体的生理要求，更有一种向往宽大生活空间的心理追求。强制性地缩小人们的生活空间，就会使人产生一种压抑感，而合理扩大生活空间则有利于人们的身体健康和心理安宁。处于运动状态的人比在座椅上的人占有更大的生活空间。如果体育运动在室外进行，例如，在江河湖海里、草原、森林雪原上进行，不仅可以给人以空间体验和感受，更可以改善人们的心理环境。在体育活动中，人们进行着滑行、旋转、翻腾、上升、下降、坠落、摇摆、转动、波动和碰撞等动作，这些平常在日常生活中很少出现的身体状态，可以使人们的平衡器官、视觉器官、运动器官受到强烈的刺激，此时人们会达到极度兴奋，享受运动带来的快感。

4. 体育运动是增进交流的有效方式

现代人的生活节奏很快，平时工作和生活中的精神压力大，邻里关系或亲戚关系相对淡漠，许多人终日奔忙，没有时间和精力与他人交流，这对于精神健康非常不利。在一些体育集体活动中，通过与他人的接触和交谈，可以促进人际交流，增进理解与友谊，消除心理上的疲劳，扩大自己的交往空间。而在闲暇时间参与户外活动，能消除人的孤独感，让紧张的情绪得到放松，使单调乏味的生活更加充实，进入一种超凡和宁静的境界。

5. 体育运动是现代人娱乐身心的有趣方式

在现代社会，参与体育运动除了能够锻炼身体外，还能增加生活的乐趣。在工作和学习之余，人们可以不拘形式地参加自己喜爱的各种体育运动，例如，游戏、体育舞蹈、健美操、球类活动和游艺等，在欢乐和谐的气氛中进行各种身体锻炼，与人谈话、接触，这可使参与者情绪高涨、心情愉快，既锻炼了身体，增强了体质，又调节了心理，陶冶了性情，激发了生活热情，获得了精神上的享受，从而达到了愉悦身心的目的。

在现代社会，体育与人类生活方式紧密联系在一起，体育运动将以积极、有趣的方式保持人类作为一个生物物种的生存活力。

三、体育与人的发展

体育作为人类社会的一种文化形态和伟大的社会实践，其意义在于维系人类的健康，满足人类的享受和发展的需要。体育的价值还在于优化人的心理与人格，关切人的生存与价值，增进人的自由与幸福，表现在关怀人生现实，促进人的身心全面和谐发展。

体育促进人的发展具体表现在以下几个方面。

（一）增强人的体质

以自我身体活动为基本活动方式来实现对自身的改造，是体育的特有属性。体育的强身健体作用主要表现在以下两个方面。一是可使骨骼变粗、变长，肌肉变得发达、丰满、结实，体形变得强壮而健美；二是心血管系统、呼吸系统、消化系统、排泄系统等各内脏器官系统和神经系统的功能发生适应性变化，可以改善人体机能，提高健康水平。体育教会人们去合理有效地利用、保护和促进身体发展，是一种既利用身体又完善身体的活动过程。人体的发展遵循"用进废退"的生物学规律，合理而科学的身体锻炼，是保证身体发挥其效能的有效途径。

（二）充实人的精神

1917 年，毛泽东以"二十八画生"的笔名在《新青年》杂志上发表了著名的《体育之研究》一文，其中提道："欲文明其精神，先自野蛮其体魄；

苟野蛮其体魄矣，则文明之精神随之。夫知识之事，认识世间之事物而判断其理也，于此有须于体者焉。"①体育对人的精神的作用主要通过以下两条途径实现。一是通过体育运动，使人体健美、体质增强，从而获得健康的精神；二是通过体育运动，直接获得并满足娱乐、享受、民主、自由、合作、交往、创造、成功和宣泄等精神上、心理上的各种需要，使人心情舒畅，精神充实愉悦，充满活力。而健康的精神，无疑有助于充实人生、支持人生，使人们善处人世，乐观向上，充满幸福与快乐。

（三）娱乐人的生活

体育作为一种文化形式、一种欢度余暇的手段，在充实人们的生活时间、扩展人们的生活空间、满足人们不断增长的发展和享乐需要、提高人们的生活质量方面，有着特殊的功能。人们的基本生存需要得到了满足后，娱乐的需求日益增多，体育的娱乐功能将体现得越来越明显。在现代生活中，体育的"娱人"功能主要通过观赏和参与两个途径来实现。通过观赏体育竞赛与表演，品味健、力、美的统一，欣赏和谐的韵律、鲜明的节奏、精妙的配合以及所表现的诗情画意般的、戏剧性的艺术造型，从而消除疲劳和调节生活。通过自身参与体育实践，在与同伴的密切配合中，在与对手竞争、比赛的过程中，在超越自我（如爬山登顶）的过程中，满足人们享乐的需要。健康快乐的一生，除了追求身体锻炼以外，还要有身体娱乐活动的兴趣和情绪。文明社会在时间、财力和营养方面，为人类的身体娱乐活动提供了越来越优越的条件。以身体活动为主要媒介的身体娱乐与其他的娱乐方式相比具有"双重功效"，适度的身体娱乐活动，既健身，又悦心。

（四）促进人的社会化

体育是人类文化的结晶，直接或间接地影响人的社会化的进程。今天，体育的社会化功能越来越引起广泛的重视。人类的生活如同竞技场上的比赛，大到与自然竞争，小到与对手竞争，无一不是在竞争中不断地寻求完善自我和超越自我的生活。参与竞争的人，必须创造条件充实自己。无论是去现场观看比赛还是参赛，运动场为人们在生活中即将发生的竞争提供了极佳的预演场所。人们在运动场上养成的良好品性和行为举止，可以迁移到日常行为模式之中而成为受社会所认同和接纳的因素。同运动场上的

---

① 中代中央文献研究室、中共湖南省委《毛泽东早期文稿》编辑组：《毛泽东早期文稿》，70～71页，长沙，湖南出版社，1990。

情况一样，生活中有得意之时，也有失意之处，光荣的胜利者固然值得敬佩，失败者同样受人尊敬。胜不骄、败不馁、奋发向上、顽强拼搏不仅是运动员所应具备的品质，社会上的每个成员也都应具备。从公平竞争的角度讲，运动场是培养人们具有公平、公正意识的最佳场所。

作为社会教化的手段，现代体育可以促进个性的形成与发展。参加体育活动需要较强的自发性和反复进行练习的坚持力。一般来说，运动能力强的人都有较好的人缘和亲和力，乐观，有创造性，适应能力强。对于大学生来说，参加体育运动并使之成为大学生活的一个组成部分，对促进身体和心智的发展有十分明显的作用。

知识链接

名人对于体育的论述

亚里士多德（公元前 384—前 322 年），世界古代史上伟大的哲学家、教育家之一。他认为，体育锻炼可以培养勇气，身体的训练应在智力训练的前面。体育训练的目的不是为了竞技，应该把高贵的东西而不是兽性的东西放在首位。体育在人们不同的教育阶段包括不同的内容：在幼儿教育阶段主要是通过游戏、饮食来发展儿童身体；初等教育阶段主要是通过体操训练形成人健美的体格、勇敢和良好的习惯。

苏格拉底（公元前 469—前 399 年），古希腊著名的思想家、哲学家、教育家。他认为，身体健康在平时是有用的，因为人们做一切事情都需要用身体，要尽可能使身体保持健康的状态。而在战时，身体健康就更为重要。即使在思维活动中，健康的身体也是必要的，许多人"由于身体不好，健忘、忧郁、易怒，就会影响他们的神志，以致他们把已获得的知识遗忘殆尽。"苏格拉底自己经常锻炼身体，准备应付身体可能面临的任何考验。他每天早上都到广场去锻炼，因此培养了自己忍受饥饿、寒冷、疲劳的惊人能力。

柏拉图（公元前 427—前 347 年），古希腊伟大的哲学家。他曾提出过"先音乐教育，后体育训练"的主张，他把音乐和体育并举，在当时是非常难能可贵的，也指明了体育锻炼在人们个体发展中的重要性。"身体最强健的人不容易受饮食或劳作的影响，最茁壮的草木也不容易受风日的影响。"

扬·阿姆司·夸美纽斯（1592—1670 年），17 世纪捷克著名的爱国主义者，伟大的民主教育家。在论教育的作用和目的时，夸美纽斯强调人的身心是和谐的，他说："人的本身，里外都只是一种和谐。"教育的目的就是培养在身体、智慧、德行和信仰几方面和谐发展的人。

约翰·洛克(1632—1704年)，17世纪英国著名的实科教育和绅士教育的倡导者。他在论述绅士教育时对体育非常重视，在《教育漫话》中一开篇就说："有健康的身体，才有健康的精神。""健康之精神寓于健康之身体……凡是身体精神都健康的人就不必再有什么别的奢望了；身体精神有一方面不健康的人，即使得到了别的种种，也是徒然。""我们要能工作，要有幸福，必须先有健康；我们要能忍耐劳苦，要能出人头地，也必须先有强健的身体。"

让·雅克·卢梭(1712—1778年)，作为18世纪法国启蒙运动中最激进的思想家，他在《爱弥儿》中表达出了自然主义的教育思想。卢梭想象的自然人是身心调和发达的人，是运动敏捷、身手协调的人，所以身体的养护和锻炼被视为儿童教育最基本的组成部分，而这种养护和锻炼其实质就是具有身体练习的体育。

裴斯泰洛齐(1746—1827年)，19世纪瑞士著名的民主主义教育家。裴斯泰洛齐认为，不仅要发展人的道德和智慧，还应发展人的身体力量，因为体育和德育、智育及劳动教育是紧密联系的；人的认识能力、实践能力的基础都蕴含在人身体的发展之中。他认为体育的任务，就是要把所有潜藏在人身上的天赋的、生理上的力量，全部发展出来。

赫伯特·斯宾塞(1820—1903年)，是19世纪后半期至20世纪初期的英国著名社会学家、哲学家和教育家。他认为，由于每个人的利益(幸福)和现代生活日益增加的竞争，都需要体育；一个民族的繁荣、战场上的胜负、商业上竞争的盈亏，都与人的身体强弱有关；女孩和男孩同样需要体育。

四、现代体育的分类

当前，我国体育由学校体育、竞技体育和社会体育三部分组成。

(一)学校体育

学校体育是学校教育的重要组成部分，是全民教育的基础，它既是教育和体育的交叉点和结合点，又是国家体育事业发展的战略重点。为了达到教育、教养及发展的总目标，不同层次的学校体育按不同教育阶段和年龄特征，通过体育课程、课余训练和课外体育活动的基本组织形式，围绕"增强体质"这个中心，全面实现学校体育的各项任务，并与其他环节共同构成了一个完整的教育过程，使学生在德、智、体、美几方面得到全面发展。

（二）竞技体育

竞技体育亦称"竞技运动"（sport），源于古拉丁语"deportare"，原指"工作之外的游戏和娱乐活动"。国际竞技体育协会将其定义为"含有游戏的属性并与他人进行竞争以及向自然障碍进行挑战的运动"。长期以来，我国竞技体育界将其解释为："为了最大限度地发挥和提高人体在体能、身体能力、心理和运动能力等方面的潜力，取得优异运动成绩而进行的科学的、系统的训练和竞赛。"这两种定义都突出了其竞争性或挑战性的最根本属性。

竞技体育在现代奥林匹克运动的推动下，已有五十多种用于国际比赛的运动项目，并设有相应的国际体育组织和单项运动协会。竞技体育被认为是在高水平竞争中，以夺取优胜为目标，对健康人体进行旷日持久的生物学和心理学改造，进而实现最大限度开发人的竞技运动能力的教育过程。竞技体育对抗性强，对人的运动能力要求高，为应付激烈的赛场竞争，以探索人类竞技运动的极限，先进的科学训练方法和手段正被广泛采用。同时，由于竞技体育的表演技艺高超、季节性强，且极易吸引广大观众，因此，它作为一种极富感染力又容易传播的精神力量，在活跃社会文化生活、振奋民族精神、促进各国人民之间的友谊和团结等方面，都有着特殊的教育作用。

（三）社会体育

社会体育又称大众体育、群众体育，是指以健身、娱乐、休闲、医疗和康复为目的的体育活动。它是我国体育事业的重要组成部分，既有别于高水平的竞技体育，又有别于学校体育。作为学校体育的延伸，它可使人们的体育生涯得以继续维持并使人们受益终身。由于它吸引的对象主要为一般民众，活动领域遍及整个社会乃至家庭，所以，活动内容广、表现形式新、趣味性强、参加人数多是其显著特征。

社会体育开展的广泛性和社会化程度，取决于一个国家经济的繁荣程度、生活水平、闲暇时间和对体育的价值观念及社会环境安定程度等因素。社会体育作为现代体育发展的重要标志，目前在许多发达国家，其普及程度或开展规模都不亚于竞技体育。近几十年来，世界各国和中国社会体育发展的进程都证明了社会体育具有越来越广泛的群众基础，呈现出越来越繁荣的发展景象。

当前，我国的社会体育蓬勃发展。特别是自《全民健身计划纲要》实施以来，全民体育意识大大增强。人们不仅开始关注和参与各类体育运动，还注重健康投资，例如，将健身器材引进家庭，涉足台球、网球、保龄球、高尔夫球等消费水平较高的休闲、娱乐体育。此外，各种体育俱乐部、体育游乐园、健身娱乐中心也都竞相开办，由此吸引了大批体育爱好者，这表明当前我国的社会体育已进入一个新的历史发展阶段。

第二节　健康概述

一、健康的内涵

健康的概念是随着社会、科学、文化的发展而变化着的。早在 20 世纪 30 年代，美国健康教育学家鲍尔就对健康提出过比较完善的论述："健康是人们在身体、心情和精神方面都自觉良好、精力充沛的一种状态。其基础在于机体一切器官组织机能正常，并掌握和实行适应物质、精神环境和健康生活的科学规律。"[①]1948 年，世界卫生组织（WHO）指出："健康不仅是免于疾病和衰弱，而是保持身体上、精神上和社会适应方面的完美状态。"1978 年，世界卫生组织召开了国际初级卫生保健大会，通过了著名的《阿拉木图宣言》。《阿拉木图宣言》对健康的概念是这样描述的："健康不仅是疾病与体虚的匿迹，而是身心健康社会幸福的总体状态。"1989 年，世界卫生组织又将健康重新定义为"心理健康、身体健康、道德健康和社会适应良好"。

自 1948 年世界卫生组织提出"三维健康观"后，半个多世纪以来，人们对健康内涵的理解不断深化，改变了健康的唯生物医学含义，把对健康的认识拓宽到生理、心理和社会学领域，甚至还涉及道德与生殖健康等内容。

（一）生理健康

早期医学对疾病和健康的看法，更多的是强调自然界对人体生理和病理的影响。尽管最初的医学曾全力以赴研究由自然因素引起的健康受损的问题，但仍无法对生理性疾病进行有效控制。直至 20 世纪中叶，防治生理性疾病始终是医学界最重要的任务之一。

---

①　转引自陈家麟：《学校心理健康教育：原理与操作》，3 页，北京，教育科学出版社，2002。

（二）心理健康

随着诊断学的发展，医学专家惊人地发现：有 $50\% \sim 70\%$ 的人都有心理异常表现，这些人尽管未达到求助医生诊治的程度，但一旦环境稍有变化或精神受到某种刺激，健康就会受到威胁。特别当发现利用许多医学常规手段无法解决由精神引发的疾病时，医学研究开始根据人的社会属性又提出了生物—心理—社会医学模式，从而把社会环境引起的心理活动也包括在健康诊断之中。

（三）社会适应

社会适应对健康的影响是综合性的，主要来自社会环境因素，具体既包括社会为人类日常生活提供的衣食住行等物质条件，又包括社会制度、文化传统、经济发展及与之有关的其他因素。人们为适应社会环境，势必要学会选择适合自我的价值观，并有效建立起能促进个人发展的社会关系，以便能够按社会运行法则处理好个人和社会条件之间的矛盾。

（四）道德健康

道德健康是人的一种"本质力量"，通常是指处在一定社会环境的人在互相交往时要遵守一定的社会规范和行为准则，它着重于对健康的维护和促进。个人道德健康不仅要对自己的健康负责，而且要对他人的健康负责。

（五）生殖健康

世界卫生组织把生殖健康定义为人类在整个生命过程中，与生殖有关的一切活动，应在生理、心理和社会适应诸方面处于良好的健康状态。生殖健康除需建立正确的性观念、避免未婚先孕、人工流产以及做好性病与艾滋病的防治工作外，还涉及避孕节育、妇产科疾患、不孕不育、男性科疾患、夫妻性生活指导等性保健知识的教育。

二、健康的标准

世界卫生组织提出的健康标志有以下十个。

第一，精力充沛，能从容不迫地应付日常生活和工作的压力，而不感到过分紧张和疲劳。

第二，处事乐观，态度积极，乐于承担责任，事无巨细，不挑剔。

第三，善于休息，睡眠良好。

第四，应变能力强，能适应外界环境的各种变化。

第五，抗疾病的能力强，能够抵抗一般性的感冒、传染病。

第六，体重适当，身体匀称，站立时头、肩、臀位置协调。

第七，眼睛明亮，反应敏锐，眼睑不发炎。

第八，牙齿清洁，无龋齿、无痛感，牙龈颜色正常，无出血现象。

第九，头发有光泽，无头屑。

第十，肌肉丰满，皮肤富有弹性，走路轻松。

知识链接

世界卫生组织提出的躯体健康的"五快"表现

1. 吃得快

进食时有良好的胃口，不挑剔食物，能以正常速度吃完一顿饭，说明内脏功能正常。

2. 走得快

行走自如，活动灵敏，说明精力充沛，身体状况良好。

3. 说得快

语言表达正确，说话流利，表示头脑敏捷，心肺功能正常。

4. 睡得快

有睡意，上床后能很快入睡，睡得好，睡后精神饱满，头脑清醒，说明中枢神经系统兴奋，抑制功能协调，且内脏无病痛干扰。

5. 便得快

一旦有便意，能很快排泄完大小便，且感觉良好，说明胃、肠、肾功能良好。

心理健康的"三良好"标准

1. 良好的个性

情绪稳定，性情温和，意志坚强，感情丰富，胸怀坦荡，豁达乐观。

2. 良好的处世能力

洞察问题客观现实，具有较好的自控能力，能适应复杂的社会环境。

3. 良好的人际关系

助人为乐，与他人的关系良好。

三、影响健康的因素

人体健康是由多种因素决定的，大学生必须以科学的健康观为指导，树立健康意识，自觉遵守社会公德，养成良好的行为和生活方式，这样才能促进自身或群体健康状况的不断改善。影响健康因素主要有以下几方面。

（一）环境因素

人类环境分为自然环境和社会环境，它们是影响人体健康的重要因素。自然环境是指天然形成的水、空气、土壤、阳光等生态系统，它们是人体生存的物质基础，对人体健康有促进作用。工业、农业的生产和人群集居对自然环境造成污染，生态失去平衡，严重影响着人们的身体健康。

（二）行为和生活方式因素

行为和生活方式对人体的影响具有潜伏性、积累性、经常性、广泛性和持久性等特点。不良的行为和生活方式范围广泛，例如，不合理的饮食、吸烟、酗酒、吸毒、性混乱、不参加体育锻炼和驾车不系安全带等。这些不良的行为和生活方式严重影响人的身体健康。保持身体健康唯一有效的措施就是预防。调整引起疾病的不良行为和生活方式，养成正确的行为习惯，是保持身心健康、预防疾病的有效措施。

（三）生物遗传因素

生物遗传是指亲代的特征通过遗传物质传递给后代的过程，DNA 是遗传物质基础。目前已发现 5000 多种遗传病与遗传因素有关。

（四）心理因素

人的情绪与健康有着密切的关系。积极的情绪是健康长寿的重要因素，人在心情愉快时，脑细胞活力得到保持，大脑功能得以改善，从而增强了免疫功能，提高了机体防病和治病的能力。相反，如果闷闷不乐，常常处于忧虑、紧张和压抑的精神状态，就容易引起疾病。

（五）公共医疗卫生服务水平

公共医疗卫生服务主要是指社会医疗服务和公共卫生服务两个方面。健全的医疗卫生机构、完备的服务网络、一定的卫生投入以及合理的卫生资源配置均对人体健康有促进作用。反之，如果医疗卫生服务系统有缺欠，就不可能有效地防病治病、促进健康。

（六）营养因素

人的生长、发育离不开营养物质的供应。人在从事学习、工作的过程中，需要不断补充营养，这样才能保持身体能量的"收支"平衡，这是维系健康最根本的条件。

四、亚健康

亚健康是介于健康与疾病之间的一种状态，又叫作"第三状态"或"灰色状态"，是指机体在内外环境不良刺激下引起心理、生理发生异常变化，但尚未达到明显病理性反应的程度。从生理学角度来讲，亚健康指人体各器官功能稳定性失调，但未引起器质性损伤，医学检查所得各项生理、生化指标均无明显异常，医学无法做出明确诊断。在此状态下如能及时调控，可恢复至健康状态，否则会发生疾病。亚健康在临床上常被诊断为疲劳综合征、内分泌失调、神经衰弱、更年期综合征等。其在心理上的具体表现为精神不振、情绪低沉、反应迟钝、失眠多梦、白天困倦、注意力不集中、记忆力减退、烦躁、焦虑、无助和易惊等；在生理上则表现为疲劳、乏力、活动时气短出汗、腰酸腿疼等。此外，还可能出现心血管系统的变化，例如，心悸、心律不齐等。国内外研究表明，现代社会完全符合健康标准的人只有 15％左右，疾病患者约有 15％，其余近 70％的人都处于不同程度的亚健康状态。造成亚健康的原因有以下几个方面。

（一）过度疲劳造成的精力、体力透支

由于生活、工作节奏加快，竞争日趋激烈，人们用脑过度，长时期处于超负荷紧张状态，造成身心疲劳。长期下去，就可能导致亚健康。人在运动中承受的运动量及适应能力是有限的，长时间的剧烈运动对人体也会造成不利影响。表现为肌肉力量、协调性及本人的最大工作能力下降、食欲降低、体重下降、精神萎靡或过敏，睡眠紊乱，安静时心率上升、血压升高、四肢乏力、酸软等。

（二）人的自然衰老

人体成熟后，大约从 30 岁开始逐渐衰老，到了一定程度，人的机体器官开始老化，会出现体力不足、精力不足、社会适应能力降低等现象。这时人体是没有病变的，但是已经不完全健康，属于亚健康状态。

（三）现代身心疾病的前期

现在世界各国公布的死亡状况的前三种病因，几乎都是心、脑血管疾病和肿瘤。在这些疾病发病前的相当长时期内，机体也可能处于亚健康状态。此时，人体内脏系统虽然没有显著病变，但已经有功能性障碍，例如，胸闷、气短、头晕目眩、失眠健忘、心悸和无名疼痛等。

（四）人体生物周期中的低潮时期

健康的人在某一特定的时期也可能处于亚健康状态。人的体力、精力、情绪都有一定的生物节律，有高潮也有低潮，脑力和体力都有很大反差。在低潮时期，可能表现出亚健康状态。

五、健康的四大基石

1992 年，世界卫生组织在《维多利亚宣言》中提出了"健康的四大基石"，即合理膳食、适量运动、戒烟限酒、心理平衡。

（一）合理膳食

合理膳食就是选择健康的食物。食物选择不当，不仅会直接导致超重、心脏病、糖尿病和癌症，而且可能间接地引起抑郁症等其他问题。一日三餐怎么吃，是我们首先要解决的问题。

1. 科学的营养标准

据世界卫生组织报道，近些年，食物营养过剩正在危害人类的健康，全球各种致命性慢性病的发病率大幅度上升。那么，科学的营养标准是什么呢？营养学家指出，科学的营养标准是食物热量的 58% 来自糖类，30% 来自脂肪，12% 来自蛋白质。这是人类食物最理想的构成比例。

2. 合理的食物结构

（1）地中海式饮食模式

1990 年，在世界卫生组织的一份报告中特别推荐了"地中海式饮食模式"，号召人们进食高糖类和低脂肪的食品，多吃蔬菜和水果，另外还要吃些开胃食品。而肉制品则少吃或索性不吃，因为即使是瘦肉，也会增加身体的脂肪。总的来说，淀粉类食品和菜糊状调料，加上大量的绿叶蔬菜和新鲜水果就是典型的地中海式饮食结构。

（2）食物指南金字塔

1996 年 1 月，美国农业部和卫生与公共服务部在发布《美国膳食指南》的同时，推行了"食物指南金字塔"，提出了每日选择食物的品种和数量的具体建议，有利于各类食物以合理的比例被摄取。食物指南金字塔共有三层，最底层为各类植物性食物，第二层为蔬菜和水果类，第三层为鱼、肉、蛋、奶类。

（3）"亚洲金字塔"的饮食模式

近年来，一批科学家提出要用"亚洲金字塔"的饮食模式代替美国的"金字塔"饮食模式，因为食用亚洲的传统食品加上饮用少量的米酒和茶是一些慢性病发病率较低的国家的典型饮食。

（二）适量运动

美国疾病控制与预防中心和美国运动医学院的报告指出，由于久坐少动的生活方式而致死的病例每年都在增加。缺少体育活动就像高血脂、

23

高胆固醇、高血压、吸烟一样，是引起心脏病的重要危险因素之一。

1. 生命在于运动

无数事实证明，生命在于运动，对于每个渴望健康的人来说，运动和膳食、睡眠一样重要。早在 2500 年前，古希腊名医希波克拉底就讲过："阳光、空气、水和运动，这是生命和健康的源泉。"因为只有运动，才能使人的心、肺等器官以及血液循环、消化、内分泌等系统得到充分锻炼；只有运动，才能使神经系统反应灵敏，运动协调，肌肉、骨骼系统强健有力；也只有运动，才能使体内各种功能得到充分发挥。一个人精力充沛，才能对生活充满爱，对未来充满信心。所以，运动可以代替药物，但没有一样药物可以代替运动！

2. 什么样的运动最好

一般而言，任何一项运动都可以用来健身。20 世纪 20 年代初，美国心脏学会的奠基人著名心脏病专家、几任美国总统的保健医生怀特博士第一个提出："从进化论角度看，步行是世界上最好的运动，对健康有特殊益处。"1992 年，世界卫生组织明确指出：世界上最好的运动是步行。

知识链接

爱琴海崖刻

在奥林匹克运动的故乡希腊，在蓝蓝的爱琴海边的山崖上，至今保留着古代的岩刻：

你想变得健康吗？跑步吧！

你想变得聪明吗？跑步吧！

你想变得美丽吗？跑步吧！

古希腊人自古以来崇尚体育运动和人体的自然美，用诗一样的语言把生命在于运动的哲理阐述得淋漓尽致，洋溢着青春、活力和至纯至善的美。

（三）戒烟限酒

积极生活的一个重要方面是摒弃不良行为，例如，嗜烟和滥用药品、毒品以及饮酒过度等。据报道，烟草每年导致约 40 万人死亡，其中 30％死于癌症（85％为肺癌），21％死于心血管疾病。全世界每年因毒品死亡的人数约有 2 万人，包括毒品使用过量、自杀、他杀、艾滋病等。饮酒过度每年导致约 10 万人死亡，其中近半数死于交通事故。

1. 吸烟的危害

吸烟是一种后天养成的不良嗜好。长期吸烟可以诱发冠心病、肺癌、脑卒中等疾病。吸烟不仅对自己的健康危害极大，而且对他人和环境都是有害的。烟草中含有害物质20多种，烟雾中有害化合物多达300种。吸烟所造成的死亡大大超过了酗酒和车祸，毫不扩张地说，吸烟就等于慢性自杀。

2. 酒的危害

自古以来，人们都为危害身体的"酒"冠了一个好名字——"美酒"。然而美酒进入人体后，其分解的乙醛会直接损害肠道黏膜，引起溃疡或水肿出血。酒精还能引发肝硬化和慢性胰腺炎，加重胃损伤，造成肝脏等多器官的损害。男性饮酒过度会使肝发生中毒而发炎、肿大，导致男性精子畸形，性功能衰退。女性则出现月经不调、停止排卵、性欲减退等早衰现象。

（四）心理平衡

在健康四大基石中，心理平衡最重要，也最难做到。心理平衡是保健最主要的措施，心理平衡的作用超过了一切保健措施的总和。谁能做到心理平衡，谁就掌握了健康的钥匙。现代医学研究发现，人在保持心理平衡时，体内可产生一种与吗啡结构相近的化学物质——"内生吗啡"，从而对人体健康产生有益的调节作用。

第三节　大学体育概述

一、大学体育的目的和任务

（一）大学体育的目的

大学体育的目的是培养和增强大学生的体育意识，提高体育能力，养成自觉锻炼身体的习惯，增强身体、心理的健康以及道德素质和社会适应能力，为终身体育和毕生事业奠定良好的基础，成为社会主义事业合格的建设者和接班人。

（二）大学体育的任务

为达到上述目的，必须完成以下四项基本任务。

1. 提高身体与心理素质，增进身体健康

提高身体与心理素质，增进身体健康是大学体育的首要任务。这项任务体现了国家对各类专门人才的基本要求与期望，也是大学生顺利完成学业的保证。体质的强弱和健康水平的高低除了受遗传因素的影响外，更取决于后天环境中得到的培养和锻炼。科学的体育锻炼对体质健康是积极、有效、关键的影响因素。大学生正处在青年时期，生长发育日趋完善和稳定，生命活力旺盛，生理机能和适应能力均发展到较高水平，是身心发展的关键时期。此时，要通过体育过程来增强体育意识和健康意识，积极参与体育锻炼，全面提高身心素质，并要有意识地着重加强耐力和力量素质训练，同时要提高对社会的适应能力，增强对疾病的抵抗能力，从而提高身体健康水平，保持良好的身心状态，顺利完成学业。

2. 学习和掌握体育的基本知识，培养体育能力和运动习惯

大学阶段应注重体育知识和体育理论的学习，强化能力和习惯的养成，这是对大学生的基本要求。大学生应培养和增强体育意识，发展体育能力，提高参加体育锻炼的自觉性、积极性和实效性，掌握科学锻炼身体的原理、原则、方法和手段，了解不同体育运动项目对身心发展的作用以及在学习、生活、工作中需要掌握的基本活动技能。这些知识和技能，不仅能促进身心健康的发展和综合素质的提高，增强终身体育意识，而且在参加社会工作后，能根据周围环境条件、工作性质和年龄变化等实际情况，选择适宜的方法进行科学的身体锻炼，为适应社会工作和生活打下良好的基础。

3. 发展体育才能，提高运动技术水平

大学体育在广泛开展群众性体育活动的基础上，要正确处理好普及和提高的关系，充分利用大学的有利条件和大学生体能和智能的优势，对部分体育基础较好，并有一定专项运动才能的大学生进行有计划、成系统的科学训练，不断提高其运动技术水平。这样既可为大学培养体育方面的骨干，又能进一步推动大学体育活动的开展；既可丰富校园文化生活，又可适应国内外大学体育交往的需要。

4. 培养良好的思想品质和道德风尚

体育本身具有教育功能，是对学生进行思想教育的重要手段。体育在完成教育的使命中可以发挥其独特的作用。大学体育对学生进行思想品德教育的内容有以下几点。

第一，进行爱国主义教育，使学生热爱中国共产党，热爱祖国。

第二，进行体育目的性教育，端正学生对体育的认识与态度，使大学生明白关心自己身体健康是社会赋予的责任，能对自己身体各方面的

发展提出要求，不断提高锻炼身体的积极性和自觉性。

第三，进行集体主义教育，培养学生热爱集体、团结互助的集体主义精神。

第四，进行组织纪律教育，培养学生的组织性、纪律性和优良作风。

第五，进行体育道德风尚和意识品质的教育。培养学生遵守各种竞赛规则，服从裁判，胜不骄、败不馁，勇攀高峰，艰苦奋斗，敢于拼搏的精神和勇敢、顽强、刚毅、果断的意志品质。

大学体育工作中的思想教育，主要是通过组织学生进行体育课教学、体育竞赛活动和各种身体锻炼来实现的，寓教育于身体活动之中。体育教育可以培养学生吃苦耐劳、团结友爱、勇于奉献、朝气蓬勃、拼搏进取的优良品质，形成文明的行为和良好的体育道德风尚，培养自信心、自制力和开拓创新的精神，提高热爱美、鉴赏美、表现美的情感和能力，使学生在知、情、意、行等诸方面都有更高层次的追求，从而确立文明、科学、健康、和谐的生活方式。

二、大学体育的组织形式

《中华人民共和国体育法》第十八条规定："学校必须开设体育课，并将体育课列为考核学生学业成绩的科目。"大学体育的组织形式主要是指体育课教学、课外体育活动、课余体育训练和运动竞赛等。为实现学校体育的目的，大学体育应从实际出发，充分利用各种组织形式，开展各项体育活动。

（一）体育课

体育课是我国高等学校教学计划中的基本课程之一，是大学体育工作的中心环节，是实现大学体育目的的基本组织形式。

中华人民共和国成立以来，我国各大学均设置了体育课程，并纳入教学计划，体育成为一门必修课。2002 年，教育部颁发的《全国普通高等学校体育课程教学指导纲要》（下称《纲要》）中第一条指出："体育课程是大学生以身体练习为主要手段，通过合理的体育教育和科学的体育锻炼过程，达到增强体质、增进健康和提高体育素养为主要目标的公共必修课程；是学校课程体系的重要组成部分；是高等学校体育工作的中心环节。"第五条又规定："普通高等学校的一、二年级必须开设体育课程（四个学期共计 144 学时）。修满规定学分、达到基本要求是学生毕业、获得学位的必要条件之一。"第六条规定："普通高等学校对三年级以上学生

（包括研究生）开设体育选修课。"

《纲要》的第三条规定了课程的基本目标，这是根据大多数学生的基本要求而确定的，分为五个领域目标。

1. 运动参与目标

积极参与各种体育活动并基本形成自觉锻炼的习惯，基本形成终身体育的意识，能够编制可行的个人锻炼计划，具有一定的体育文化欣赏能力。

2. 运动技能目标

熟练掌握两项以上健身运动的基本方法和技能；能科学地进行体育锻炼，提高自己的运动能力；掌握常见运动创伤的处理方法。

3. 身体健康目标

能测试和评价体质健康状况，掌握有效提高身体素质、全面发展体能的知识与方法；能合理选择人体需要的健康营养食品；养成良好的行为习惯，形成健康的生活方式；具有健康的体魄。

4. 心理健康目标

根据自己的能力设置体育学习目标；自觉通过体育活动改善心理状态、克服心理障碍，养成积极乐观的生活态度；运用适宜的方法调节自己的情绪；在运动中体验运动的乐趣和成功的感觉。

5. 社会适应目标

表现出良好的体育道德和合作精神；正确处理竞争与合作的关系。

此外，《纲要》还规定了五个发展目标，这是对部分有体育特长和有余力的学生确定的，也可作为大多数学生的努力目标。其内容同样也有五个基本目标，但要求更高。

为实现体育课程目标，应使课堂教学与课外、校外的体育活动有机结合，学校与社会紧密联系。要把有目的、有计划、有组织的课外体育锻炼、校外（社会、野外）活动、运动训练等纳入体育课程，形成课内外、校内外有机联系的课程结构。

体育课教学要充分发挥学生的主体作用和教师的主导作用，努力创造开放式、探究式教学，努力拓展体育课程的时间和空间。在教师的指导下，学生应具有自主选择课程内容、自主选择任课教师、自主选择上课时间的自由，各个学校可根据各校的场地设备、师资力量设置部分体育项目任由学生选择，具体安排与做法应由各大学自行安排。总之，要能营造生动、活泼、主动的学习氛围。

（二）课外体育活动

课外体育活动是大学体育课的延续和补充，是实现大学体育目的的重要组织形式。《中华人民共和国体育法》第二十条规定："学校应当组织多种形式的课外体育活动，开展课外训练和体育竞赛，并根据条件每学年举行一次全校性的体育运动会。"开展课外体育活动应从实际情况出发，因人、因时、因地制宜地开展多种多样的课外体育活动，这对巩固和提高体育课程的教学效果、增强大学生体质、提高文化学习质量、丰富校园文化生活、增强集体凝聚力、促进精神文明建设等方面都会起到良好的促进作用。课外体育活动主要有以下形式。

1. 早练（晨练）

早练是大学生作息制度中的重要组成部分，指每天起床后坚持15～20分钟的室外体育活动。早练应根据地区地理与气候条件和大学生个人的兴趣与需要进行。大学生坚持早练，不仅是保持合理的生活作息制度、锻炼意志、促进身体健康的良好措施，而且也是每天为从事脑力劳动做好准备的活动。

2. 课间操

课间操或课间活动是在上完两节文化课后的15分钟内进行的一些轻微活动，形式有散步、做广播体操、练太极拳等。其目的在于活动躯体，进行积极性休息，消除长时间静坐的脑力疲劳，适时地转移大脑的兴奋中枢，为下一堂课学习注入更充沛的精力。

3. 单项体育协会或单项体育运动俱乐部活动

体育协会或体育俱乐部是大学生根据自己的兴趣和爱好自主选择、自愿参加的课余体育组织。它是贯彻实施《全民健身计划》的重要组织形式，其职能是宣传、发动、组织、指导所属成员参与课余体育锻炼，协助学校体育行政部门和学生会体育部开展群众性体育活动及组织单项训练和竞赛，提高运动技术水平。

（三）课余体育训练

《学校体育工作条例》规定："学校应当在体育课教学和课外体育活动的基础上，开展多种形式的课余体育训练，提高学生的运动技术水平。"

课余体育训练是指利用课余时间，对部分身体素质较好，并有体育专长的大学生进行科学系统训练的一种专门教育过程，它是实现大学体育训练目的的又一重要组织形式。

大学开展课余体育训练是贯彻普及和提高相结合方针的重要措施。它一方面把有体育才能的大学生组织起来，在实施全面、系统训练，进一步增强体质的基础上，再进行专项训练，提高运动技术水平，创造优异成绩，在参加校际和国际比赛中，为学校、为祖国争光；另一方面是通过培养体育骨干来推动学校体育活动的蓬勃发展，并在训练和各级体育比赛中，扩大体育传播，丰富课余文化生活，促进校园精神文明建设。

（四）体育竞赛

体育竞赛是大学课外体育的另一组成部分，同样是实现大学体育目的的重要组成部分。大学开展体育竞赛，是检验体育教学、训练效果和交流经验、互相学习、提高运动技术水平的有效途径；是广泛吸引大学生参加体育活动、推动学校群众性体育活动的开展、增强体质和增长才智的主要方法；是丰富大学生课余文化生活，增强体育健身意识，培养勇敢顽强、奋发向上、团结友爱、遵纪守法等优良品质和集体主义精神，建设校园精神文明等方面不可缺少的内容。

《学校体育工作条例》规定："学校体育竞赛贯彻小型多样、单项分散、基层为主、勤俭节约的原则。学校每学年至少举行一次以田径项目为主的全校性运动会。"

大学体育竞赛分校内竞赛和校外竞赛，一般以校内竞赛为主。要经常开展校内群众性体育比赛，例如，组织各种球类运动、拔河、群众性的接力赛等喜闻乐见的体育比赛。这些比赛可由大学体育部领导、学生会体育部或相关体育协会承办。

第二章 体育锻炼与运动处方

第一节 体育锻炼原理与方法

一、体育锻炼的基本原理

在现代社会的竞争中，保持良好的身体状态是事业成功的基础。体育锻炼是影响身体状态的一个重要因素。从事体育锻炼，必须掌握有关的理论知识。

（一）锻炼过程的新陈代谢

有机体的新陈代谢是生命活动的基本特征之一，是维持生物体生长、繁殖、运动等生命活动全过程中的化学变化的总称。新陈代谢一般是指生物体不断地用新的物质来替换旧的物质和自我更新的过程，新陈代谢的兴衰与生命力息息相关，新陈代谢旺盛，人体的生命力就随之旺盛；新陈代谢衰缓，生命力就随之衰退；新陈代谢终止了，人的生命活动也就随之终止。

新陈代谢包括同化作用和异化作用两个方面，同化作用（亦称组成代谢）是指机体从外界环境中不断摄取养料，转换成自身的组成物质，并储存能量。异化作用（亦称分解代谢）是指机体将自身的物质不断地分解、释放能量，以满足机体生理活动的需要，分解的最后产物则排出体外。

新陈代谢的同化、异化作用是相互依存同时进行的，在人体生长发育等不同的年龄阶段，同化、异化作用有所不同。人体在生长发育成熟以前，总的来讲同化作用占优势，储存起来的化学能量增加。人体生长发育成熟后进入青壮年，同化与异化作用保持相对平衡，人体处于比较稳定的阶段。人体进入老年时，异化作用占优势，体内的物质与能量被过多地消耗。

构成人体结构的基本单位是细胞，细胞由元素组成原生质，细胞原生质主要成分是蛋白质。人体是由无数个细胞组成的，每一个细胞每时每刻都在进行着新陈代谢。正是这种不断地新陈代谢，促进了细胞组织发生了结构和功能上的分化，使人类不断进化。生命活动不仅维持着细胞和组织自身的新陈代谢，而且还维持着整个有机体的新陈代谢。

体育锻炼是促进有机体新陈代谢的一种刺激，能使组织系统兴奋，加剧物质代谢和能量转换，产生代谢的不平衡。科学研究表明：进行体育锻炼时，由于身体的活动必然消耗体内的能量物质，体内的物质和能量储备相应地下降，产生了强身健体的驱动力。这种异化作用占优势的现象是暂时的、相对的生理反应。体育锻炼后，根据锻炼负荷的性质和负荷量采取按摩放松、合理饮食、心理调节等一系列恢复补偿的体育养护措施，能产生强身健体的结果。因此，体育锻炼是经过科学处理的身体活动，可使机体向着完善的方向转化，这就是体育锻炼可以增强体质的生理过程和理论依据。

人体通过长期的体育锻炼，不仅能有效地增强自身的体质，而且能改变遗传特征。人类的繁衍，存在着遗传变异，但遗传是相对的，变异是绝对的。遗传的物质基础是细胞体中染色体内的脱氧核糖核酸（DNA），将遗传信息传给子代，得到与父代相同的一定的遗传性特征。例如，外貌体态、性格、气质等方面。遗传对体质的影响只提供了发展的可能性，体质的强弱则有赖于后天的环境条件与主观能动性。经常从事体育锻炼，就会弥补遗传特征中的不足，不断塑造完善的身体。

（二）运动负荷的有效价值范围

运动负荷的有效价值范围，是指按一定的心率区间去确定运动负荷的计量标准。体育锻炼在对人体产生适当的量和强度的刺激下，才能收到健身益心的效果。否则，将会对身体有害无益。每个人都要根据自己的特点和身心状况安排运动负荷。因此，体育锻炼对每个人来讲不可能有一个统一的最佳运动负荷价值范围的绝对标准。然而，正常人之间体质水平、身心状况的差异比较接近。确定运动负荷的有效价值范围，对绝大多数的人来讲，是具有普遍的现实意义的。

随着人们对体育锻炼的需要不断发展，国内外学者对运动负荷的有效价值范围理论的探讨和实践，已引起了普遍的关注。有些国家采用电脑控制仪、心电图记录器和基础体力测定器等装置，为体育锻炼提供健康变化的各种数据，为确定运动负荷的有效价值范围奠定了基础。

从事体育锻炼就应谋求有效的锻炼效果，即机体处于最大吸氧量和最大心输出量的状态。最大吸氧量的增加，必须增大心输出量，每搏输出量和心搏频率，使每分钟心输出量达到最高程度。此时，身体各组织、器官都能得到最充足的氧和养料的供应，机体处于最佳受益状态。

在体育锻炼中，心搏量达到极限的程度，必须经过以下三个时期。一是发动期；二是心搏量急剧上升期；三是心搏量进入极限期。从心搏量急剧上升期到心搏量极限期之间，所得数据称为心搏量极限区间。心搏量极限区间的高值和低值之间，即为运动负荷的有效价值范围。体育锻炼时，使心率保持在这个区间内波动，并达到锻炼时间的 2/3 左右，就能取得最佳的锻炼效果。

体育锻炼的目的在于有效地增强体质，应以有氧代谢为主。据国内外有关研究成果表明：体育锻炼的有效价值范围所处的心率为 120～140 次/分之间。当心率在 110 次/分以下时，机体的血压、血液成分、尿蛋白和心电图等，都没有明显的变化，锻炼身体的价值不大；心率在 130 次/分的运动负荷时，每搏输出量接近或达到一般人的最佳状态，锻炼身体的效果明显；心率在 150 次/分的运动负荷时，每搏输出量开始出现缓慢下降；心率增加到 160～170 次/分，虽无不良的异常反应，但未能呈现更好的健身迹象。因此，从事体育锻炼的健康人的运动负荷的有效价值范围应保持在 120～140 次/分的心率。心率在此范围内波动的时间，应占一次锻炼总时间的 2/3 为宜。

（三）人体适应环境能力的动态平衡

适应环境能力是指人体在适应外部环境中所表现的能力。它包括对客观环境的适应能力和对疾病的抵抗能力。

客观环境包括自然环境和社会环境。环境的变化对人体的发展产生极大的影响。良好的环境，为人体朝着自我完善的健康的方向发展提供了必要的条件；恶劣的环境，妨碍着人体顺利地进行自我完善和健康发展，甚至危及人们的生命安全。人体不断地与客观环境取得动态平衡是促使自身发展的首要条件。

人体的发展一刻也离不开日光、空气和水等自然因素，它们是生命的源泉。人体是恒温的有机体，体温保持在 37℃ 条件下，才能保证生理功能的正常运行。体温变化超过 1℃ 以上，就意味着病态。影响人体体温的光照、气温、风速、湿度、气压等气象条件，每时每刻都在变化之中，为了适应自然环境的变化，除了积极采取御寒防暑措施之外，关键在于提高人体对体温调节机能。科学地摄取营养和体育锻炼，能够有效地促使机体内部的产热和散热过程更加旺盛，调节体温的机能更加灵敏。实践证明，充分利用日光、空气和水等自然因素进行体育锻炼，能有效地增强体质，改善机体的体温调节能力。为此，体育锻炼最好在阳光和煦、空气新鲜的户外进行，并可根据自己的体质状况和需要，进行日光浴、空气浴和冷水浴等锻炼。

人体的生存和发展同样也离不开社会环境和物质条件的制约。在现实的社会环境中，不同的劳动方式、职业工种、生活习惯、体育锻炼、休息娱乐等，都是构成社会环境条件的重要因素，都对人体发展产生直接或间接的影响。

实践证明，当人们生活在自然环境和社会环境基本相近的条件下，坚持体育锻炼与不经常参加体育锻炼相比较，人体与环境间所表现的动态平衡存在着明显的差异。

二、体育锻炼的基本原则与方法

体育锻炼的基本原则是体育锻炼客观规律的反映，是人们从事体育锻炼、达到理想效果必须遵循的基本准则。

（一）积极自觉性原则

身体锻炼是一个自我锻炼、自我完善、长期积累的过程，也是不断克服自我惰性、战胜各种困难的过程。毛泽东在其《体育之研究》一文中指出："欲图体育之有效，非动其主观，促其对于体育之自觉不可。"[1]自觉地参加体育锻炼，能使大脑处于适宜的兴奋状态，高级神经中枢处在良好的工作状态，能使人体力充沛、心情愉悦、动作协调，从而促进动作技能的学习，提高锻炼效果。能否养成自觉、积极的锻炼习惯并坚持下去，主要应解决好以下三个方面的问题。第一，不断提高对身体锻炼在现代生活中的地位与锻炼价值的认识；第二，不断了解科学锻炼的新知识和科学锻炼的新方法，为进一步锻炼提供正确的指导和动力；第三，加强锻炼效果的检测评定工作，通过信息反馈，使自己经常看到锻炼的效果与进步，增强自信心和自觉性，从而使体育运动成为一种健康的生活方式。

---

① 中共中央文献研究室、中共湖南省委《毛泽东早期文稿》编辑组：《毛泽东早期文稿》，65页，长沙，湖南出版社，1990。

（二）全面锻炼原则

全面锻炼原则是指参加体育锻炼者身体的各个部位、各个器官系统的机能以及身体素质和基本活动能力都能得到全面协调发展。

人体是一个有机的整体，各个器官系统之间相互联系、相互制约、相互发展。各种项目的运动，对人体虽然都有良好的影响，但由于各自的特点不同，其效果不一。因此，参加体育锻炼应采用多种形式、多种手段进行身体的全面锻炼，作用于人体的各个部位、各个器官和系统，这样才能使人体机能全面提高，均衡发展。

（三）经常性原则

人的体质增强是一个不断积累、逐步提高的过程。体育锻炼对人体的积极作用不能在短时间内奏效，也不会一劳永逸。体育锻炼时，人体结构和机能的改变、身体素质的提高、运动技能的掌握都是通过肌肉活动的反复多次强化实现的，如果断断续续地锻炼，前一次作用的痕迹已经消退，后一次锻炼的累积性影响就小了，就不可能取得明显的锻炼效果。即使是已经掌握的动作，如果长时间不练习，再练习时也会感到生疏，特别是面对那些难度较大、较复杂的动作就会觉得很难完成，这是因为运动技能形成后，必须经常强化，否则便会消退，人体结构与机能、身体素质等各方面也是如此。中断一段时间锻炼后，动作技能经过几次练习就可以恢复，而内脏器官功能的恢复则需要很长时间。因此，只有坚持锻炼并持之以恒，人体的结构和机能，身体素质和动作技能才能日趋完善，基本活动能力和运动技术水平才能不断提高。

（四）循序渐进原则

循序渐进原则，是指体育锻炼必须按个体发展的适应性规律逐步积累增强体质的效果。人体对内、外环境变化的适应，是一个缓慢的由量变到质变的过程。体育锻炼时，肌肉活动对机体提出要求，各器官系统的机能是逐步适应并逐步与之取得平衡的。因此，体育锻炼必须循序渐进，例如，学习动作由易到难，运动量应逐步加大。否则欲速则不达，不仅不能增强体质，反而易引起运动损伤和意外进而损害健康。

（五）适量性原则

适量性原则是指体育锻炼要有恰当的生理负荷。运动负荷对身体锻炼是一个极其重要的问题。实践证明，运动负荷是否适宜，将直接影响锻炼效果。由于参加锻炼的个体差异和每一个人的体质处在不断变化之中，同一负荷的练习，对每一个人，或者一个人的不同时期都会产生不同的效果。确定运动负荷标准的方法很多，最常用的方法有以下几种。

第一，以一个人接近极限运动负荷的脉搏次数（假如每分 200 次），减去安静时的脉搏次数（假如每分 60 次），乘以 70％，再加上安静时的脉搏次数，这被认为是对身体影响最好（能获最大摄氧量的心输出量）的运动负荷。即卡沃南氏法。

（近极限心率—安静心率）×70％＋安静心率＝最佳运动负荷

第二，以脉搏 150 次/分以下（平均 130 次/分）的超常态运动负荷为指标衡量各种运动。

第三，以运动时，练习者的年龄和心率为参考。年龄与心率之和等于 170 为优良代谢的指标。

第四，以有氧锻炼强度阈为参考。芬兰学者卡沃宁提出了一个发展最大吸氧量锻炼强度阈的计算公式，只要将自己的年龄及安静时的心率代入公式，所得数字就是锻炼中的强度阈（适宜的心率）。

有氧锻炼强度阈（运动心率）＝安静心率＋［（200－年龄）－安静心率］×60％

（六）针对性原则

针对性原则是指体育锻炼必须根据个人的实际情况，有针对性地进行体育锻炼（也称因人而异原则、从实际出发原则）。体育锻炼必须从个人实际出发，针对年龄、性别、职业、体育基础、生活条件、地理环境、季节特点、传统习惯、兴趣爱好、心理和生理等综合因素，选择行之有效的项目、内容、方法、运动负荷、强度和次数，不可千篇一律、强调统一或仿照他人。

三、体育锻炼效果的检查与评价

（一）锻炼项目的选择

每一个人可自由支配的时间是有一定差别且有限的，体育运动的内容又是多种多样的，有些适合自己，有些不适合自己，这就需要进行适宜的选择。

1. 考虑运动的节奏

一般来讲，学习和工作的节奏快，所选择的体育运动的节奏就应该慢；学习和工作十分紧张，就应该选择比较容易放松身心或比较轻松的体育运动。对以脑力劳动为主的大学生来说，容易消除大脑疲劳、轻松愉快、节奏快而强的有氧运动应该是最佳的选择。

2. 考虑运动的内容

选择适合自己的锻炼内容，以适宜的方式进行运动，才能在有限的自由支配的时间里达到锻炼的目的。不同的人由于个性和生活环境的差别，兴趣和爱好不尽相同。好动的人可以选择四肢参与活动比较多的体育运动，例如，轮滑、健身操、健身搏击操等内容；好静的人可以选择健步行走、登高或远足运动等。此外，还应该遵循身心互补的原则，多参与一些与自己性格不同的体育运动，通过动静互补来更好地调节身心。

选择体育运动内容时，还应考虑自己的身体条件和健康状况。这样既可以保证自己的安全，又不至于出现由于参加了体育运动反而损害了健康或影响了学习和工作的情况。另外，经济状况、气候条件、安全保障等都应是在选择体育运动内容时需要考虑的因素。

3. 考虑情绪和心境因素

体育锻炼还应该考虑情绪和心境两个因素。体育运动本身强调身心的和谐统一，在身体活动的同时，使心理获得最大的满足。在不适宜的情绪状态下进行体育运动，特别是参加对抗性的运动，有时还会产生负面的消极作用，甚至成为破坏团结的隐患。例如，在情绪表现为激动、易怒的情况下，最好远离那些对抗性、接触性强的运动(篮球、足球、拳击、搏击健身操等)。这时，最好进行一些较轻松愉快的，容易平抑情绪的活动内容。在情绪压抑，表现为沮丧、冷漠时，应选择参加一些生动活泼和娱乐性、群体性强的体育活动内容，例如，登高、远足、野营等，以使情绪提高、精神振奋，缓解不良的情绪，改善心境的状况。

(二)锻炼环境和锻炼时间的选择

在进行锻炼时，环境与时间的选择显得尤为重要。锻炼要持之以恒，春、夏、秋、冬都不应间断。但是，运动时要注意春温、夏热、秋凉、冬寒的气候特点，特别是要避免在恶劣的环境下锻炼。在进行锻炼时，尽量选择湿度适宜，通风良好，空气清新的地方锻炼。在户外锻炼时，还要注意大气污染指数的变化。如果某一段时间内或某一地段里大气污染指数过高，就应该调整锻炼地点。尽量避开工业集中区或高楼林立的居民区，选择空气质量好的地方，例如，绿化好的地方或公园。

锻炼时，还应把握最佳的锻炼时间。一般来说，每天上午 10 点与下午 3 点左右为两个空气质量相对最佳期。在夏季进行锻炼时，尽量选择早晨和傍晚较凉爽时进行，并注意适当饮水和休息。

(三)体育锻炼的医务监督

医务监督是指在体育运动中，运用一些医学的或者主观的指标对运动者的身体状态进行观察和评定，为帮助和指导科学锻炼提供方法的一种措施。

医务监督包括自我监督和体育锻炼的医务监督。自我监督是运动员和体育锻炼者在体育锻炼期间，经常观察自己的身体状态和生理机能变化的一种方法。通过这种方法，可以及时了解自己在锻炼过程中生理机能的变化，有助于调整锻炼计划和运动负荷，为合理安排教学、训练内容和方法提供依据，也可以为医生的体格检查提供参考。

1. 主观感觉

（1）精神状态

身体健康者往往精神状态好、精力充沛、心情愉快、积极性高，但患病或过度疲劳时就会感到精神萎靡不振、易疲劳、乏力、头晕、易激动等。在进行自我监督时，可根据自我感觉记录为良好、一般、不好等。

（2）运动心情

经常参加运动的人一般都愿意参加运动；如果是病患或过度疲劳者，则对运动不感兴趣或会产生厌烦心理。记录时可根据个人的心情记录为很想锻炼、不想锻炼、厌烦锻炼等。

（3）睡眠

经常锻炼的人睡眠良好，入睡快、熟睡无梦、醒后精神状态良好。如果晚上失眠、屡醒、梦多、早晨起来没有精神，说明健康状况不佳或过度疲劳，就要检查运动量是否合适。一般情况下，大运动量之后因神经系统兴奋与抑制原因容易导致睡眠障碍。记录时应写明睡眠的持续时间和睡眠状况是否良好。

（4）食欲情况

经常运动的人，食欲好，饭量也较大。但过度疲劳时，食欲便会减退，饭量会减少。记录时可写食欲良好、食欲一般、食欲减退、厌食等。

（5）不良感觉

参加剧烈运动后，由于身体过度疲劳，往往出现四肢无力、肌肉酸痛的现象，这是正常的生理现象，经过适当休息便可恢复。如果运动后出现头晕、恶心、心慌、气短、腹痛等，则表示运动方式不当或运动量过大。记录时可写头晕、恶心、气短、心慌等。

（6）排汗量

运动时出汗的多少与气候、运动程度、衣着、饮水量、训练水平、身体素质和神经系统的状况等有关。如果突然大量出汗，可能是过度训练，应适当调整运动量。记录时可写出汗适量、出汗增多、大量出汗等。

2. 客观检查

（1）脉搏

经常参加训练锻炼的人，安静时脉搏频率较缓，一般 1 分钟为 75 次左右。在自我监督中可用早晨脉搏来评定运动水平和身体机能的状况，若早晨脉搏逐渐下降或不变，说明身体机能反应良好；若每分钟脉搏次数增加 10 次以上，说明身体机能反应不良或前一天运动量过大，应找出原因及时处理。若早晨脉搏连续保持较快的水平，可能是前一段时期的大运动量所致。注意测量脉搏时，一般测 10 秒内的跳动次数，再换算出 1 分钟的数值，然后记录下来。测试时应在早上清醒后立即测量，避免其他活动对脉搏的影响。

（2）体重

参加体育锻炼后，体重一般有下列变化。刚参加运动的人，由于身体里水分和脂肪大量消耗，体重下降。经过一段时间的锻炼，体重比较稳定，运动后减轻的体重能够完全恢复。长期坚持锻炼的人，肌肉逐渐发达起来，体重有所增加，而且保持一定水平。自我监督时，每周可测 1～2 次，只要按照这三个阶段发展，即为正常情况。如果体重长时间下降，说明运动量过大或者身体机能不良，应注意调整。

（3）肺活量

运动能使呼吸功能显著增强，肺活量的大小在一定程度上表现出呼吸功能的好坏。经常参加锻炼的人，肺活量会增加，但在过度训练时，肺活量就会减少。

（4）运动成绩

坚持合理锻炼，运动成绩会逐渐提高或保持在一定水平上。如果运动水平没有提高，甚至下降，动作的协调性被破坏，可能是身体机能状况不良的反映，也可能是过度训练的早期表现。另外，女同学还要记录月经的情况，例如，运动后月经是否规律、月经量多少、经期长短、有无痛经等。

第二节　运动处方

一、运动处方的基本原理

（一）何谓运动处方

在运动疗法的治疗中，医生根据对患者的疾病诊断、病情、功能状态和康复目标，开出病人康复锻炼的方子，称为运动处方，它是康复医学的重要措施之一。对体育锻炼者来说，运动处方就像医生给病人开的治病处方一样，开出一张如何科学地锻炼身体、提高体能水平、健身防病的方子，使锻炼者从中获益。

我国康复医学专家刘纪清教授给运动处方下的定义是：对从事体育锻炼者或病人，根据医生检查资料（包括运动试验及体力测验），按其健康、体力及心血管功能状况，结合生活环境条件和运动爱好等个体特点，用处方的形式规定适当的运动种类、时间及频率，并提出运动中的注意事项，以便有计划地经常性锻炼，达到健身或治病目的，即为运动处方。

康复医学专家周士杭教授给运动处方下的定义是：在运动疗法的治疗中，常以处方的形式来确定运动的种类和方法、运动强度、运动量，并提出在治疗中应注意的事项，这就是运动处方。

（二）运动处方的原理

运动处方的原理是根据运动时引起的人体生理反应和机能变化会从"一时性适应"逐步过渡到"持续性适应"，最终获得良好的锻炼效果。

1. 一时性适应

人体运动时，生理机能会发生很多变化，例如，脉搏加快，血压升高，呼吸频率加快，体温上升，产热量增加等，这些变化会因各人的运动量和运动强度的不同产生差异。同时，一时性适应还会因锻炼项目的不同对人体各器官系统产生不同的影响。有氧耐力运动主要引起心血管系统和呼吸系统产生适应性变化，力量锻炼主要引起运动系统，特别是肌肉的适应性反应，而放松性练习则对神经系统和内分泌系统产生较大影响。

2. 持续性适应

一时性适应的多次重复，就会累积产生持续性适应。这就要求健身者持之以恒，长期坚持合理的体育锻炼，方能收到良好的成效。例如，长期坚持长跑等有氧锻炼，就能有效增强心血管系统和呼吸系统的机能，增大吸氧的能力；经常进行力量锻炼就会使肌肉变得粗壮发达，增强肌肉的力量；经常进行柔韧性锻炼就会增加肌肉韧带的弹性和伸展性，增强关节的灵活性。要产生持续性适应，除了坚持长期锻炼外，还要讲究科学锻炼，选择合理的运动量和运动强度，过大或过小的运动强度，重复间歇过长或过短，对身体都会产生不利影响，就很难产生持续性适应的效应，也就不可能达到增强体质和增进健康的目的。

（三）运动处方的种类

运动处方的种类很多，根据应用的对象和锻炼的目的，一般可有如下几种。

1. 竞技性运动处方

用于提高运动员身体素质和运动技术水平的训练方案。

2. 预防性(保健性)运动处方

适合一般健康人,包括中老年人在内的人群,用以增强体质,预防疾病和提高健康水平。

3. 治疗性运动处方

用于慢性病患者及病人创伤康复期的锻炼,能提高疗效,加速疾病的康复。

二、运动处方的基本内容

(一)运动处方的内容

运动处方的内容一般包括运动目的、运动项目、运动强度、运动持续时间、运动频率、注意事项六个方面,下面将对这些内容进行详细介绍。

1. 运动目的

锻炼者的年龄、性别、职业、爱好、习惯、体质健康状况、锻炼目的不同,开出的运动处方也不同。锻炼的目的可以有防病治病、强身健体、健美减肥、休闲消遣、提高身体素质、提高运动成绩等,相应的运动处方也自然不同。

2. 运动项目

应根据锻炼(运动)目的而定,一般包括以下项目。

(1)耐力性项目(有氧运动项目)

此类运动能有效增强或改善心血管系统和代谢功能,提高体能,预防冠心病、肥胖症、动脉硬化等病症。锻炼的项目有快走(步行)、慢跑、骑自行车、游泳、爬山、跳绳、划船、登楼梯、滑冰和滑雪等。国外运动医学专家对经常参加体育锻炼的老年人进行体检时发现,参加健身跑、游泳、自行车运动锻炼的老年人的心肺功能要比从事其他运动项目的老年人好。

(2)医疗体操(呼吸操、矫正体操等)

适用于患有某些慢性病和创伤康复期的中老年人或患者。例如,慢性支气管炎、肺气肿患者,可进行呼吸操锻炼;内脏下垂者,可进行腹肌锻炼;截瘫者的轮椅训练;截肢病人的上、下肢训练;脊柱畸形或扁平足患者进行的矫正体操;四肢骨折康复期的功能锻炼等。

(3)放松性训练

此类项目有调节神经系统，放松精神和躯体，消除紧张和疲劳，防治高血压和神经官能症的作用。锻炼的项目和方法有气功、太极拳、瑜伽、散步、保健按摩和放松体操等。

(4)力量性项目

力量性练习能增强肌肉力量和力量耐力，防止关节损伤，改善机体有氧代谢能力和增强体力。锻炼的方法有蹲起、俯卧撑、仰卧起坐和各种利用器械的练习等。

(5)柔韧性练习

老年人容易发生关节僵硬和疼痛的情况，这常常不是由关节炎症引起的，而是缺乏运动所致，经常做一些柔韧性练习，可以活动关节，增强关节的柔韧性和灵活性，延缓关节硬化。锻炼的项目有太极拳、八段锦、武术、柔软体操、伸展性练习等。

3. 运动强度

运动强度与运动效果和安全直接相关，掌握适宜的运动强度是运动处方的关键。反映运动强度的指标有运动时的心率，运动时的吸氧量占最大吸氧量的百分比和代谢当量等。

4. 运动持续时间

根据国内外的经验，如果进行耐力性运动(有氧运动)锻炼，时间可从 20 分钟到 1 小时，其中达到适宜心率的时间应在 10 分钟以上才能取得较好的锻炼效果。一般来说，如果进行 5~10 分钟的运动，则吸氧量要达到最大吸氧量的 60%~70%。运动时间越长，所需强度越低。如果进行 1 小时的运动锻炼，只需达到 50% 的吸氧量就够了。医疗体操和放松性练习持续时间视具体情况而定，相对要比耐力性运动时间长。

运动强度和运动时间有密切关系，运动量确定后，运动强度大的练习时间应相应缩短。同样的运动负荷，年轻和体质好的人，可选择强度大、持续时间短的练习；而中老年人和体弱者宜选择强度小而持续时间较长的练习。

5. 运动频率

即每日或每周运动的次数。究竟健身锻炼以每周锻炼几次为好呢？这个问题得从美国国家航空航天局专家的研究说起，他们认为一个经常从事运动的人，在停止运动 2~3 天以后，肌肉力量即开始下降，停止运动的时间越长，肌肉力量减退和肌肉组织的萎缩越明显。此研究说明，锻炼效果无法储存，锻炼效果要靠不断的坚持运动来取得，否则就会丧失殆尽。那么，是否需要每天都锻炼呢？这要根据锻炼者的运动目的、年龄、体质健康状况和运动习惯而论。对运动员来说，当然锻炼的次数多一些为好，但对以健身锻炼为目的的人来说，隔日1次就可以了，也就是说每周锻炼3～4次为宜。年龄较大、运动量和运动强度较小、且有运动习惯者，每日锻炼1次也是可以的。但有一点值得指出；每周锻炼次数最低不能少于2次，否则就不能产生一定的运动效果和蓄积作用。

6. 注意事项

第一，指出禁忌参加的运动项目。

第二，介绍锻炼时自我观察和自我监督的指标。

第三，告诉锻炼者，如出现异常情况，停止运动的标准。

第四，如锻炼后出现疲劳，睡眠不好，肌肉酸痛等情况，应减少运动量和运动强度。遇生病应停止锻炼，待病好后再慢慢恢复锻炼。

第五，运动前后做好准备活动和整理活动。锻炼前应先进行10分钟的准备活动(热身运动)，以保护心脏和肌肉关节。锻炼后要放松，不要马上停止不动，同时注意保暖。

（二）运动处方的格式

运动处方可根据不同需要采用不同的格式。运动处方的六方面内容一般都应包括在内，同时，根据情况，还可加入禁忌参加的运动项目，锻炼时的自我监督指标及出现异常情况时停止运动的准则等内容。开运动处方时，必须注意有关准则，加强医务监督，注意安全锻炼(运动处方的格式参照表 2-2-1、表 2-2-2、表 2-2-3)。

表 2-2-1　运动处方格式(正面)

姓名：　　　　　　性别：　　　　　　年龄：
健康状况：
功能检查：二级梯试验、自行车功率计、台阶试验、跑台试验(以上任选一项)
结果：
运动项目：
运动时最高心率(次/分)：
每次运动持续时间：　　　　　　每周运动次数：
注意事项：　　　　　　禁忌运动项目：
自我监督项目：
复查日期：
医师签字：
年　　　月　　　日

表 2-2-2　运动处方格式(背面)

日　　期	运动情况	身体反应状况

表 2-2-3　运动处方卡

姓名:　　　　性别:　　　　年龄:　　　　职业:

运动目的:＿＿＿＿＿＿＿＿＿＿＿＿＿＿＿

运动项目:＿＿＿＿＿＿＿＿＿＿＿＿＿＿＿

运动强度:心率范围控制在＿＿＿＿次/分～＿＿＿＿次/分

每次运动持续时间:＿＿＿＿分

运动频率:每周(日)＿＿＿＿次

注意事项:

禁忌运动项目:

医师签字:

　　　　　　　　　　　　　　　　　　年　　　月　　　日

（三）运动处方实例

表 2-2-4　运动处方

姓名	张军	性别	男	年龄	20 岁	职业	学生
身高	170 厘米	体重	64 千克	病史	无	健康检查	良好
运动负荷测定	安静脉搏:85 次/分　　血压:90/120 毫米汞柱 肺活量:4000 毫升						
体能测定	力量:俯卧撑 25 个/分钟　　耐力:1000 米跑 4 分钟						
体质测定	健康状况良好,耐力不佳						
运动目的	通过慢跑训练,显著提高体能素质和耐力水平,争取使 1000 米跑进 3 分 30 秒以内						
运动项目	慢跑等有氧运动						
运动时间	坚持锻炼一个月,每天 20～30 分钟,循序渐进						
运动密度	可运动 5 分钟,休息 2 分钟再运动,灵活变化						

续表

运动频率	每天至少1次		
注意事项	①不要饭后即运动；运动后不要马上洗澡、进餐；②夏季最好在早上六点后、下午四五点钟运动；③运动后注意自我感觉，例如，出现头痛、头晕、胸闷、气急、食欲减退、睡眠不好或脚痛等情况，说明运动过量，应及时调整；④运动后5分钟脉搏频率应恢复至运动前状态		
运动计划			
星期	活动内容	时间	负荷
一	慢跑3000米	25～30分	轻松
二	走跑交替(5分钟走＋5分钟跑)×3	30分	稍费力
三	一般准备活动，各种球类游戏	40分	轻松
四	一般徒手操，持续跑5000米	35～40分	稍费力
五	走跑交替(5分钟＋5分钟跑)×3	30～40分	轻松
六	一般徒手操，持续跑3200米	25～30分	较轻松
日	休息		

第三章　运动营养与保健

第一节　运动与营养

一、营养素

食物中对机体有生理功效的成分称为营养素。人体所需要的营养素约有几十种，概括为七大类：蛋白质、脂肪、糖类、矿物质、维生素、水和食物纤维。营养的基本功用有以下三个方面。第一，供给热能，维持体温，满足生理活动和从事运动的需求；第二，调节代谢反应，使机体各部分工作能协调地正常运行；第三，构成机体组织，供给生长发育和自我更新所需要的材料。不同的营养素各具有独特的营养功用，但在代谢过程中又密切联系，共同参与，推动和调节生命活动。

（一）蛋白质的成分及营养功用

蛋白质是一种复杂的大分子有机化合物，是生命的物质基础。蛋白质由碳、氧、氮、硫等元素组成，其含氮的比例较恒定，大约占蛋白质重量的16％。组成蛋白质的最基本单位是氨基酸。食物蛋白质中有二十多种氨基酸，其中有一部分在体内不能合成或合成很少，必须由食物供给，这些氨基酸称为"必需氨基酸"；有一部分氨基酸在人体内可以合成，称为"非必需氨基酸"。人体必需的氨基酸有八种：亮氨酸、异亮氨酸、赖氨酸、蛋氨酸、苯丙氨酸、苏氨酸、色氨酸、缬氨酸。这二十多种氨基酸不同的排列组合就构成了各种各样的蛋白质。蛋白质的组成及构造的不同，其营养功用也不同。总的来说，有如下作用。

1. 维持组织生长、更新和修复

蛋白质的主要生理功能是构成机体组织。神经、肌肉、内脏、血液、骨骼，甚至头发和指甲里都含有蛋白质。细胞固体成分的 80% 是蛋白质。人体的生长发育、组织细胞的更新、损伤后组织的修复都离不开蛋白质。

2. 调节生理机能

蛋白质是维持渗透压、酸碱平衡的重要物质。同时，蛋白质又是某些重要激素的组成成分，而激素是参与人体正常生理机能调节的主要物质。酶是参与物质、能量代谢的催化剂，而酶本身就是蛋白质。所以，缺乏蛋白质时，人体的正常生理机制将不能维持。

3. 构成抗体

人体血液中具有保护机体免受细菌和病毒侵害的一种称为抗体的物质，它是由蛋白质构成的。近年被誉为抑制病菌的法宝和抗癌物质——干扰素，也是一种糖蛋白质的复合物。

4. 供给热能

蛋白质虽然不是供给热能的主要物质（每克蛋白质能产生 4 千卡热能），但是机体内旧的和已破损的组织细胞中的蛋白质会发生分解，在分解过程中会释放热能。分解后大部分作为重新合成组织细胞蛋白质的原料，一小部分排出体外。另外，蛋白质在体内代谢的过程中还可以转化为糖类，而糖类可以作为能源。人类每天所需的热能有 14% 左右来自蛋白质。

在正常情况下，蛋白质含量在体内是保持平衡的，即食入的蛋白质和分解排出的量是恒定的（为 16%），食物中只有蛋白质是含氮物质，所以常常用排出氮量和食入氮量来反映蛋白质的代谢情况。当食入氮量超过排出氮量时，叫正氮平衡；当食入氮量少于排出氮量时，叫负氮平衡；当食入氮量等于排出氮量时，叫总氮平衡。食物中的蛋白质含量，一般来说，大豆含量最高，肉类次之，再次为粮谷类，蔬菜水果最少（表 3-1-1）。

表 3-1-1　部分食物的蛋白质含量　　　（克/%）

食物	含量	食物	含量	食物	含量
牛奶	3.3	大米	8.5	马铃薯	1.9
鸡蛋	12.3	小米	9.7	油菜	2.0

续表

食物	含量	食物	含量	食物	含量
猪肉(瘦)	16.7	面粉	9.9	大白菜	1.4
牛肉(瘦)	20.2	玉米	8.6	白薯	2.3
羊肉(瘦)	15.5	大豆	34.2	菠菜	2.0
鱼	12.0～18.0	螺旋藻	55.0～70.0	花生	26.2

资料来源：王安利：《运动医学》，183页，北京，人民体育出版社，2008。

（二）脂肪的组成和营养功用

广义的脂肪包括中性脂肪和类脂质两大类，由碳、氢、氧三种元素组成。狭义的脂肪仅指中性脂肪，也叫作甘油三酯，由一分子甘油和三分子脂肪酸组成。根据其化学结构不同，脂肪酸又可以分为饱和脂肪酸和不饱和脂肪酸。有几种不饱和脂肪酸是机体不可缺少的营养物质，但在体内又不能合成，必须由食物供给，称为必需脂肪酸。因此，含必需脂肪酸的脂肪，营养价值较高。已知的必需脂肪酸主要有亚油酸、亚麻酸和花生四烯酸。饱和脂肪酸与胆固醇形成酯，易在动脉沉积，发生动脉硬化。常用脂肪的饱和与不饱和脂肪酸含量比例见表3-1-2。类脂质包括磷脂和固醇。

表 3-1-2　常用脂肪的饱和与不饱和脂肪酸含量比例

脂肪种类	饱和脂肪酸（%）	不饱和脂肪酸（%）	亚油酸（%）
棉籽油	25	75	50
花生油	20	80	26
菜油	6	94	22
麻油	14	86	42
豆油	13	87	53
椰子油	92	8	6
奶油	60	40	3.2
猪油	42	58	8
羊脂	57	43	4
牛脂	53	47	2

资料来源：全国体育学院教材委员会：《运动医学》，148页，北京，人民体育出版社，1990。

脂肪的生理作用主要有以下几点。

1. 供给热能

脂肪是体内发热量最高的能源物质，每克脂肪在体内氧化产生的能量大约 9 千卡，是糖和蛋白质的两倍。

2. 组成细胞和重要物质

脂肪是细胞和一些重要物质的组成部分。如细胞膜就有磷脂成分，固醇是合成体内固醇类激素的重要物质。

3. 促进脂溶性维生素的吸收

如维生素 A、维生素 D、维生素 E 等都必须溶解在脂肪中才能被吸收。

4. 增加饮食的滋味，增进食欲

食物中有脂肪可增加滋味，增进食欲。另外，脂肪在胃中停留时间能达到 4~5 个小时，所以有饱足感。

5. 保暖

脂肪是热的不良导体，可阻止体内热量的散发。

6. 保护

脂肪作为填充衬垫的材料，可以固定和保护身体器官，避免机械摩擦和位移。

(三)糖类的组成和营养功用

糖类是由碳、氢、氧三种元素组成的，而且绝大多数糖类中，氢和氧的比例与水一样，故糖类又被称为碳水化合物。按其化学结构的不同，糖类可分为以下三类。单糖，包括葡萄糖、半乳糖、果糖；双糖，包括蔗糖、麦芽糖、乳糖；多糖，包括淀粉、肝糖原、肌糖原、纤维素与果胶。食入的糖类主要是淀粉，经过消化后变成葡萄糖方能被吸收入血。糖类的主要生理作用有以下几点。

1. 供给热能

糖类是人体最主要的能源物质，70% 以上的能量由糖类供应。糖类每天在体内可产生 4 千卡的热能，而且比其他的能源物质耗氧量少(1 克糖需氧 0.83 升，1 克蛋白质需氧 0.97 升，1 克脂肪需氧 2.03 升)。此外，糖类还可以在缺氧或无氧的情况下，通过酵解供给少量的热能，这是其他能源物质所不能的。大脑及神经系统除葡萄糖外，不能利用其他物质供能，所以血液中葡萄糖是神经系统唯一的能量来源。这对体育运动来说尤其重要。

2. 构成机体的重要物质

所有神经组织和细胞核中都含有糖类。核糖和脱氧核糖参与核酸的构成，是生物遗传的物质基础。

3. 其他

糖类还具有维持脂肪的正常代谢、节省蛋白质和加强肝脏功能的作用。

(四)维生素的组成和营养功用

维生素是一类具有生物活性的低分子有机化合物。这类物质在人体内虽然不能供给能量，也不是机体的结构材料，但它们却是人体进行物质代谢、维持正常生理功能必不可少的。

维生素与其他营养素的不同之处在于它们既不供应热能也不构成机体组织，只需要少量即能满足需要，一般不能在人体内经自身的同化作用合成，其中有的以辅酶前体的形式参与酶系统的工作等。

在维生素刚刚被发现到时候，它们只是作为食物中分离出来的一些必需的营养素，其名称一般是按发现的先后，在"维生素"之后加上 A、B、C、D 等字母来命名，维生素 A 是第一种被发现的维生素。此后由于技术进步，人们弄清了各种维生素的化学本质，逐渐以化学名称之，如维生素 B_1 称硫胺素，维生素 B_2 称 L-核黄素，维生素 C 称 L-抗坏血酸等。

维生素的种类很多，化学结构差异很大，可分为脂溶性和水溶性两大类。前者如维生素 A、维生素 D、维生素 E，后者如维生素 B 族和维生素 C 族等。

维生素的生理功能概括起来有以下两点。

第一，构成酶和辅酶，使物质代谢和能量代谢正常进行。

第二，促进机体的生长发育。

(五)矿物质的营养功用

人体所需要的矿物质种类很多，总量约为体重的 5%。其中人体内含量较多的矿物质有钙、镁、钾、钠、磷、硫、氯七种元素，其他如铁、铜、碘、锌、锰和钴等，由于存在的数量极少，有的甚至只有微量，故称为微量元素。矿物质在体内没有储存的仓库，要随时从体外获取。矿物质的摄取与排出是经常保持动态平衡的。矿物质的生理功能有以下两点。

1. 参与构成组织

如钙、磷是构成骨骼的重要成分，铁是红细胞不可缺少的元素，磷和硫是构成蛋白质的成分等。

2. 调节人体代谢，维持正常生理功能

如钾、钠、镁是维持肌肉、神经兴奋性和细胞膜通透性的必要条件，盐酸是胃蛋白酶的激活剂，氯离子是唾液淀粉酶的激活剂等。由于新陈代谢的作用，每天都有一定数量的无机盐通过各种途径排出体外，因而必须通过膳食予以补充。

（六）水的营养功用

水是机体的重要成分，占体重的 $59\%\sim70\%$。其功能主要为以下几种。

1. 构成机体

所有组织都含有水，如血液含水量高达 90%，肌肉含水量为 70%，坚硬的骨骼也含有 22% 的水。

2. 参与物质代谢

水是最好的溶剂，体内的各种物质代谢、消化吸收过程都离不开水。

3. 参与体温调节

水的比热较高，每克水升高 $1℃$ 时，要带走 0.58 卡的热量。当外界温度升高、超过体表温度时，通过排汗，会把多余的热量散发出来，使体温维持恒定。而在天冷时，由于水的储热潜力很大，人体不至于因外界温度低而使体温发生明显的波动。

4. 参与物质的运输

血液是运输营养物质、代谢产物以及氧的工具，水是组成血液的主要成分。

5. 润滑

关节腔内有少量的液体，在关节活动中起润滑作用。

（七）食物纤维的营养功用

食物纤维是指在人体肠道内能耐受消化酶的作用，但可被细菌分解的植物性物质。食物纤维是由上万种不同碳水化合物组成的多糖。其主要功能有两点。

第一，有助于调节脂类代谢，有降脂作用。

第二，稀释致癌物质，减少致癌物质与肠壁的接触，有防癌作用。

二、饮食与营养

饮食是人最重要、最经常的一种行为，但有相当部分的大学生缺乏科学的饮食方法。一部分学生对饮食不甚关注，抱着无所谓的态度；另一部分学生则过分讲究，片面理解一些格言，听信广告，结果顾此失彼，事与愿违；还有一部分学生经常纵欲进食，造成消化系统功能紊乱，影响了身体的正常生长发育。因此，要保证身体健康发展，必须培养良好的饮食习惯。

（一）大学生常见的不良饮食习惯

1. 纵欲进食

纵欲进食是指有时暴饮暴食，有时忍饥挨饿。暴饮暴食多发生在亲朋聚会、过生日、野餐等场合。饥饿多半是因为睡懒觉，错过了早餐时间空腹去上课，或夜间看书学习过久。暴饮暴食，会使消化器官的功能发生紊乱，从而使机体代谢功能失去平衡，产生许多疾病。早餐不吃就去上课，随着大脑和其他器官机能活动所需能量的消耗，血糖就会下降。当血糖含量降低到每100毫升血液中不到45毫克时，就会严重影响脑组织的机能活动，全身乏力，注意力分散。

2. 盲目节食

这种情况女大学生多于男大学生，节食的主要目的是减肥。限制饮食虽然可以使人消瘦，但体内的营养物质也随之越来越匮乏，势必出现种种功能障碍或疾病，轻则头昏眼花、四肢乏力，重则出现贫血、低血糖、月经失调等情况。有的学生明知道过分限制饮食对身体有害，但仍乐此不疲，甘愿付出巨大代价。这就不是单纯的缺乏知识，而是涉及现代大学生的心理问题。例如，由于"肥胖恐惧"心理导致的饮食紊乱，其不良后果包括病理性肥胖及危险的体重过低，表现为神经性厌食和饥饿症，这些人对于形体瘦弱，表现为一种病理性的需要，其摄入的热量仅能维持其生存，而不能满足生长的需要，还会严重影响其学业，造成终身遗憾。

3. 追求高蛋白、高脂肪饮食

盲目追求西餐高能量、高蛋白饮食，大量食用牛奶、鸡蛋、面包，向欧美饮食模式靠拢。其实东西方饮食习惯的差异历史已久，东方式饮食所含的能量和蛋白质，虽比西方饮食明显低，但东方人的体型和需求也小，体内酶含量和消化液分泌量已与饮食结构适应。盲目模仿，很容易造成消化不良和营养素的失衡。现在西方发达国家已经认识到，营养过剩会引起心血管病、结肠癌、糖尿病、胆结石病等许多所谓的"富裕病"。东西方饮食模式各有利弊，彼此可以取长补短，但须根据自身体质状况逐渐适应，并以科学的分析监测来指导，这样才能使饮食科学化、合理化。

4. 偏食

在一部分大学生中，存在片面认定某些食物是高营养食物而长期偏食，导致营养摄取的不平衡和一些营养元素缺乏的现象。例如，有的学生不肯吃肉，结果身体不能及时补充蛋白质，造成发育迟缓或发育不良。有的不吃蔬菜，引起多种维生素和矿物质的缺乏，这给成年后患高血脂、高血压、动脉硬化留下了隐患。特别是一些同学因为怕胖，这也不敢吃那也不敢吃，结果面黄肌瘦，弱不禁风，学习时注意力不能集中，精力不充沛。

5. 偏爱营养补品

有些大学生听信广告对营养补品作用的夸大，甚至以此代替食品，认为营养补品可以补救一切营养缺乏的情况。其实，营养补品仅仅提供一小部分营养素，而且只能对缺乏某些营养素的人起作用。至于补品，不是人人皆宜的强化剂，更不能替代食物。

(二)平衡膳食，合理营养

平衡膳食是指膳食中的食物种类齐全、数量适当、营养素之间的比例合理，并且与身体消耗的营养素保持相对的平衡。因此，平衡膳食要求每日膳食中的各种营养素都应品种齐全、比例恰当；所提供的热量和各种营养素符合身体每天的生理、学习、劳动的需要，对于学生还包括生长发育的需要。那么，怎样才能做到平衡膳食要求呢？那就是要根据人体每天的生理、学习、劳动等的需要量，摄入相等数量的热量和蛋白质、脂肪、维生素、矿物质、水等各种营养素，概括来说，平衡膳食应遵循以下原则。

1. 保持三大营养成分供热的最佳比例

每日饮食中三大营养成分所提供热量最佳比例为：50%的热量来自碳水化合物，20%的来自蛋白质，30%的来自脂肪。这条原则简称为50:20:30最佳热量来源比例原则。

2. 合理安排一日三餐

一日三餐的食物分配应与学习、运动和休息相适应，高蛋白质食物应在学习、运动和工前摄取，不应在睡前摄取，这是因为蛋白质消化比较慢，会影响睡眠。

(1)早餐

热能摄入占全天的25%～30%，蛋白质、脂肪食物应多一些，以便满足上午学习、工作的需要。有些同学早餐分配偏低，仅占全日总热能量的10%～15%，甚至不吃早餐，这与上午学习、工作的热能消耗是很不适应的，既影响健康，又影响学习效果。

（2）午餐

热能摄入占全天的40％，糖、蛋白质和脂肪的供给均应增加，因为既补偿饭前的热能消耗，又储备饭后学习、运动和工作的需要，所以在全天各餐中应占热能最多。

（3）晚餐

热能摄入应占全天的30％～35％，宜多供给含糖多的食物。所以晚餐可多吃些谷类、蔬菜和易消化的食物，富有蛋白质、脂肪和较难消化的食物应少吃。大学生晚餐后，仍有晚自习，用脑时间较长，所以晚餐不可减量。

3. 食物要力求多样化

因为任何一种食物都不能包含机体所需要的全部营养物质，为了保证营养充足、均衡，进食要力求多样化，而绝不能偏食。

4. 节食减肥不可压缩维生素的摄入

为减肥而进行节食，不要压缩含有丰富维生素的食物摄入，例如，水果和蔬菜。为了促进沉积脂肪燃烧和防止肌肉总量减少，还要参加运动锻炼。

5. 大运动量时的饮食

参加耐力性运动的人，当运动量较大时，可适当补充一些富含碳水化合物食品。一般的健身运动，则只需多加一杯低糖饮料即可。

三、运动与营养

（一）合理营养

合理营养要求膳食必须符合个体生长发育和生理状况等特点，含有人体所需要的各种营养成分，且含量适当，不缺乏，也不宜过多，全面满足身体的需要，能维持正常的生理功能，促进生长发育和健康，这种膳食结构称为"平衡膳食"。此外，合理营养还要求食物易于消化吸收，不含对机体有害的物质。

合理营养是保持良好训练状态的物质基础，对体育锻炼者的机能状态、体力适应过程、运动后体力恢复及防治运动性疾病都有良好的作用。

1. 合理营养能提供运动适宜的能源物质，并保证能源物质的良好作用

任何形式的运动均以热能的消耗为基础，但体内能源储备有限，如果无充足利用的能源物质，即当体内糖原水平极低时，就不能满足体内

新陈代谢的需求。因此，需注意摄取含糖类丰富的食物以保证体内有充足的肌糖原储备。能源物质在人体内储存或分解需要一系列辅酶的催化，维生素和微量元素多数是辅酶的组成成分或激活剂，这些营养素即使是轻度缺乏也可能影响运动能力。

2. 肌纤维中能源物质的水平与运动创伤的发生有直接关系

研究报告指出，当快收缩肌纤维中糖原耗尽时，人体控制及纠正运动的能力就会受到损害，运动创伤的发生概率增加。例如，在运动前提高体内肌糖原的水平及促进运动后糖原的恢复，将起到预防运动损伤的作用。

3. 合理营养有助于剧烈运动后的恢复

运动能力恢复的关键在于恢复身体的代谢能力，这包括肌肉及肝脏的糖原储备、关键酶的浓度（维生素 B 复合体及微量元素等）、体液、元素（如铁）平衡及细胞膜的完整性等。这些代谢能力的恢复主要借合理营养的措施才得以实现。

4. 合理营养可减轻运动性疲劳的程度或延缓其发生

引起人体运动下降的常见原因。例如，脱水、体温调节障碍引起的体温增高、酸性代谢产物的蓄积、电解质平衡失调所致的代谢紊乱、能源贮备物的耗损等，均可在合理营养的措施下（例如，赛前、赛中、赛后或在大运动量训练中适宜的饮食营养及补液等）延缓疲劳的发生或减轻其程度。

（二）运动前的营养

1. 运动前的食物

运动前膳食的原则是保证膳食中有充足的糖类，使肝糖原和肌糖原最大限度地储存，运动前应以高糖类、低脂肪的食物为主，例如，面包、米饭、面条和水果等，这些食物容易消化，又能提供糖类，因此常作为运动时的能量来源。选择食物时应注意以下几点。

第一，如果运动的时间超过 60～90 分钟，可以选择升糖指数较低的食物，例如，水果、脱脂牛奶、米饭、豆类等，这些食物缓慢地被消化成糖类，能够长时间地供应给运动中的肌肉消耗。

第二，如果运动的时间少于 60 分钟，可以选择升糖指数较高的食物，例如，面包、运动饮料等，这些食物很快就被消化，能够迅速地提供糖类。

第三，应选择高糖类，适量蛋白质，低脂肪以及含磷、维生素 C 及维生素 B_1 丰富的食物，糖类应占热能的 65%～70%，以保证能源物质动员快，氧化完全。参加长时间比赛项目可适当增加一些脂肪，以免过早产生空腹感和血糖水平下降。如果赛期短，蛋白质营养并不重要。

第四，选择易消化吸收、含纤维素少的食物，尽量不食用芹菜、韭菜、大豆及难消化、产气多、易造成腹胀的食物。有些高纤维的食物也富含糖类，例如，全麦面包、高纤饼干、高纤饮料等，如果这些食物会使你在运动中感觉不舒服，就应该避免在运动前吃这些食物。

2. 运动前的最佳进食时间

运动前的饮食是为了增加力量与耐力，但一定要注意从进食到运动开始的时间间距。进食的时间应随着运动的时间和食物的种类不同而改变，共同的原则是吃进去的食物可以在运动过程中提供充足的营养和能量，而又不至于在运动过程中造成肠胃不适。

身体震动比较大的运动，对胃内的食物通常比较敏感，少量的食物就可能会令人感到不舒服。这就需要在运动前较早进食，或是减少食物的摄取，以减轻这些症状。一般而言，身体活动比较小的运动，例如，骑自行车和游泳，一般不会受到胃中食物的影响，对于进食的时间和食物的选择有较大的弹性。

(1) 早晨 8：00 的运动

前一天的晚餐和消夜必须富含糖类，喝充足的水，但是经过一个晚上，肝脏中肝糖原的含量已经降低，在运动前补充糖类可以提高运动能力。在运动前 90～120 分钟吃少量的早餐，例如，面包加果酱或水果，而避免吃含多脂肪的食物，例如，包子、油饼，它们不容易消化，会在胃中停留比较长的时间，也无法提供足够的糖类。有时牛奶也会给某些人造成肠胃不适。若是习惯吃丰盛的早餐，就需要在运动前 2～3 小时吃，才有足够的时间消化。如果无法早起，也可以在运动前 10～30 分钟用运动饮料或是一两片面包补充前一天晚上消耗的体内肝糖原。

(2) 上午 10：00 的运动

前一天晚餐必须富含糖类，喝充足的水。在当天 7：00 左右吃丰盛而高糖类的早餐，3 小时的时间足够消化这些食物，补充肝糖原，而且不会造成肠胃不适，但是应该避免油腻的食物。

(3) 午间 12：00 的运动

前一天晚餐必须富含糖类，喝充足的水。当天吃丰盛而高糖类的早餐，若是 8：00 吃早餐，在 12：00 左右可以再吃一些少量的高糖类点心，例如，面包、果汁或水果。若是 9：00 吃早餐，运动前 10～30 分钟可以再补充一些运动饮料。

(4) 午后 4：00 的运动

前一天晚餐必须富含糖类，喝充足的水。当天早上 8：00 吃丰盛的早餐，中午 12：00 吃高糖类的午餐，下午 3：00 吃少量高糖类的点心，同时在一天中必须摄取充足的水分。也可以从早上开始每 1～2 小时喝一大杯果汁，补充并维持体内糖的含量，运动前 20～30 分钟再补充些运动饮料。

（5）晚上 8：00 的练习或比赛

当天吃丰盛而富含糖类的早餐和午餐，下午 5：00 吃丰盛而富含糖类的晚餐，或是下午 6：00 吃少量但是高糖类的晚餐，避免高脂肪的食物，例如，油炸的食物、肥肉等。运动前 20～30 分钟喝 200～300 毫升运动饮料或果汁，在一天中都要摄取充足的水分。

（三）运动中的营养

进行持续时间很长的运动时，体力消耗大，体内的能源及营养储备不能满足需要，可使血糖水平降低，发生疲劳，体力下降。为了及时补充机体消耗的能源物质和水分，可在运动中或间歇摄取食物和饮料。

运动中的饮料应是含糖和含盐低的。参加能量消耗较大的项目，可在运动期间摄取一些容易消化吸收的液体型或质地柔软的半流食物，食物体积要小，以免影响呼吸。除比赛前少量补水外，比赛中每隔 15～30 分钟补液 100～300 毫升，或每跑 2～3 千米补液 100～200 毫升，以每小时补液量不大于 800 毫升为宜。

比赛中的饮料以补水为主，15％低聚糖饮料在比赛中能起到良好的效果。饮料的温度对胃的排空影响不大，但温度较低的饮料口感稍好，饮料中应含少量的钠盐，一般为 18～25 毫摩尔/升。

（四）运动后的营养

1. 糖类的补充

糖是运动时的主要能量来源之一，存在于肌肉和肝脏中。肌糖原只能供给肌细胞使用，而肝糖原可以葡萄糖的形式释放到血液中，供给肌肉以及身体其他器官所用。体内的糖存量不足以满足运动所需，是造成疲劳、运动能力降低、无法持续运动的原因之一。运动后体内的糖存量显著地降低，若没有糖的补充，下次运动时的表现会受到糖不足的影响。

运动中会消耗掉很多储存的能量，因此运动后必须尽早进食富含糖类的食品和饮料，补充消耗的能量。最好在运动后 2 小时内补充。研究表明，在运动后的 2 小时内，机体合成糖的效率最高，2 小时后则恢复到正常水平。建议在运动结束后 15～30 分钟之内进食 50～100 克的糖类（大约是每千克体重需要补充 1 克糖类），多吃新鲜蔬菜和水果，然后每两小时再吃 50～100 克糖类。正餐以及其他运动期间的饮食也应该以富含糖类的食物为主。

2. 肌肉和组织的恢复

即使是没有身体接触的运动也会造成肌肉纤维和结缔组织的伤害。身体接触性的运动，例如，篮球、足球等会造成更多的肌肉损伤。运动后迅速地补充蛋白质有助于修复受伤的肌肉和组织，受伤的肌肉合成和储存糖的效率也会提高，因此，身体接触性运动或是比赛后受伤的运动员，需要补充更多的糖类，也更需要把握运动后 2 小时的那段高效率期间有效地补充体内消耗掉的糖。运动后蛋白质的补充更有利于肌肉组织的增长，是增强肌肉力量与体积的必要手段；另外，长时间的运动会造成体内蛋白质的丢失，特别是血红蛋白总量的减少，因此，长时间运动后及时补充蛋白质可有效地预防运动性贫血的发生，对保证运动者的健康有着积极的作用。

（五）运动饮料及运动中水的补充

运动饮料是指为改善人体运动能力而加工制造的供饮用的液体。运动饮料按其成分可分为以糖为主的一般饮料、电解质饮料、天然果汁饮料、药物饮料和含氧饮料等，这些饮料各有一定的特殊功用。但对人体从事长时间运动时的生理需要来说，最有意义的成分是水，其次是糖。

1. 水在人体运动中的作用

人体体液占体重的 $57\% \sim 60\%$，分细胞内液和细胞外液，前者为体重的 40%，后者为 20%。人体体液中含有大量的电解质，这些电解质和水分通过身体内外和细胞内外的交换处于一个动态平衡状态，并维持人体处于一定的酸碱度范围内。水分对维持人体散热系统的功能和血容量具有特别重要的作用。

人体在运动时的热能代谢比安静时增加 $10 \sim 20$ 倍，产生大量热能，其中一部分用于肌肉活动，另一部分转换为热、二氧化碳等副产品。运动时，肌肉所产生的热，大部分输送到血液中，经循环而遍布全身，提高中心体温。即使是身体健康的人，运动时所产生的热量，也足以使体温每 $5 \sim 8$ 分钟升高 $1℃$，如果没有有效的散热途径，中等强度的运动在 $15 \sim 30$ 分钟内，就能使体温提高到致死水平。

正常时，人体通过对流、辐射、传导和蒸发四种形式散热。其中辐射、传导和对流三种形式都是在外界温度低于体温时的散热方式，而人在剧烈运动时，当环境温度达到或高于人的皮肤温度时，出汗蒸发就成为调节体温平衡主要或唯一的途径。每蒸发 1 克汗可散热 0.57 千卡。出汗率与热能消耗运动强度以及环境温度正相关，也受运动时间、气温、热辐射强度、湿度以及运动适应程度等多种因素的影响。而据国内研究资料显示，短跑时的排汗率为 3.83 毫升/平方米体表面积/分钟，长跑时的排汗率为 0.699～0.846 升/平方米体表面积/小时，总出汗量为 4000 毫升，平均占体重的 4.9%。

汗液中 98%～99% 为水，大量出汗会使机体脱水，脱水有以下几种情况。

第一。轻度脱水。当失水量为体重的 2% 左右时，以细胞外液及间液丢失为主，血容量受影响，心脏负担加重，可影响运动能力。此时，人会感到口渴，出现尿少及尿钾丢失量增加等现象；第二，中度脱水。失水量为体重的 4% 左右，细胞内外液的丢失量大致相等，会出现脱水综合征，表现为严重的口渴感、心率加快、体温升高、疲劳、血压下降等症状；第三，重度脱水。当失水量为体重的 6%～10% 时，细胞内液丢失的比例增加，并表现为呼吸加快、血容量减少、食欲丧失、厌食、容易激怒、肌肉抽搐、精神活动减弱甚至出现幻觉和昏迷，对健康有严重的威胁。

水是常常被锻炼者忽视的膳食成分。许多锻炼者在运动中不喝水，因为他们担心饮水以后胃会太饱满，可能减慢他们的运动速度。这种观点是不正确的。还有的锻炼者在感到口渴时才想到喝水，这也是不正确的。口渴不能作为开始脱水的标志。因为当人感到口渴时，其脱水量已经达到体重的 2%～3%，此时补液，需要 48 小时才能补充上体液的丢失量。渴的感觉仅是一种防止严重脱水的自我保护机制，不能用来作为补液的指征。因此，在运动中，必须按规定的时间和量补水，这不仅是为了运动成绩，同时也是为了运动者的安全。

2. 补水的方法及注意事项

(1)饮水量及饮用方法

运动中的饮水量与生理机能的改善有很大的关系，饮水量达到一定程度才能有较好的效果。一般单凭主观口渴感来掌握饮水量是不够准确的，较好的指标是身体的出汗量。运动中补充的水量以达到出汗量的 80%～90% 为宜(出汗量由运动前后的体重变化来测估)。补水时可采用以下几种方法。

①运动前两小时补充 500 毫升液体，以在体内暂时储存一些水分，减轻运动时的缺水程度。

②运动中采用少量多次的方式补水，每 15～20 分钟补充 125～250 毫升液体。这种饮水法，水分徐徐不断地进入体内，使血容量不会发生太大变化，机体内环境较稳定，也不会增加胃肠和心脏的负担，有利于生理过程和运动活动的进行。

③运动后补充运动中的液体丢失量，运动中每丢失 1 千克体重，补液 800～900 毫升。但也应分多次进行，特别是进餐前不要饮水过多，否则将稀释胃液，影响消化能力。

（2）选择合适的运动饮料

运动中切忌补白开水。大量饮白开水会造成血液稀释，从而使更多的水分以汗液的形式排出。

所以补水和补糖、补液是密切关联的。由于人体在运动中大量出汗的情况下，最需要补充的是水，因此要求饮料能尽快地通过胃肠进入血液。饮料中的糖虽有提供热能和维持血糖水平的作用，但糖的浓度影响饮料通过胃的速度：糖的浓度越高，渗透压越大，通过胃的时间越慢。研究表明，运动员使用的饮料中如果葡萄糖和蔗糖的浓度为 8% 时，其排空的速度与水相似，浓度高于 8% 时，其排空速度就会减慢，这就会使运动员感到肚子很胀，而且不舒服。因此，要想补充更多的糖类，最好使用以低聚糖为主的运动饮料。

电解质对肌肉的工作很重要。当人体出汗时，一些电解质就随汗液而丢失了。这些损失通过运动中运动饮料的补充和运动后的膳食可以很容易得到补充和恢复。机体每天需要 1875～5725 毫克钾（相当于 4～6 杯果汁或 6～8 个新鲜水果）和 1100～3300 毫克钠。钾对于肌肉的正常收缩是很重要的。缺钠会很快导致脱水、痉挛。不管运动多剧烈，由于肾脏有保钠功能，体内的钠储备不容易耗竭。但在炎热条件下参加长跑训练 4～5 小时就容易导致钠消耗过度。为防止这种情况产生，运动前应补充运动饮料或多吃咸的食品。

此外，运动饮料中最好含维生素 C，以提高生理机能。饮料的温度以 8～14℃ 为宜，因为这种温度的饮料口感较好。运动者在运动中服用的饮料，应是平时所习惯的。

第二节　常见运动损伤的预防与处理

在体育运动中所发生的损伤，统称为运动损伤。

一、运动损伤的原因

造成运动损伤的直接原因较多，主要有以下几个方面。

（一）思想上不够重视

运动损伤的发生，常与学生对预防运动损伤的意义认识不足、思想上麻痹大意及缺乏预防知识有关。其中包括运动前不检查器械、预防措施不得力、好胜好奇，常在盲目和冒失行动中受伤。

（二）运动前准备活动不充分

特别是缺乏有针对性的准备活动，使运动器官、内脏器官功能没有达到运动状态而造成损伤。人体从相对静止状态过渡到紧张的运动状态，必须依靠准备活动来提高神经系统和各系统器官的功能，缺乏准备活动或准备活动不合理、不充分，就很容易发生运动损伤。

（三）运动情绪低下

人在畏难、恐惧、害羞、犹豫以及过分紧张时容易发生伤害事故。有时因缺乏运动经验、缺乏自我保护能力致伤。如摔倒时用肘部或直臂撑地，造成肘关节或尺、桡骨损伤。

（四）运动不科学

内容组合不科学、方法不合理、纪律松散以及技术上的错误等，都可能造成损伤。例如，投掷手榴弹或标枪时上臂外展，屈肘小于$90°$，肘部低于肩部时，容易造成肌肉拉伤，甚至肱骨骨折。

（五）场地和器械的限制

运动场地狭窄，地面不平坦，器械安置不当或不坚固，锻炼者拥挤或多种项目在一起运动，容易相互冲撞致伤。

（六）动作粗野或违反规则

在比赛中不遵守比赛规则，或在教学训练中相互打闹，动作粗野，故意犯规等，这是篮球、足球等项目中发生损伤的重要原因。

（七）不良气象的影响

空气污浊、噪声、光线暗淡、气温过高或过低以及运动服装不符合要求等原因，都可直接或间接地造成伤害事故。

二、运动损伤的预防

在体育锻炼中，如果忽视运动损伤的预防工作，或者未能积极采取各种有效的预防措施，就可能发生各种伤害事故。因此，在体育锻炼中，要了解各种造成运动损伤的原因，并及时总结规律，把握导致损伤的特点，预防在先。尤其要注意以下几点。

第一，加强运动安全教育，克服麻痹思想，提高预防损伤意识。

第二，认真做好准备活动，准备活动要有针对性，不同项目重点活动的部位不同；天冷准备活动时间可长一些，天热也不要忽视准备活动；对可能发生运动损伤的环节和易伤部位，要及时采取预防措施。

第三，合理组织安排锻炼，合理安排运动量，防止局部运动器官负担过重。

第四，加强易损伤部位和相对薄弱部位的练习，提高其机能，是预防运动损伤的积极措施。

第五，提高自我保护能力。例如，摔倒时，立即屈肘低头，团身滚动，切不可直臂或肘部撑地；由高处跳下时，要用前脚掌着地，注意屈膝、弯腰，两臂自然张开，以利于缓冲和保持身体平衡；面对粗野动作，要及时闪避，不要"硬碰硬"，尽量避免身体直接接触。

三、运动损伤的处理

体育锻炼中出现的损伤多为闭合性软组织损伤，如扭伤、挫伤和肌肉拉伤等，这种损伤一般可分为以下三个时期。早期：伤后 24～48 小时，严重的可持续 72 小时；中期：伤后 48 小时到 6 周；后期：从伤后 3 周至 12 个月。但应注意三者之间并没有明显界限，这三个时期除与伤的轻重相关外，还与伤后及时合理的急救处理、治疗及康复有关。处理得当，愈合过程可缩短且可以不留或少留后遗症，否则将可能有相反的结果。

（一）早期

这一时期最长可持续 72 小时，主要是组织撕裂或断裂后出现血肿和水肿，出现反应性炎症，表现为不同程度的红肿热痛及功能障碍。此时，处理原则主要是防止内出血、防肿和止痛，处理办法主要是立即停止活动，以减少出血；用冷水浸泡或用冰块冷敷受伤部位以达到止血、防肿、止痛效果；用绷带加压包扎防止肿胀的扩大。值得注意的是早期肿胀形成越小，后期康复就越容易，早期的正确处理对于治疗运动损伤起着关键的作用。

（二）中期

伤后 48 小时到 6 周，此时伤处开始消肿。热疗应在 24～48 小时以后开始，以消除水肿，促进机体尽快吸收，并减少瘢痕形成。还可用针灸、按摩、理疗等治疗方法，并应尽早开展受伤部位的功能锻炼。热疗和按摩在此期的治疗中极为重要，热敷时温度不要太高，时间不要太长，避免烫伤；按摩手法应从轻到重，从损伤周围到损伤局部，以免加重受伤部位，造成再出血。

（三）后期

从伤后3周开始至痊愈。在此时期主要是提高肌肉、肌腱和其他组织的功能，治疗方法主要是加强受伤部位的功能锻炼，负荷可以逐渐增加，直至剧烈运动，另外配合热敷、按摩、理疗等。

四、常见的运动损伤

（一）开放性软组织损伤

擦伤是皮肤受摩擦所致的皮肤黏膜伤，轻度擦伤可用2%的红汞水、1%～2%的龙胆紫或0.05%的碘酒涂抹，不需包扎即可痊愈。注意涂抹时不宜直接涂抹伤口，可在伤口周围消毒。

重度擦伤应首先用生理盐水和过氧化氢冲洗消毒，然后再用消过毒的敷料包扎。撕裂伤、刺伤、切伤等发生后，皮肤都会有不同程度的规则或不规则的裂口，早期处理主要是清创、缝合和抗破伤风。伤口内有异物者应先清除，然后再止血缝合包扎。

（二）挫伤

因外来钝性暴力作用或运动员相互撞击而致伤。一般会出现红热肿痛及功能障碍等现象，即俗称的"硬伤"，不严重者可以按照闭合性软组织损伤处理。严重的伤及头部、胸部、腹部及睾丸时，挫伤可合并其他内伤，出现脑震荡、休克等现象，应注意观察，及时抢救，并迅速转送到医院。

（三）肌肉拉伤

肌肉拉伤是体育运动中常见的损伤，当准备活动不充分或肌肉疲劳时容易发生，另外，压腿或者劈叉时因幅度过大也容易发生。肌肉拉伤会严重影响锻炼、生活和学习。发生肌肉拉伤后，轻者会出现少量肌纤维撕裂，可立即做冷敷、加压包扎和抬高患肢处理，然后让肌肉处于松弛位固定休息；中后期可以进行按摩、理疗和针灸等治疗；严重者会出现肌肉完全断裂，应及时运送医院缝合处理。

（四）腰肌劳损

慢性腰肌劳损是引起慢性腰痛的重要原因。主要是因腰部活动过多引起长期负荷过度，致使多次微细损伤的积累，或急性腰扭伤后治疗不彻底与多次损伤而逐渐演变成慢性损伤所致。长期姿势不正确或固定于某种体位、运动后受凉等都是致病因素。大多数患者都能坚持体育锻炼或中小运动负荷训练，表现为运动前、后腰部疼痛，只有少数症状较重者完全不能运动。按摩、理疗、针灸和拔罐疗法等对治疗腰肌劳损的效果较好，运动时也可用腰部保护带(护腰)，并注意加强腰背肌练习。

(五)踝关节扭伤

踝关节扭伤在足球、篮球项目中发生率较高，主要是因在运动时跳起落下时重心不稳、踩在别人脚上或者场地凹凸不平而引起的。踝关节扭伤后要及时治疗，避免出现习惯性扭伤。

在踝关节扭伤发生后，要及时进行现场处理。最容易犯的错误是不检查、不包扎就放冷水冲，本想止血，但常常事与愿违，反而会因水的冲击使其迅速肿胀，不但达不到冷敷的目的，反而使肿胀更加严重了。较合理的处理措施是立即用手指压迫止血，同时做强迫内翻试验及踝关节抽屉试验检查，判断损伤的程度。也可使关节小的错动复位，然后可用冰敷或蒸发冷冻剂喷洒降温并加压包扎，抬高患肢，并按闭合性软组织损伤处理，或送医疗单位处理。为避免习惯性扭伤，重新运动时要打弹性绷带进行包扎固定，并协助踝关节发力，限制踝关节过度内翻，这对预防二度扭伤有较好的作用。

第四章　体育比赛与欣赏

第一节　体育赛事简介

一、体育赛事项目综述

当前，体育赛事种类繁多、形式多样、内容丰富。按赛事规格来分，可分为国际体育赛事、洲际体育赛事、地区体育赛事、国家级体育赛事和国内一般体育赛事等；按赛事规模来分，可分为综合性大型体育赛事、单项大型体育赛事、一般体育赛事和小型体育赛事等；按赛事区域来分，可分为世界性体育赛事和地区性体育赛事等；按赛事项目设置来分，可分为综合性体育赛事和单项体育赛事；按赛事性质来分，可分为商业体育赛事和非营利性体育赛事等；按运动员身份来分，可分为职业选手体育赛事和业余选手体育赛事；按运动员年龄来分，可分为儿童体育赛事、青少年体育赛事、成年人体育赛事和老年人体育赛事。

二、国际重大体育赛事

（一）国际综合性运动会

1. 奥运会（详见第五章）

2. 世界运动会

创办于 1981 年，每四年举行一届，是由非奥运会项目的国际单项体育组织联合举办的世界大型综合性运动会。世界运动会的领导机构是1980 年成立的世界运动会理事会，执行机构为世界运动会执委会。除举行非奥运会项目的比赛外，在举办每届世界运动会的同时，主办城市还会举办各种文化活动和社会活动，例如，音乐会、展览会等。世界运动会的创办，促进了世界体育文化的繁荣和发展，已故前国际奥委会主席萨马兰奇称世界运动会为"二级奥运会"。

3. 世界大学生运动会

1957 年，为庆祝法国学生联盟成立 50 周年，在巴黎举办了国际大学生运动会和文化联欢节。在此期间，30 个国家和地区一致决定定期举办世界大学生运动会，原则上每两年举办一届。同时决定 1959 年在意大利都灵正式举办第一届世界大学生运动会。参赛运动员的资格是 17～28 岁在校大学生。同时规定，参赛者不仅可以是国际大学生体育联合会会员国家和地区的大学生，非会员国家和地区的大学生也可以报名参加。世界大学生运动会的比赛项目有田径、体操、游泳、跳水、水球、网球、击剑、足球、篮球和排球等，东道国还有权增加几项比赛。世界大学生运动会的规模仅次于夏季奥运会，享有"小奥运会"的美称。截至 2017 年，世界大学生运动会共举办了 29 届，其中第二十六届世界大学生运动会于 2011 年在我国深圳举办。

近几届世界大学生运动会，由于参赛选手的档次水平下降明显，已使其实际降格为世界青年的体育节。在世界大学生运动会期间，还会同时举办国际大学生体育论文报告会等活动。

(二)世界单项体育竞赛

重大国际单项体育赛事是由国际单项体育组织主管、主办或批准的高等级的大型国际体育赛事，例如，世界杯足球赛、上海 F1 汽车大奖赛等。目前，得到国际奥委会承认的国际单项体育联合会共有 62 个，其中列入奥运会项目的国际单项体育联合会有 35 个，未列入奥运会项目的有 28 个。按照赛事组织形式的特征，又可以分为三个亚类：第一亚类为"赛会制"赛事，主要指每隔两到四年举办一次的重大单项赛事(例如，世界杯足球赛、世界田径锦标赛等)；第二亚类为"分站累积制"赛事(例如，F1 汽车大奖赛)或"分站累积加总决赛制"赛事(例如，网球大师系列赛和网球大师杯赛等)；第三亚类称为"主客场制"赛事，主要在某些球类项目中采用。

1. 足球

(1)世界杯足球赛

世界杯足球赛是国际足坛规模最大、水平最高的足球比赛。早在1904 年国际足联成立之时，就决定当年举办第一届世界杯足球赛，后因种种原因才于 1930 年在乌拉圭举办了第一届世界杯足球赛，以后每四年举办一届。自 1970 年巴西队第三次夺得冠军，永远拥有奖杯——"雷米特杯"后，现在的奖杯由意大利人加扎尼亚重新设计，造型为两个大力士高举一个地球，象征着体育比赛的威力和规模。这个用近 5 千克纯金制成的新奖杯，被定名为"国际足联世界杯"。该奖杯不再为某个国家永远拥有，冠军队只能将该奖杯保存到下届世界杯举行之前。根据国际足联的规定，从第十六届世界杯起，参赛队首次由 24 支改为 32 支。各洲和地区参赛的分配和名额由国际足联规定。

（2）欧洲足球锦标赛

欧洲是世界足球运动最为普及、水平最高的地区之一。第一届欧洲杯足球赛于 1960 年举行，以后每四年举办一届，截至 2016 年，已举办了 15 届。欧洲各国国家队先抽签分组预赛，最后由 16 支队参加决赛阶段的比赛（2016 年，法国举行比赛时，将决赛阶段的球队增至 24 支）。

（3）欧洲足球三大杯赛

欧洲除了每四年举办一届的欧洲杯外，每年还会举行欧洲三大杯赛，即欧洲冠军杯、欧洲优胜者杯和欧洲联盟杯。由于三大杯赛是由欧洲各国的足球俱乐部队参赛，世界各地外籍球员都可登场献技，因而三大杯赛汇聚了世界足坛的各个流派、各种风格的优秀球队。三大杯赛的不少经典之战，完全可与世界杯、欧洲杯、美洲杯赛上的杰作相提并论，也造就了一批光芒四射的超级球星，为世界足球运动的发展做出了不可磨灭的贡献。

2. 田径

（1）世界杯田径赛

1977 年开始举行的世界杯田径比赛，是洲际性的团体比赛。除各大洲组织混合比赛代表队外，世界田径强国俄罗斯、美国、德国、英国等都曾单独组织队参赛。由于参赛单位和人数不多，各队水平差距较大，故比赛整体水平不高。

（2）世界田径锦标赛

1978 年国际田联决定，自 1983 年起举行世界田径锦标赛，每四年举办一届，是除奥运会田径比赛以外世界最高水平的田径比赛。

（3）亚洲田径锦标赛

亚洲田径锦标赛是亚洲田坛最高水平的比赛，1973 年举办了第 1 届。1983 年，在科威特举办的第 5 届亚洲田径锦标赛中，中国队首次登上金牌榜首位。此后，中国队连续 13 届都没有让金牌榜头名易主。

3. 篮球

（1）世界篮球锦标赛

世界篮球锦标赛是除奥运会篮球赛以外最高水平的世界性篮球比赛。

世界男子篮球锦标赛于 1950 年举办，第一届世界女子篮球锦标赛于 1953 年举办。一般每三到四年举办一届。按规定，上届奥运会的前三名和上届锦标赛时前三名加上各大洲的冠军队及东道国，一般不超过 16 支参赛队有资格参加世界篮球锦标赛(历届参赛办法不尽相同，2010 年世界国子篮球锦标赛有 24 支球队参赛)。

(2)美国职业篮球联赛(NBA)

NBA 是美国职业篮球协会主办的职业篮球联赛。现有 30 支队伍，经过常规比赛选出东区、西两区各 8 支球队进入复赛。再经七赛四胜制的淘汰赛，东、西两区各选出一支最好的球队进行最后的总决赛。再经过一轮七赛四胜制的主客场较量，最后产生年度总冠军。NBA 联赛经过 70 多年的发展，不仅成为当今世界公认的最高水平的篮球赛事，而且逐渐发展为广受世人关注、喜爱并积极参与的社会体育文化活动。

(3)亚洲篮球锦标赛

亚洲篮球锦标赛是亚运会篮球比赛以外亚洲最高水平的篮球比赛。一般每两年举办一届，在亚洲各国轮流举行。男、女队分别在不同的时间、地点举行比赛。我国男、女篮球队在亚洲处于领先水平。

4. 排球

(1)世界排球锦标赛

世界排球锦标赛是奥运会排球比赛以外水平最高的排球比赛，也是历史最长，参赛队数最多的高水平排球比赛。世界男子排球锦标赛始于 1949 年，世界女子排球锦标赛始于 1952 年。以后每四年举办一届。截至 2018 年日本世界锦标赛，中国女队曾获两届冠军。

(2)世界杯排球赛

为进一步推动排球运动在全球的发展和提高，国际排联于 1964 年决定，将原有的欧、亚、美三大洲排球赛改为世界杯赛，每四年举办一届。男子的第一届世界杯赛于 1965 年举办，女子的第一届世界杯赛于 1973 年举办。世界杯赛的参赛队为各大洲的冠军队，加上上届奥运会、世界锦标赛、世界杯赛的冠军以及本届比赛的东道国。1981 年，国际排联决定，凡获得世界杯排球赛的冠军队，可直接参加下届奥运会排球赛。中国女队曾获第三届(1981 年)、第四届(1985 年)、第九届(2003 年)、第十二届(2015 年)世界杯赛冠军。

(3)世界沙滩排球锦标赛

起源于 19 世纪 30 年代美国南加利福尼亚海滩的一项娱乐性活动。它是在沙滩上进行的，由每方两名球员参加的一种排球比赛，其规则与 6

人制比赛基本相同，但没有轮位、中线、3 米线等限制，采用三局两胜制。近年来，沙滩排球在世界各地广受欢迎。1978 年 2 月，国际排联认可的第一届世界沙滩排球锦标赛在巴西的里约热内卢举行。在 1996 年的第二十六届亚特兰大奥运会上，沙滩排球成为正式比赛项目。

5. 乒乓球

世界乒乓球锦标赛是当今规模最大的乒乓球赛。国际乒乓球联合会成立于 1926 年，同年 12 月在伦敦举办了一次国际比赛，后追认此次比赛为第一届世界乒乓球锦标赛，以后每两年举办一次。项目共设男子团体（斯韦思林杯）、女子团体（考比伦杯）、男子单打（圣·勃莱德杯）、女子单打（吉·盖斯特杯）、男子双打（伊朗杯）、女子双打（波普杯）和混合双打（兹·赫杜塞克杯）7 个项目。

6. 羽毛球

(1)世界羽毛球男子团体锦标赛

始于 1948 年，以后每两年举办一届。由于此项赛事的冠军奖杯由国际羽联第一任主席汤姆斯所赠，故此项赛事又称汤姆斯杯赛。

(2)世界羽毛球女子团体锦标赛

又称尤伯杯赛，1956 年，此杯由全英羽毛球女子单打冠军、英国的尤伯夫人所赠。同年，举行了第一届尤伯杯比赛，以后每两年举办一届。

(3)世界羽毛球锦标赛

第一届世界羽毛球锦标赛于 1977 年举行，以后每三年举办一届。此项赛事只设单项比赛，有男、女单打，男、女双打和混合双打 5 个比赛项目。

(4)全英羽毛球公开锦标赛

此项赛事由英国羽毛球协会举办，比赛安排在每年 3 月的最后一周在伦敦举行。从 1899 年起，除两次世界大战期间停办以外，每年如期举行。全英羽毛球锦标赛被称为世界羽坛最高水平的单项比赛。

7. 网球

(1)个人单项赛

网球个人单项赛是世界网坛最高水平的比赛。每年有四大赛事，即温布尔登网球公开赛（6 月底至 7 月初）、美国网球公开赛（8 月底至 9 月初）、法国网球公开赛（5 月底至 6 月初）和澳大利亚网球公开赛（1 月底至 2 月初）。四大赛事都设有高额奖金，分设男、女单打，男、女双打和混合双打 5 项比赛。一名运动员获得以上四大赛事同一项目的冠军，就叫"大满贯"。

（2）团体赛

国际网球联合会承认的正式团体赛有男子团体赛和女子团体赛。国际男子网球团体赛，又称戴维斯杯赛，此项奖杯是由美国运动员捐赠的纯银大奖杯，作为永久性的流动奖杯。此项赛事始于 1900 年，比赛采用四场单打、一场双打，先胜三场者为胜队的赛制。国际女子网球团体赛，又叫联合会杯赛，始于 1963 年，设两场单打和一场双打，先胜两场者为胜队。以上两项比赛每年举办一次，以国家为单位参加，不设奖金，但声誉很高。

三、国内大型体育竞赛

国内重大体育赛事主要分为两类：第一类是按奥运会项目设置并以竞技体育为主要目标与任务的全运会、城运会、省运会、大学生运动会、中学生运动会、全国锦标赛、全国冠军赛、全国联赛，包括与之相对应的省级比赛；第二类主要是以非奥运项目设置的群众体育、娱乐体育和特定人群参加的赛事，例如，残疾人运动会、农民运动会、少数民族运动会、全国体育大会以及摩托艇、蹼泳、滑水、登山、龙舟等赛事。

（一）全国运动会

中华人民共和国全国运动会（简称"全运会"），是国内水平最高、规模最大的综合性运动会。首届全运会于 1959 年在北京举行。全运会每四年举办一次，一般在奥运会结束后一年举行（前三届的间隔时间并不固定，长的间隔有 10 年之久，第七届与第六届间隔了 6 年之久）。目前，全运会比赛项目的设置除武术外，基本与奥运会相同。2001 年初，国务院办公厅正式发布了《关于取消全国运动会由北京、上海、广东轮流举办限制的函》，取消了由北京、上海和广东三地轮办全运会的限制。

（二）全国城市运动会

全国城市运动会（简称"城运会"）是每四年举办一次的全国大型综合性体育盛会，旨在推动城市体育事业的发展，发现培养优秀体育后备人才。第一届城运会于 1988 年在山东济南举行，至 2011 年已举办了 7 届，2013 年城运会更名为全国青年运动会。

（三）全国学生运动会

为全面贯彻党的教育方针，推动学校体育工作的开展，按照《学校体育工作条例》和《中共中央办公厅国务院办公厅印发〈关于进一步规范大型综合性体育运动会申办和筹办工作的意见〉的通知》的精神，教育部、国家体育总局、共青团中央决定将全国大学生运动会和全国中学生运动会合并为全国学生运动会，每三年举办一届，每届按大学生组、中学生组分类，同时同地举行。第十四届全国学生运动会将于 2020 年在山东青岛举行。

（四）全国体育大会

全国体育大会是与全运会、城运会、智运会并列的全国四大综合性运动会之一，是我国非奥运项目的最高水平赛事。全运会与奥运会接轨，而体育大会则是把非奥运的项目全部吸纳进来，放在一起进行的综合性运动会。2000 年，首届全国体育大会在浙江宁波举行，2002 年第二届体育大会后，规定每四年举行一次，赛期约为 10 天，参赛队伍以省级为单位。截至 2014 年，全国体育大会已举办了 5 届。

（五）全国农民运动会

我国是世界上唯一定期举办全国农民运动会（简称"农运会"）的国家。农运会是仅次于全运会的大型运动会，1988 年在北京举办了第一届全国农民运动会，每四年举办一届，截至 2016 年已举办了 8 届。

第二节 体育欣赏

一、体育欣赏概述

（一）体育欣赏的意义

体育比赛或表演之所以吸引观众，就是因为体育表现的美。它以复杂多变的直观形象作用于观赏者的视听器官，进而引起难以体验的奇特感觉，使心灵产生震撼，使他们的情感与运动场上的一切产生共鸣，从而在享受生活乐趣、品味体育文化、陶冶道德情操的同时，领悟人生真谛和振奋民族精神，最终在美的感受中完善人格，使人性得到陶冶和升华。

1. 享受生活乐趣

人们经常在余暇观赏体育竞赛或表演，除了可以畅心享受多种运动美感外，还常会被那绚丽多姿的文化氛围和社交环境所感染。当看到运动中的腾飞、旋转、冲撞和追逐等动作技巧时，或感受运动中那优美的动作造型、色彩、音乐与旋律，或领悟由运动表现的伦理、道德、传统与习俗等文化理念时，或把握运动交往中内涵、举止和风度等因素时，都会因视听效应而使观赏者的心理状态与运动场上发生的一切同步律动，从而起到满足精神需求的作用。

竞技有胜负之分，观众若受那些不确定的悬念所驱动，就能使自己的情绪处于兴奋中。因此，在学习和工作之余，人们可以通过观赏体育竞赛，体验在日常生活中难以涉及的由运动带来的复杂多变的时空感受，这些感受无疑将会给我们的生活增添无穷的乐趣。

2. 品味体育文化

就文化内涵而言，作为人类智慧与文化的结晶，千姿百态的体育竞赛集中反映了不同地域、不同国家、不同民族的风俗民情和意识观念。例如，以内向、务实和封闭性为特征的东方体育竞赛与以外向、竞争和开放性为特征的西方体育竞赛，就属于两种风格迥异的体育文化形式。这两种体育文化形式虽各自提倡的文化理念、运动价值观不尽相同，但通过后来的取长补短与相互交融，仍然在身心兼顾、内外统一的基础上，最终达到了完美的结合。体育文化的外在表现则反映在围绕体育竞赛而进行的诸多文化艺术活动中，例如，竞赛期间的文艺演出、绘画展览、火炬接力、新闻报道、电视转播、发行邮票及纪念币等。由于这些活动的开展，使色彩各异的体育文化形式得以在全世界传播，因此，通过观赏体育比赛，人们除了可以了解各种人文景观外，还能品味到独具风采的文化艺术表现。

3. 陶冶道德情操

良好道德情操的形成，受内部和外部两方面因素的影响。作为外部因素，体育竞赛所创造的文化环境是以其特有的价值观念、道德意识和审美情趣，在健康、进取、意志、信念等方面对人的行为施加影响，并为协调人际关系和化解矛盾创造有利条件。因此，通过观赏体育竞赛，人们不仅可以领悟奥林匹克原则，例如，懂得以何种态度与方式去为比赛优胜者喝彩，给比赛的落后者加油以及遵守比赛场区的要求与规定等，使自己的行为与社会保持一致，而且还能从运动员遵循竞赛法则、恪守运动道德、服从裁判、公平竞赛等行为表现中，接受道德情操的教育，从而为树立良好的社会风尚奠定思想基础。

4. 领悟人生真谛

按照自然法则，人类生存与发展都是竞争的结果。体育竞赛中的竞争，实质上是体力、智力和意志的较量。它对现实生活的启迪，在于为人们提供实现人生价值应具有的信念、勇气和力量。这些极具内涵的精神品质，通常更容易在竞技场上得到形象化的表现，因而，在观赏体育竞赛时，人们在享受运动美感的同时，若能进一步体验运动员为争取比赛胜利，在激烈的竞争中表现出的坚定不移、临危不惧和顽强拼搏等优秀品质，内心情感就会发生变化。而由此产生的激励作用，往往可以催人奋进，领悟唯有勇往直前、永不退缩，才能实现自身价值的人生真谛。

5. 振奋民族精神

凡属重大国际比赛，如规定以国家为参赛单位，为了表达对优胜者的崇敬，均有升国旗、奏国歌、颁奖杯、授奖牌等仪式。即使以个人名义参加的大型比赛，运动员也总是代表自己的国家。这表明，尽管世界各国的政治观点和生活方式不同，凡世界性的体育竞赛都直接关系到国家与民族的尊严和荣誉，它必然对观众思想、情感、精神和意志产生巨大的影响，并从本国运动员的胜利中，使民族自尊心得到满足，自信心不断增强，爱国主义情感更加浓厚。但体育竞赛场上的胜负，毕竟又不能完全与国家的强盛等同起来，如果过于宣传狭隘的民族主义精神，观众面对失败就容易产生逆反心理，反而导致行为上的越轨。因此，我们在对振奋民族精神的认识过程中，要从体育竞赛的精神内涵中寻求动力，而不能单纯地以胜负论英雄。

（二）体育欣赏的内容

距今几千年的古希腊文化，因受竞技精神的影响，一直以崇尚"强健的身体"为审美追求，把人体、力量和运动作为判断体育美的标准。但在现代社会中，由于物质文化水平的提高和伦理道德观念的变化，人们为追求现代生活方式，在充分肯定以人体、力量和运动为外在审美对象的同时，还强调把审美的意蕴引向内部，即通过观赏体育竞赛使自己的道德情操、意志品质、审美情趣受到熏陶。这种外观与内涵相结合的现代审美观，要求我们在直观感受体育美的基础上，还应注意观察运动员的内在表现力、意志力、想象力、创造力和艺术感染力，并坚持摒弃那些有碍健康、伦理、道德及缺乏价值的审美观点。大学生可以通过欣赏以下几个方面的美，不断提高对体育美的认知水平。

1. 欣赏形体美

法国雕塑大师罗丹说："自然界中没有任何东西比人体更美。"体育运动，特别是那些艺术造型强的竞技项目，往往通过超凡的力量、动作技巧和艺术造型，把运动员匀称的肌肉、矫健的身姿、优美的体态雕刻得栩栩如生，通过极富神韵的表演，把运动员的雍容仪态和内在情感展现得淋漓尽致，使观赏者体验到一种健康、朝气和活力。

2. 欣赏健康美

著名诗人马雅可夫斯基曾经说过："世界上没有任何一件衣裳能比健康的皮肤和发达的肌肉更美丽。"当观众见到运动员体态匀称、肌肉强健、动作敏捷、技艺超群、肌肤丰润、充满阳光和活力等外观形象时，就能产生由表及里的视觉效果，从而受活泼、欢快、纯洁、开朗和热情等健康因素的感染，进一步认识体育锻炼对塑造人体健康所起的作用，由此建立对健康追求的信心，获得改善自我健康的勇气和力量。

3. 欣赏运动美

体育运动美是以一种特殊的形式表现出来的，即通过动作、技术和战术综合表现出来。观众对运动美的体验，主要从身体姿势、动作方向、幅度、力量、速度、节奏、频率变化以及娴熟的技巧和变化多端、出奇制胜的激烈对抗中获得。例如，一套舒展、柔美，富有表现力、感染力的艺术体操动作，一组惊心动魄的单杠组合，豪迈敏捷的跳高技术，刚劲猛烈的投掷技术，风驰电掣的短跑技术，优雅利落的高台跳水等，都会使人悠然神往，韵味无穷。体育运动为人们欣赏美、感受美、鉴赏美提供了丰富而生动的素材，使人们懂得什么是高雅，什么是独特的姿态美、平衡美、力量美、速度美、幅度美和时空感觉美等运动美的真正所在，提高审美水平。

4. 欣赏行为美

欣赏体育运动和体育竞赛中的行为美，主要是对运动员的行为道德、思想作风进行客观评价。例如，运动员敢于在与强手的对抗中永不言败，面对困难和极限勇于挑战、奋勇拼搏以及为维护集体荣誉而表现出来的团结协作、同心协力、胜不骄、败不馁的道德风尚，都是人们感动和效仿的榜样。即使比赛可能失败或者已经失败，但运动员所表现出来的勇敢、顽强、信念和虽败犹荣的精神，仍是打动人、触动人的东西。相反，若为取胜不择手段、投机取巧，或畏强欺弱，甚至采取蛮横粗野等手段必然会遭到世人的唾弃和谴责。观众对行为美的正确判断和评价，不仅有助于良好社会风尚的形成，也会促进自身文化、教育和审美修养的提升。

二、体育欣赏的几个维度

从不同的角度欣赏体育比赛会有不同的收获，我们既可以侧重欣赏，又可以全面欣赏。

（一）体育比赛中的技术美

技术是以运动员的身体条件为基础，使运动员体能得以最大限度发挥的动作方法。例如，体操中翻腾变化的跟头，足球中的凌空抽射、鱼跃冲顶，篮球中的扣篮、变幻莫测的运球，短跑中充分的后蹬和前摆，跳高中身体过杆的一刹那，投掷中的最后用力等，这些都是精彩、吸引人之处，观赏后会给人以一种美的享受。

（二）体育比赛中的战术美

战术是运动员把一些技术有目的地组合起来运用的方法。战术可分为个人战术、基础战术和全队战术等。观赏运动员们默契的战术配合，会启发我们想到当今社会的许多工作都需要人们像比赛场上运动员那样，明确分工密切合作才能完成，因此我们还应该通过观赏体育比赛来认识合作的意义和学习合作。

（三）体育比赛中的风格美

对于运动员在比赛中所表现出来的勇于克服困难、顽强拼搏、锐意进取的精神，尊重裁判、尊重对方，宁失一球、不伤一人，团结友谊的道德风貌等，观众感受到后更会觉得受益匪浅。爱屋及乌，我们由欣赏某一运动员的运动技能而扩展到其他方面，他（她）的性格、爱好、外貌、风度等都会使人感兴趣以至着迷。此外，体育场馆的建筑是一个时代、一个国家文化和艺术的象征，是一个国家的经济、科学技术和传统文化的结晶。因此，许多大型的体育场馆都有着独特的风格和结构，其外形千姿百态、气宇不凡，给人留下深刻的印象并得到丰富的艺术享受。

第五章 奥林匹克运动

　　奥林匹克运动是在奥林匹克主义指导下，以体育运动和四年一度的奥林匹克庆典——奥运会为主要活动内容，促进人的生理、心理和社会道德全面发展，沟通各国人民之间的相互了解，在全世界普及奥林匹克主义，维护世界和平的国际社会运动。奥林匹克运动包括以奥林匹克主义为核心的思想体系，以国际奥委会、国际单项体育联合会和各国奥委会为骨干的组织体系和以奥运会为周期的活动体系。它将体育运动的多种功能发挥得淋漓尽致，在当代世界的政治、经济、哲学、文化、艺术和新闻媒介等诸多方面产生了一系列重要的影响。

第一节 古代奥林匹克运动

一、古代奥林匹克运动会

（一）古代奥运会的起源与历史

　　有关古代奥运会起源的传说有很多，流传甚广的说法是古代奥运会是为祭祀宙斯而定期举行的体育竞技活动。无论追溯到哪一个神话源头，可以肯定的是，古代奥林匹亚竞技赛会并非一个单纯的体育竞技比赛，而是一个以祭神为主，内容丰富多彩、形式多样的综合性祭祀盛会，每天都举行各种不同的仪式，例如，祭祀天神宙斯、朝拜众神等。实际上，奥运会的起源与古希腊的社会状况有着密切的关系。公元前9世纪至公元前8世纪，古希腊氏族社会逐步瓦解，城邦制的奴隶社会逐渐形成，建立了200多个城邦。各城邦各自为政，无统一君主，战争不断。连续不断的战事使人民感到厌恶，普遍渴望能有一个赖以休养生息的和平环境，为准备兵源的军事训练和体育竞技，逐渐变为和平与友谊的运动会。古代奥运会从公元前 776 年起，到 394 年止，经历了 1169 年，共举行了293 届。按其起源、盛衰，大致分为以下三个时期。

1. 兴盛期（公元前 776 年至公元前 388 年）

公元前 776 年，伯罗奔尼撒的统治者伊菲图斯，努力使宗教与体育竞技合为一体。他不仅革新宗教仪式，还组织大规模的体育竞技活动，并决定每四年举行一次竞技赛会。

2. 开始衰落（公元前 388 年至公元前 146 年）

由于斯巴达和雅典长期的伯罗奔尼撒战争，古希腊国力大减，马其顿逐渐吞并了古希腊。这一时期，古代奥运精神已大为减色，并开始出现职业运动员。

3. 古代奥运会由衰落走向毁灭（公元前 146 年至公元 394 年）

公元 393 年，罗马皇帝狄奥多西一世宣布基督教为国教，认为古代奥运会有违基督教教旨，是异教徒活动，并于翌年宣布废止古代奥运会。公元 426 年，狄奥多西二世烧毁了奥林匹亚建筑物的残余部分。公元 511年、522 年接连发生的两次强烈地震，使奥林匹亚遭到了彻底毁灭。

（二）古代奥运会的比赛日程和项目

古代奥运会从第一届起，每四年举行一次，每次一天。最初的比赛项目只有一项——192.27 米的短跑，这个距离刚好是大力士哈洛克脚长的 60 倍。公元前 720 年第十五届古代奥运会时，长跑被列为正式项目，即在跑道上多次往返跑 24 个跑道长（4608 米）。公元前 708 年，又确立了五项竞技为比赛项目，即赛跑、跳远、掷铁饼、掷标枪和摔跤。随后的 6个世纪，古代奥运会的比赛项目越来越多，参与的国家也逐届增加。从第二十二届开始，组织者决定将比赛时间改为 3 天，加上开、闭幕式及庆典活动，整个会期为 5 天。竞赛项目也演变为五项全能（铁饼、标枪、跳远、角力、跑步）、拳击、摔跤、战车赛跑、赛马等。古代奥运会受到各国的重视。

古代奥运会的优胜选手可以获得橄榄枝叶编织的橄榄冠。金牌运动员往往被视为国家和民族英雄，财富伴着桂冠而来。古代奥运会的风云人物是利奥尼达斯，他在公元前 164 年至公元前 152 年的四届奥运会中，赢得了 12 枚金牌。为了争夺冠军和荣誉，各国开始雇用职业运动员、贿赂裁判，致使歪风高涨，奥运会不再纯净，古代奥运会也渐渐地盛极而衰。古代奥运会自公元前 776 年第一届至 394 年共举办了 293 届，都是在古希腊奥林匹亚运动场举行的。据考古学家估计，当时的奥林匹亚体育场可容纳2万名观众，后扩大到4.5万人，并设有160个贵宾席。赛场西南部有练习场，用石柱廊围起，形成院落形式。旁边还建有会议厅、更衣室和浴室等。最初的选手都是穿短裤、上身赤背比赛，但从公元前720年起，改为裸体比赛，女性不得参赛或观看。

（三）古代奥运会的文化遗产

1. 宗教祭祀和神话竞技

古希腊人创造了人神同性的自由神学，消除了精神世界的神秘恐惧。为了能更大限度地接近神，希腊人以一种极大的热情投入体育锻炼中来。这就使我们明白了一个道理：为什么希腊的祭祀活动一定要有体育竞赛的重要内容，这正是人们要以竞赛胜利者——人间的英雄，与天上的神灵一起共娱共乐的最好祭祀形式。

2. 尊崇公正的竞争精神

古希腊奥运会形成的以"和平与友谊""公平竞争"等为主要内容的精神体系充分体现了对人的发展与自由的思考，并以此为基础形成了一套完整的人文价值体系。运动员赛前宣誓："不以不正当手段取胜!"这既是社会对人的理想化规范，又是人们对公正、平等和竞争的渴望与崇敬。

3. 神圣休战的和平思想

古希腊是一个尚武的民族，当时以城邦为单位的分散小国各自为政，城邦间常有并吞和争夺。其中两个相互对立的城邦之主在公元前884年达成一项定期在奥林匹亚举行集会的协议，签订了《神圣休战条约》。该条约在当时起到了熄灭战火的保障作用，对维护和促进各民族之间的团结友谊起到了积极作用，也推动了古希腊文化的发展。时至今日，这一休战的神圣思想仍然被国际奥委会乃至整个人类社会所尊崇。

第二节　现代奥林匹克运动

一、现代奥林匹克运动的诞生和发展

随着时间的流逝，古代奥林匹克运动会像埋在地下的奥林匹亚废墟一样，逐渐地被人们遗忘了。14世纪初，欧洲的文艺复兴运动激发了人们对古代奥林匹克精神的赞扬。意大利早期活动家马泰奥·帕尔米里亚于1450年提出要把古代奥运会和平与友谊精神注入人们的社会生活思想意识中。18世纪，考古学家发现了古代奥林匹克运动会的遗址，在这一时期，对奥林匹亚的考察挖掘不断受到重视。德国人库齐乌斯率领的考察团，进行了长达 6 年之久的挖掘，获得了大量文物和史料，被掩埋多年的奥林匹亚村得以重见天日。1852 年 1 月 10 日，库齐乌斯在柏林宣读了以《奥林匹亚》为题的考察、挖掘报告，建议把这个运动会恢复起来，引起了社会的强烈反响。从 1859 年到 1889 年，在希腊人札巴斯的倡导下，希腊举行过五次泛希腊奥运会，但始终没有扩大。1883 年，法国教育家皮埃尔·德·顾拜旦提出了举办类似古代奥林匹克运动会比赛的设想，并把它扩大到世界范围。1892 年，他遍访欧洲，宣传奥林匹克思想，呼吁复兴奥林匹克运动。同年，在巴黎运动联合会成立 10 周年会议上，他倡议恢复"奥林匹克运动会"。1894 年 1 月，他致函各国的奥林匹克组织、建议于同年在巴黎召开国际体育会议。同年 6 月 16—24 日，在巴黎举行的国际体育大会上，15 国代表决议每四年举行一次奥林匹克运动会，并于 6 月 23 日成立了国际奥林匹克委员会。国际奥林匹克委员会的成立，标志着现代奥林匹克运动的诞生。希腊人维凯拉斯出任主席，顾拜旦任秘书长。1896 年 4 月 6—15 日，在希腊的雅典举办了第一届现代奥林匹克运动会，当时共有 13 个国家的 311 名运动员参加了届奥运会。美国运动员詹·康诺利以 13.71 米的成绩获三级跳远金牌，从而成为第一位现代奥运会冠军。

现代奥运会历史上最有意义的一件事是打破了古代不允许女子参赛的规定。在第二届奥运会上，尽管顾拜旦执意反对女子参加，女运动员还是踏上了在此之前一直属于男子的体育场。但性别歧视并未就此了结，田径运动直到 1928 年第九届奥运会才对女子开放。奥运史上另一个让人刻骨铭心的事是开始了在现代奥运会诞生地希腊雅典引燃奥林匹克火炬，之后以接力方式传递至奥运会举办地，并在开幕式上点燃奥运圣火的仪式。由于冰雪项目与水上项目不能同时举行，因此，从 1924 年起单独举行冬季奥林匹克运动会，每隔四年举行，与夏季奥林匹克运动会同年举行。从 1924 年开始，现代奥运会又分为夏季奥运会、冬季奥运会两种。当时在巴黎举行的是第九届夏季奥运会，在夏蒙尼举行的是第一届冬季奥运会。

二、奥林匹克文化

（一）《奥林匹克宪章》

《奥林匹克宪章》，亦称奥林匹克章程或规则，是国际奥委会为奥林匹克运动发展而制定的总章程。《奥林匹克宪章》作为规范奥林匹克运动的根本大法，是奥林匹克运动所有成员取得共识的基础和相互协调的准则，它通过制定基本法则、比赛规则和附则，负责指导奥林匹克运动的组织和进行，规定奥林匹克运动会的举办条件，具体包括奥林匹克组织、宗旨、原则、成员资格、机构及其职权范围等内容。第一部章程的倡议和制定者是顾拜旦，1894年6月在巴黎国际体育会议上正式通过。以后，《奥林匹克宪章》经过多次修改、补充，但由顾拜旦制定的基本原则和精神始终未变。

（二）奥林匹克宗旨

《奥林匹克宪章》中的"基本原则"部分指出，奥林匹克运动的宗旨是"通过没有任何歧视具有奥林匹克精神——以友谊、团结和公平精神互相了解的体育活动来教育青年，从而为建立一个和平的更好的世界做出贡献"。奥林匹克运动宗旨有以下基本含义。

奥林匹克运动的目的是促进人类社会向真善美的方向发展。通过奥林匹克运动架设沟通各国人民之间联系的桥梁，增进不同民族、不同文化的人们之间的相互了解，促进世界和平，减少战争的威胁。奥林匹克运动的宗旨与人类社会正义事业所要达到的目标是一致的，并在一定程度上满足了现代国际社会的需要，对进入现代社会以来的人类有直接的现实意义。奥林匹克运动的宗旨，使它成为世界和平事业的一个重要组成部分，从而确定了它在当代国际社会中的重要地位。

（三）奥林匹克精神

《奥林匹克宪章》指出，奥林匹克精神就是相互了解、友谊、团结和公平竞争的精神。奥林匹克精神对奥林匹克运动具有十分重要的指导作用。奥林匹克精神强调对人化差异的容忍和了解。奥林匹克运动是国际性的运动，它不可避免地面临着世界上文化间的各种差异及由此引发的各种问题。奥林匹克精神强调互相了解、友谊和团结，强调形成一种精神氛围。在这种氛围中，人们得以摆脱各自文化带来的偏见，在不同文化的展示中看到的不是矛盾和冲突，而是人类社会百花齐放、千姿百态的文化图景，使文化差异成为促进人们互相交流的动因，而不是各自封闭的文化图景，使矛盾成为互相学习的动力，而不是互相轻视的诱因，从而使奥林匹克运动所提倡的国际交流真正得以实现。奥林匹克精神强调竞技运动的公平与公正。奥林匹克运动以竞技运动为其主要活动内容。

竞技运动最本质的特征就是比赛与对抗。在直接而剧烈的身体对抗和比赛中，运动员的身体、心理和道德得到良好的锻炼与培养，观众也得到感官上的娱乐享受和潜移默化的教育。但是竞技体育的教育功能和文化娱乐功能的基本前提是公平竞争。只有在公平的基础上竞争才有意义，各国运动员才能保持和加强团结、友好的关系，奥林匹克运动才能实现其神圣目标。正如已故美国著名黑人田径运动员杰西·欧文斯所说："在体育运动中，人们学习到的不仅仅是比赛，还有尊重他人、生活伦理、如何度过自己的一生以及如何对待自己的同类。"

（四）奥林匹克格言

奥林匹克格言，亦称为奥林匹克座右铭或口号，是奥林匹克运动宗旨之一。奥林匹克格言"更快、更高、更强"（Faster，Higher，Stronger）是顾拜旦的一位好友、巴黎阿奎埃尔修道院院长亨利·迪东1895年在一次户外运动会上鼓励学生时说过的一句话，其本意是鼓励学生不断地参加运动，努力追求进步，追求自我的突破。后来顾拜旦借用过来，将这句话用于奥林匹克运动。奥林匹克格言充分表达了奥林匹克运动所倡导的不断进取、永不满足的奋斗精神。虽然只有短短的3个词，但其含义却非常丰富，它不仅表达了在竞技运动中要不畏强手，敢于斗争，敢于胜利，而且也鼓励人们在自己的生活和工作中要不甘于平庸，朝气蓬勃，永远进取，超越自我，将自己的潜能发挥到极限。

（五）奥林匹克旗帜

国际奥委会会旗是根据顾拜旦1913年的构思设计制作的。会旗白底、无边，中间是有五个相互套连的圆环（奥林匹克环）。环的颜色为蓝、黄、黑、绿、红。1979年，国际奥委会出版的《奥林匹克评论》（第40期）强调，会旗和五个环的含义象征五大洲的团结以及全世界的运动员以公正、坦率的比赛和友好的精神在奥运会上相见。

（六）奥林匹克会歌

1896年在雅典第一届奥运会的开幕式上，合唱队唱起了一首庄严而动听的歌曲——奥林匹克圣歌，这是一首古希腊歌曲，由希腊人萨马拉斯作曲，帕拉马斯作词，但当时并未确定其为奥运会会歌。1958年，国际奥委会在东京举行的第五十五次全会上做出决定，将奥林匹克圣歌定为奥林匹克会歌。从此以后，在每届奥运会的开、闭幕式上都能听到这首悠扬的古希腊乐曲。这首歌的歌词内容如下。

古代不朽之神，
美丽、伟大而正直的圣洁之父。
祈求降临尘世以彰显自己，

让受人瞩目的英雄在这大地苍穹之中，

作为你荣耀的见证。

请照亮跑步、角力与投掷项目，

这些全力以赴的崇高竞赛。

把用橄榄枝编成的花冠颂赠给优胜者，

塑造出钢铁般的躯干。

溪谷、山岳、海洋与你相映生辉，

犹如以色彩斑斓的岩石建成的神殿。

这巨大的神殿，

世界各地的人们都来膜拜，

啊！永远不朽的古代之神。

（七）奥运火炬

奥林匹克火炬起源于古希腊神话中普罗米修斯为人类上天盗取火种的故事。为了纪念这位神话中的英雄，1936 年在第十一届奥运会上首次采取点燃"圣火"的仪式。在奥林匹亚，身穿民族服装的希腊少女，用聚光镜聚集阳光将圣火盘点燃，再把火炬从圣火盘中引燃，千百名经过挑选的运动员，以接力跑的形式把火炬传到举办国的主会场，点燃大会圣火。

（八）顾拜旦与《体育颂》

皮埃尔·德·顾拜旦，出生于法国巴黎的一个贵族家庭，是一位历史学家、教育家和人文主义者。他的体育思想，集中反映了他作为人文主义的积极宣传者，团结、友好与和平的强烈愿望。顾拜旦对现代奥运会的创办起到了举足轻重的作用，他的功绩将永载奥运史册。1912 年，在斯德哥尔摩第四届奥运会期间，顾拜旦发表了一篇赏心悦目、美妙绝伦的经典文章《体育颂》，获得了奥运会文艺竞赛金质奖章。这篇倾注顾拜旦对体育无限热诚且极富真知灼见的短文《体育颂》，形象、生动地表达了他对体育所倾注的全部深刻的感情。

啊，体育，天神的欢娱，生命的动力！你以神的旨意降临在灰蒙蒙的林间空地，受难者激动不已。你像是容光焕发的使者，向人们微笑致意。你像高山之巅出现的晨曦，照亮了昏暗的大地。

啊，体育，你就是美丽！你塑造的人体变得高尚还是卑鄙，要看它是被可耻的欲望引向堕落，还是由健康的力量悉心培育。没有匀称协调，便谈不上什么美丽。你的作用无与伦比，可使人体运动富有节律，使动作变得优美，柔中含有刚毅。

啊，体育，你就是正义！你体现了社会生活中追求不到的公平合理。任何人不可超过时限一分一秒，逾越规则一分一厘。取得成功的关键，只能是体力与精神融为一体。

啊，体育，你就是勇气！肌肉用力的全部含义是为成功而搏击。若不为此，敏捷、坚强有何用？肌肉发达有何益？我们所说的勇气，不是冒险家押上全部赌注似的蛮干，而是经过慎重的深思熟虑。

啊，体育，你就是荣誉！荣誉的赢得要公正无私，反之便毫无意义。有人耍弄见不得人的诡计，以此达到欺骗同伴的目的。但他内心深处却受着耻辱的折磨。有朝一日被人识破，便会落得名声扫地。

啊，体育，你就是乐趣！想起你，内心充满欢喜，血液循环加剧，思路更加开阔，条理愈加清晰。你可使忧伤的人散心解闷，你可使快乐的人生活更加甜蜜。

啊，体育，你就是培育人类的沃土！你通过最直接的途径，增强人民体质，矫正畸形躯体，防病患于未然，让后代长得茁壮有力，继往开来，夺取桂冠的胜利。

啊，体育，你就是进步！为人类自身的发展，身体和精神的改变要同时抓起，你规定良好的生活习惯，要求人们对过度行为引起警惕。你告诫人们遵守规则，发挥人类最大的能力，而又无损健康的肌体。

啊，体育，你就是和平！你在各民族间建立愉快的联系。你在有节制、有组织、有技艺的体力较量中产生，使全世界的青年学会相互尊重和学习，使不同民族气质成为高尚而和平竞赛的动力。

第三节 中国与奥林匹克的渊源

现代奥林匹克运动自诞生之日起，就对人类生活产生着重大影响。作为东方文明典范的中国，在奔赴奥林匹克运动会的征程中历经了太多的沧桑与艰辛。

一、中国与奥林匹克的最早接触

(一)西方近代体育的传入

1904 年，当第三届奥运会在美国圣路易斯举行后，中国的一些报刊开始刊登关于"万国运动会"(指奥运会)的简短报道。1907 年 12 月 24 日，在天津第五届学校联合运动会的颁奖仪式上，张伯苓先生提出了我国应立即成立一支奥林匹克代表队的主张。1908 年，《天津青年》向全国提出了以下三个问题：中国何时才能派一位选手参加奥运会？中国何时才能派一支队伍参加奥运会？中国何时能举办奥运会？

（二）"东亚病夫"的抗争

1922 年，著名的外交界和青年会人士王正廷先生由顾拜旦提名推荐，当选为国际奥委会委员，从此，中国和国际奥委会之间建立了正式的联系。1931 年，国际奥委会正式承认了中华全国体育协进会为其团体会员。

1928 年，第九届奥运会在荷兰的阿姆斯特丹举行。受国际奥委会的邀请，中国人宋如海以观察员的身份参观了奥运会。归国后，他将"奥林匹亚"翻译成"我能比呀"，并在扉页上写下这么一段话："'OLYMPIA-DE'原系古希腊运动会之名称，世界运动大会仍沿用之。'我能比呀'虽系译音，要亦含有重大意义。盖所以示吾人均能参与此项之比赛。但凡各事皆须要决心，毅勇，便能与人竞争。"①

1932 年 7 月 8 日，只有刘长春一名运动员的中国体育代表团在中华全国体育协进会的支持下，赴美国洛杉矶参加第十届奥运会。这是中国人第一次参加奥运会。当时的报纸曾刊登"单刀赴会"的漫画来形容刘长春的洛杉矶之行。这既表达了对刘长春形单影只的悲怆，又抨击了当时政府对中国体育的不关心、不支持。刘长春因训练中断，身心极度疲惫，在参加了 100 米和 200 米的预赛后，终因体力不支被淘汰，而原定参加的 400 米比赛也不得不弃权了。

虽然中国实现了"派一位选手参加奥运会"的初衷，其结果还是令国人黯然神伤。

1936 年和 1948 年，我国在经费极度不足的情况下，先后派出两支代表队参加在德国柏林举行的第十一届奥运会和在英国伦敦举行的第十四届奥运会，但成绩都十分不理想。中国运动员参赛成绩的低下，实际上反映了中国当时在政治、经济、文化教育等方面的落后状态。

二、中国与奥林匹克的碰撞与融合

1952 年 6 月，"中华全国体育总会"在北京成立，毛泽东主席为大会做了"发展体育运动，增强人们体质"的光辉题词，这为新中国体育方针

---

① 宋如海：《"我能比呀"世界运动会丛录》，1 页，上海，商务印书馆，1930。

的确立定下了理论基调，也为奥林匹克运动在中国的发展开辟了道路。改组后的"中华全国体育总会"对外代表中国，担负着中国奥委会的职能。

（一）五星红旗飘扬在赫尔辛基上空

1951 年 3 月，芬兰政府希望我国参加在赫尔辛基举行的第十五届奥运会。按照奥林匹克宪章规定，国际奥委会在一个国家只承认一个全国性的奥林匹克组织。国际奥委会的某些主要领导人却以政治问题为由，称"由于中国的混乱，在困难解决之前，任何运动员不得参加比赛"。经过反复争取，1952 年 7 月 29 日，当奥运会进行到第十天的时候，中华人民共和国奥运代表团 40 余人才抵达赫尔辛基。虽然最后只有一个运动员赶上了比赛，但意义却十分重大，正如周恩来总理在奥运代表团临行前所指出的那样："把五星红旗插到奥运会就是胜利！"

回国后，中华全国体育总会建议在中央人民政府中设立专门的领导机构来领导体育工作。1952 年 11 月 15 日，中央人民政府委员会第十九次会议通过了成立中央人民政府体育运动委员会的决议，任命贺龙元帅为主任。

（二）中国与国际奥委会的交锋

1954 年，在雅典举行的国际奥委会第四十九届全会上，讨论了中国代表权的问题，并最终以 23 票对 21 票通过了决议，承认"中华全国体育总会"为中国国家奥委会。但当时的国际奥委会主席布伦戴奇却在未经任何会议讨论的情况下，将中国台湾地区的体育组织以"中华民国"的名义列入国际奥委会承认的国家奥委会名单中。1956 年，中华全国体育总会为参加在澳大利亚墨尔本举行的第十六届奥运会，在大陆地区与港台地区的运动员中选拔出 92 名运动员组成了中国体育代表团。但是，国际奥委会在邀请中国参加第十六届奥运会的同时，也邀请了中国台湾地区以"中华民国"的名义参加。11 月 6 日，中华全国体育总会在北京发表严正声明，宣布中国运动员不参加第十六届奥运会。为了抵制"两个中国"的阴谋，维护国家的神圣主权，1958 年 8 月 19 日，中华全国体育总会发表严正声明，宣布中断与国际奥委会的关系，董守义也辞去了国际奥委会委员的职务。

（三）中国力量对奥林匹克的震撼

中国虽然暂时离开了奥运会的竞技舞台，但中国人民并未放弃对奥林匹克的实践。国际奥委会某些带有政治偏见的领导人也并不能扼杀中国对奥林匹克圣火的向往与追求。勇敢坚强的中国人民在十分困难的条件下开始拓展国际空间，打开通向世界的途径。

1. 参加新兴力量运动会

1963 年 2 月 13 日，印度尼西亚总统苏加诺宣布印度尼西亚退出国际奥委会，筹办新兴力量运动会。在亚、非、拉美等第三世界的共同努力下，1963 年 11 月 10 日至 22 日，第一届新兴力量运动会冲破重重阻力，在印度尼西亚首都雅加达顺利举行。新兴力量运动会的诞生，显示出一大批被排斥在奥运会大门之外的新独立国家对未能获得国际奥委会承认的义愤，表达了和平正义的国家和人民对奥林匹克运动公平、公正的渴望。新兴力量运动会有 48 个国家和地区的运动员参加，中国派出了由 238 人组成的体育代表团，参加了 14 个项目、116 项比赛，共获得 66 个冠军、56 个亚军和 46 个季军，并打破了两项世界纪录。中华人民共和国第一次向世界展示了自己的实力与风采。

2. 乒乓外交

1971 年，在日本举行的第三十一届世界乒乓球锦标赛期间，由于中国和美国运动员的友好接触，毛泽东主席亲自做出邀请美国乒乓球队访华的决定。1971 年 4 月 10 日，美国乒乓球队来到中国，并于 13 日在北京首都体育馆进行了中美乒乓球友谊赛，14 日下午还受到周恩来总理的接见。随后，尼克松总统宣布进一步放宽对中国贸易和旅游的限制。此后，中美双方都加快了高层领导的接触进程，开启了中美关系的新时代。中国体育为祖国登上国际政治舞台做出了重要贡献，这对中国由被封锁走向开放产生了巨大的影响。在这一背景下，中国体育也加速了重返国际体育大家庭的步伐。

（四）走向世界

随着中国及中国体育的迅速崛起，国际体育界人士进一步认识到，将中国排斥在国际体坛之外是一个错误。第六任国际奥委会主席基拉宁先生不仅多次会见中国奥委会的代表，并且在多个场合表示没有中国参加，奥运会就不能称为真正的奥运会。

1. 重返奥林匹克大家庭

1979 年，基拉宁主席敏锐地抓住中国主动缓和海峡两岸紧张关系的契机，决定召开国际奥委会执委会，讨论中国问题。为了配合国际奥委会解决中国代表权问题的努力，中国主动建议：在恢复中国奥委会的合法席位之后，也可以特许中国台湾体育组织以中国台湾奥委会的名义，即中国的一个地方机构留在国际奥委会。1979 年 11 月，国际奥委会委员以通讯表决方式投票，终于以 62 票赞成、17 票反对、2 票弃权通过了中华人民共和国奥林匹克委员会的名称为"中国奥林匹克委员会"，会址在北京，使用中华人民共和国国旗和国歌。而设在台北的奥委会的名称是"中国台北奥林匹克委员会"，不能使用原来的旗、歌和会徽。我国在国际奥委会合法席位的恢复不仅有利于奥林匹克运动在中国的发展，也为奥林匹克精神和理念的正确阐述做出了积极的修正。

2. 实现"零"的突破

1984 年，第二十三届奥运会在洛杉矶举行，中国派出了由 225 名运动员和 50 名教练员组成的体育代表团，参加了 16 个项目的比赛。7 月 29 日，中国射击运动员许海峰摘取了该届奥运会的第一枚金牌，实现了我国金牌"零"的突破。国际奥委会主席萨马兰奇亲自主持了颁奖仪式，他说："这是中国体育史上伟大的一天，我为能亲自把这块奖牌授给中国运动员而感到荣幸！"在这届奥运会上，中国体育代表团共夺得 15 枚金牌、8 枚银牌、9 枚铜牌，金牌数列奖牌榜第四。

此后，中国体育代表团在历届奥运会上摘金夺银，取得了举世瞩目的成绩。

三、北京奥运会

（一）北京申办奥运会

1. 申办 2000 年奥运会

1990 年 7 月 3 日，邓小平同志在视察北京亚运会体育中心时提出了"办完亚运就要办奥运"的设想和指示。9 月 22 日，在第十一届亚运会开幕式上，国家主席杨尚昆又在会见国际奥委会主席萨马兰奇时，正式表达了中国北京申办奥运会的愿望。萨马兰奇在第二天的记者招待会上即做出了积极的回应，认为中国已经具备申办奥运会的条件。在这届亚运会的闭幕式上，看台上的观众自发地打出了"亚运成功，众盼奥运""2000 年北京再见"的标语。

1991 年 12 月 4 日，北京奥申委郑重地向萨马兰奇递交了中国承办 2000 年奥运会的申请书。1992 年岁末，北京第一个按照国际奥委会的要求，向国际奥委会提交了正式的书面报告。当时，同时申办 2000 年奥运会的城市还有柏林、悉尼、米兰、巴西利亚、曼彻斯特、伊斯坦布尔和塔什干。其中，柏林、悉尼和北京是获得 2000 年奥运会举办权最有力的竞争者。但最后，北京以 2 票之差与 2000 年奥运会失之交臂。

2. 申办 2008 年奥运会

虽然北京未能争取到 2000 年奥运会的主办权，但是中国人并未停止对奥林匹克的追求。1998年11月25日,北京市正式宣布申办2008年第二十九届夏季奥运会。1999年4月6日,中国奥委会和北京市政府向国际奥委会递交了申请书。

在2001年7月13日的莫斯科,北京申奥代表何振梁在总结陈述时,用英语和法语向国际奥委会委员们诚恳地表示:"多年来,中国人对于奥林匹克理想不懈追求,像奥林匹克信仰一样毫不动摇,在我的职业生涯中,我希望将奥林匹克带入中国,让我的祖国和人民体验奥林匹克……如果举办2008年的奥运会的荣誉能够授予北京,我可以向你们保证,7年后的北京,会让你们为今天的决定而自豪!"经过两轮投票,萨马兰奇郑重宣布:北京成为2008年夏季奥运会主办城市!北京申奥的成功,使得奥林匹克运动在全世界更加普及,实现了真正的多元化。奥林匹克运动也从北京步入一个新的发展历程。

3. 申办2022北京冬季奥运会

2015年7月31日,在马来西亚吉隆坡举行的国际奥委会第128次全会上,国际奥委会主席巴赫宣布:中国北京获得2022年第二十四届冬季奥林匹克运动会的主办权。北京创造历史,成为第一个既举办过夏奥会又举办冬奥会的城市。届时,北京将与张家口联合举办2022年冬奥会。北京—张家口奥运会设7个大项,102个小项。北京将承办所有冰上项目,延庆和张家口将承办所有的雪上项目。2017年12月15日,北京2022年冬奥会会徽"冬梦"和冬残奥会会徽"飞跃"正式亮相。2018年2月25日,在第二十三届冬季奥林匹克运动会闭幕式上,北京市市长陈吉宁接过奥运会会旗,这标志着冬奥会进入"北京周期"。

(二)北京的承诺

在2008年夏季奥运会的申办陈述中,中国奥委会主席何振梁先生表示:"北京奥运会将为北京、中国和世界体育留下一份独特的遗产。"这是北京对世界的庄严承诺。为此,北京提出了绿色奥运、科技奥运、人文奥运的口号,并且在对其进行独特的阐述和实施中实践着中国人民对世界文明的庄严承诺。

1. 绿色奥运

"绿色奥运"是2008年北京奥运会的三大主题之一。举办"绿色奥运"的目的就是要在筹备和举办奥运会的过程中,用保护环境、保护资源、保护生态平衡的可持续发展思想,把奥运会对环境的负面影响降低到最低程度。通过举办奥运会促进北京市乃至全国的经济、社会和环境的持续协调发展,使公众的环境意识不断提高,为北京和世界留下一份丰厚的环境保护遗产。

在申办奥运会期间，奥组委与北京市政府共同确定了城市环境改善的目标，要求在申办、筹备和举办奥运会的过程中加强环境保护，改善城市的生态环境，促进经济、社会和环境的持续协调发展；营造奥运会绿色建筑示范工程；提供举办大型运动会新的环境管理模式；提高公众的环境意识；保证环境的持续改善等。此外，绿色社区、绿色学校、绿色商业、绿色旅游、绿色工厂和绿色单位等活动也是北京绿色奥运的亮丽风景。

2. 科技奥运

科技奥运是指把现代科学技术多角度、多渠道地嵌入奥运会，广泛应用当代最先进的科技成果，让科学精神、思维和科技成就渗透到奥运会的每一个细节中，使 2008 年北京奥运会成为被先进科技成果装备起来的体育盛会。为此，科技部和有关部门，共同组织实施了"奥运科技（2008）行动计划"。以奥运对科技的需求为出发点，围绕 2008 年北京奥运会的三大主题，发掘、筛选、优化科技项目，为成功举办奥运会提供技术保障和智力支撑。

3. 人文奥运

"人文奥运"是北京举办奥运会的三大理念之一，也是奥林匹克运动的核心与灵魂。

（1）人文的奥运

"人文奥运"是一个多维度、多层次的理念。以关注人，热爱人，提升人，追求人的本质力量的自由实现与人的全面发展为其核心内涵。在现代意义上，人文精神是指对人的生命存在和人的尊严、价值、意义的理解和把握以及对价值理想或终极理想的执着追求的总和。

《奥林匹克宪章》指出："奥林匹克主义是将身、心和精神方面的各种品质均衡地结合起来，并使之得到提高的一种人生哲学。它将体育运动与文化和教育融为一体。奥林匹克主义所要建立的生活方式是以奋斗中所体验到的乐趣、优秀榜样的教育价值和对一般伦理基本原则的推崇为基础的。"由此可见，奥林匹克主义给竞技运动设置了一个理想主义的目标和方向，对当代体育起着重要的导向作用。它强调体育的人文价值，强调体育的真、善、美，强调体育应为人的和谐发展服务，进而促进一个维护人的尊严的、和平的社会建立。奥运会正是唤起人类对人自身可贵的不断体认与无限珍视。

（2）文化的奥运

在北京提出的奥运理念中，人文奥运是北京向世界提出的最具独特价值的理念，是北京奥运的精髓所在。这一理念的提出是依托于有着5000多年悠久历史的中国文化的深厚底蕴，因此，这必将展示中国文化对奥林匹克主义和奥林匹克精神的开拓与发展。

奥林匹克运动与西方主流文化传统息息相关，西方文化的主导特征相对于东方文化而言，表现出灵魂和肉体的对应、唯心和唯物的冲突、主体与客体的分裂。比如运动员在"更快、更高、更强"的旗帜下，通过不正当手段制造成绩、攫取荣誉是当今奥林匹克运动的"人文危机"。中国文化价值观念中诸如"知行合一"的思想等，均是对奥林匹克精神的补充与拓展。中国传统教育思想中追求人文精神，重视人精神和身体的和谐发展，重视人与自然的和谐发展等精华将给21世纪的奥林匹克运动注入新的人文内涵。

此外，中华文明5000年来创造了浩瀚的民族体育文化，其种类、功能之齐全举世罕见。它既有修身养性的各种气功和导引术，又有防身健体的武术；既有因时而作的节令体育，又有自娱自乐的民俗体育；既有展示身体能力的孔武竞技，又有寓教于乐的体育教育。

奥林匹克运动是一个动态发展的、开放的世界性文化体系，它需要大量地、源源不断地从世界各个民族的文化中汲取有益的养分来丰富和完善自己。只有通过对古代文化与现代文化、东方文化与西方文化的兼收并蓄、互补互动，才能使奥林匹克运动真正成为跨文化、跨民族、跨国度的世界性文化体系，从而使奥林匹克文化成为人类优秀文化的典范。

（3）教育的奥运

源于古代奥运会的现代奥林匹克运动，教育仍然是其精髓所在。奥林匹克的宗旨是"通过没有任何歧视，且有奥林匹克精神——以友谊、团结和公平的精神互相了解的体育活动教育青年，从而为建立一个和平的更加美好的世界做出贡献"。现代奥林匹克运动的创始人顾拜旦认为，恢复奥运会的真正目的是通过体育来进行教育。因此，不是以奥林匹克运动去推行竞技运动，而要把竞技运动纳入教育，把体育纳入一般教育，进而把一般教育纳入人类文化和生活过程之中。教育一直是奥林匹克生存与发展的生命线，始终驱动着奥林匹克运动的发展，奥林匹克运动竭力追求的是一个努力使人和整个世界趋向完善的崇高理想。奥林匹克运动的文化教育特性不仅仅在于竞技运动带给人的力量与激情的震撼，更重要的是在竞技运动过程中，奥运选手对奥林匹克信仰的追求、对奥林匹克格言的实践以及对奥林匹克精神之参与原则、竞争原则、奋斗原则的推崇。这种教育力量对人们的行为意识、伦理道德、心理情感等诸多方面都会产生巨大的影响力和征服力。

实践基础篇

第六章　田径运动与健身

第一节　田径运动概述

一、田径运动简介

（一）田径运动的概念

田径运动是由田赛和径赛、公路赛跑、竞走和越野赛跑组成的运动项目。其中以高度和远度计算成绩的跳跃和投掷项目称为田赛；以时间计算成绩的竞走和跑的项目称为径赛；田赛项目和径赛项目合称为田径运动。全能运动项目，则是以各单项成绩按《田径运动评分表》换算分数计算成绩的。在我国，田径运动一词是从英文"track and field"翻译和演变而来的。19 世纪末，欧美体育传入中国时，"track and field"被译作田径赛，随后演变为田径运动。

（二）田径运动的起源

在远古时代，人类为了获取生活资料，在同大自然和飞禽走兽的斗争中，需要有快速奔跑、敏捷跳跃和准确投掷的技能。人们在长期的劳动实践中，不断地重复走、跑、跳、投等动作，逐步形成相应的动作技能。为了提高同大自然斗争的能力，人们开始有意识地进行走、跑、跳、投等动作和技能的训练，由此形成了田径运动的雏形。

（三）田径运动的发展

近代田径运动源于英国。据记载，1154 年在伦敦就兴建了体育场。15 世纪英国国王亨利八世在位时，田径运动正式获得官方许可，从事田径运动被认为是健康、时髦的活动。号称"日不落"帝国的英国，当时拥有世界上最发达的生产力和最强大的军事力量，随着它在世界各地的殖民扩张，短短的数十年，田径运动已遍及全球。

1896 年在希腊雅典举行的第一届现代奥林匹克运动会上，田径运动成为最重要的比赛项目，总共 44 枚金牌中田径项目占了 12 枚。奥运会田径比赛也同时成为现代田径运动开始的标志。世界田径运动的发展大致可以分为以下三个阶段。19 世纪末至 20 世纪初，是现代田径运动开始形成和在较低水平上发展阶段；1913 年至 20 世纪 40 年代后期，受两次世界大战影响，是世界田径运动水平下降阶段；20 世纪 50 年代至今，是世界田径运动水平不断持续提高的阶段。

（四）田径运动的分类

1. 田径竞技运动项目分类

田径竞技运动项目分为竞走、跑、跳跃、投掷以及由跑、跳、投部分项目组成的全能运动五类。

2. 田径健身运动内容分类

田径健身运动是以走、跑、跳、投为基本手段，以增进健康、增强体质、延年益寿为目的的身体运动。田径健身运动按人体自然运动方式可划分为健身走、健身跑、健身跳、健身投四类。

（五）田径运动的锻炼价值

1. 健身价值

经常参加田径运动锻炼，能提高人体走、跑、跳、投等基本活动技能的水平；能促进人体正常生长发育和各器官、系统机能的发展；能全面发展人的速度、力量、耐力、灵敏、柔韧等身体素质；能调节人的心理，促进个体心理健康及对环境的适应能力。

2. 竞技价值

田径运动的竞技功能主要体现在促进田径运动的普及开展，加强国际交往，提高国家威望，振奋民族精神、愉悦观众身心等方面。另外，著名的田径运动员所产生的明星效应，对提高田径运动的商业价值，激活田径竞赛表演市场，促进田径竞技运动按产业化方式运作，均能起到积极的推进作用。

3. 教育价值

田径运动已成为对人体进行思想教育与心理训练的一种有力手段。田径运动既有助于培养学生勇敢顽强的性格、超越自我的品质、迎接挑战的意志和承担风险的能力，又有助于培养学生的竞争意识、协作精神和公平观念。

4. 娱乐价值

田径运动对于丰富人们的余暇生活具有很大的作用。在学校体育课内外的各种以田径运动为主的游戏和比赛中，都会带给参与者极大的心理满足，使人身心得到欢愉。另外，欣赏高水平的田径比赛可以起到消遣、娱乐和振奋精神的作用，因此，欣赏比赛日益成为人们满足高层次享受的需求。

第二节　田径运动健身的特点

一、走

(一)项目特点和分类

走包括普通走和竞走。普通走是人生活、运动的基本技能。慢走，如散步，能消除身心的紧张和疲倦，减轻忧虑。快走，如健身走，能够促进人体心血管系统的功能的提高，健身、健脑、益智。普通走没有严格的技术动作限制和时间要求，而竞走却对走的动作有严格的技术规范的限定，且强调和追求速度。国际上进行的竞走比赛项目有男子 20 公里、50 公里公路竞走、20 公里田径场地竞走；女子 5 公里田径场地竞走、10 公里公路竞走。经常练习竞走，可以发展腿部、腰部和背部的力量及关节的灵活性，提高心血管系统的功能，培养吃苦耐劳、勇敢顽强的意志品质。

竞走分场地竞走和公路竞走两种。场地竞走设世界纪录；公路竞走因路面起伏等不可控因素较多，成绩可比性差，故仅设世界最好成绩。比赛时，运动员出现腾空或膝关节弯曲，均给予严重警告，受 3 次严重警告即取消比赛资格。

(二)技术要点

正确的走路姿势应是抬头、挺胸，两眼向前看，手臂自然弯曲，前后摆动。由脚跟先着地然后过渡到全脚掌至脚尖，双脚交换向前。竞走是在普通走的基础上发展起来的，田径规则对竞走的要求是两腿交换迈步行进，与地面保持不间断的接触，着地支撑腿的膝关节应有一瞬间的伸直，不得弯曲。

(三)健身走

健身走是容易掌握、低成本、高效能的有氧运动。健身走的健身功效明显，没有年龄、性别、体力等方面的限制，比散步有效，比慢跑安全，又弥补了定时、定地的锻炼模式带来的不便。健走时应挺胸、抬头、双眼平视、收小腹、提臀收骨盆、肩膀松垂、手掌呈环状；上肢前后摆动上摆指尖不超过肩高，下摆指尖不超过身体侧面中轴线、大臂与小臂弯曲呈 85°～90°角；脚交替前进，脚趾向正前方，前脚跟着地过渡到脚尖弹起双脚交替，步伐距离为（身高－100）厘米（图 6-2-1）。

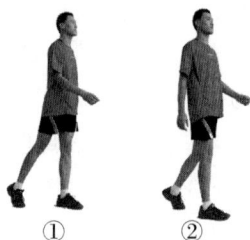

图 6-2-1

健身走的锻炼价值是增加运动的能量消耗，提高脚踝和脚趾的力量。

健身走的方式有以下几种。

1. 散步

（1）身体姿势

上身自然正立，抬头挺胸，双目平视前方，微微收腹收臀，保持与脊柱成一条直线，两肩放松，手臂自然下垂。

（2）动作要领

在走步过程中，头部正直，但可以自由转动；上体正直，两臂与两腿协调配合，前后自然摆动；两腿交替屈膝前摆，足跟着地滚动到足前掌时，另一腿屈膝前摆并以足跟着地。步幅因人而异，一般一脚到两个脚长。

2. 赤脚走

（1）身体姿势

上身自然正立，目视前方，两肩放松。

（2）动作要领

全脚掌着地，多与地和地面上的沙土草地以及不平整的大小鹅卵石的路面接触，大腿抬高些，前脚踏稳后，后脚再蹬离地面。步履和缓从容，步幅要小。

3. 上下楼梯

（1）动作要领

上楼时上体微前倾，有意识地屈膝抬腿。下楼时，上体微后仰，肌肉放松，要注意安全。

（2）速度

一般上楼慢，下楼稍快。上楼时与散步的快慢接近或稍慢一点，一步一步地上，每分钟的呼吸次数以比平时走路多 3～5 次为宜，每分钟的脉搏次数以比平时走路多 5～10 次为宜。

4. 快步走

（1）身体姿势

身体适度前倾 3°～5°，抬头、垂背、挺胸、收腹、收臀。

（2）动作要领

两臂与两腿的动作协调配合，摆臂时肘部成 90°角，前后为主的摆动，动作幅度随步幅的变化而变化。摆腿时屈膝前摆，以脚后跟着地迅速滚动到脚前掌，动作要柔和。加速时，可加快摆臂的动作速度，带动腿部动作，步长因人而异。

（3）速度

步速一般以均速为佳，亦可根据地形、地面结构状况，采用变速方式。

5. 倒步走

（1）身体姿势

上体自然正直，眼睛平视。

（2）动作要领

右腿支撑，左腿屈膝后摆下落，前脚掌先着地后滚动到全脚着地，身体重心随之移至左腿时，右腿屈膝后下落，前脚掌先着地后滚动到全脚掌。两臂协同腰部动作自然摆动，步幅以一脚至两脚长为宜。

（3）环境

要选择没有障碍物的开阔而平坦的地方。

（4）速度

中老年锻炼者 45～60 步/分。锻炼者也可根据自身情况加快或放慢速度，变速时可通过改变步频或步幅来获得。

以上仅是健身走的几种主要方法，在健身活动中还有许多好的、有效的方法，例如，雨中散步、走步器练习法、踏步走练习法、正、逆向相交练习法等，都具有不错的效果。具体选择哪种方式，要根据自身情况和爱好而定，总的原则是因人而异、因地制宜，并坚持不懈。

二、跑

跑是人体水平位移的一种基本运动形式，是单脚支撑与腾空相交替、蹬与摆相配合的周期性运动。跑同时也是人体最基本的一种活动能力之一。田径运动中有短跑、中长跑、马拉松跑、跨栏跑、障碍跑和接力跑等竞赛项目。决定跑速的因素主要是步频和步长。

（一）短跑

短跑是田径运动中距离短、速度快、人体运动器官在大量缺氧情况下完成的极限强度的周期性运动项目。在国内外大型运动会上，短跑的比赛项目有100米、200米、400米三项。

短跑全程分为起跑、起跑后的加速跑、途中跑和终点跑四个紧密相连的部分。

1. 起跑

短跑起跑采用蹲踞式，正式比赛必须使用起跑器。起跑过程包括"各就位""预备"和"鸣枪"（或"跑"）三个阶段。听到"各就位"口令后，两手撑地，两脚依次蹬在前、后起跑器的抵足板上，后膝跪地，两臂伸直，两手间隔比肩稍宽，四指并拢与拇指成"八"字形，颈部自然放松。听到"预备"口令后，平稳地抬起臀部，重心适当前移，身体重量主要落在前腿和两臂上。听到发令枪声或"跑"信号后，两手迅速推离地面，两臂屈肘用力做前后摆动，两腿迅速蹬离起跑器，使身体向前上方运动（图6-2-2）。

①   ②   ③

图 6-2-2

2. 起跑后的加速跑

加速跑是指从前脚蹬离起跑器到进入途中跑之间的这一段距离。其动作方法是蹬离起跑器后，步长逐渐加大，上体逐渐抬起，两脚落点逐渐靠近一条直线；两臂有力摆动，当上体逐渐抬起至正常跑的姿势并发挥较高速度时，即转入途中跑。

3. 途中跑

途中跑的任务是继续保持最高速度跑向终点，它是全程跑中距离最长、速度最快的一段。途中跑的动作按其结构分为后蹬与前摆、腾空和着地缓冲三个阶段（图6-2-3）。

在进行弯道途中跑时，为了克服离心力的作用，整个身体要向左倾斜，右肩高于左肩，右臂摆幅和力量都大于左臂。脚落地时，右膝和右脚尖稍向内转，用前脚掌的内侧着地和蹬地。左膝和左脚稍向外转，用脚外侧着地和蹬地。

① ② ③ ④ ⑤ ⑥ ⑦ ⑧ ⑨

图 6-2-3

4. 终点跑

终点跑是全程的最后一段距离，要尽量保持途中跑的高速度做最后冲刺，奔向终点时要掌握终点跑技术和撞线技术。进入终点跑时，要求在距离终点线 15～20 米处，保持上体前倾的姿势，加强摆臂和后蹬，尽量减少跑速的下降。终点撞线技术要求在离终点约一步的距离时，上体急速前倾，双臂后摆，以躯干任何部位撞终点线。

(二)中长跑

中长跑是指 800～10000 米距离的跑，是以有氧代谢为主的耐力性和周期性运动项目。中长跑能力是衡量人体心肺功能的重要指标，比赛项目有 800 米、1500 米、3000 米、5000 米和 10000 米。

中长跑起跑时通常采用站立式。起跑前，先站在起跑线后 3 米集合线处，当听到"各就位"口令后，走到起跑线后；当听到枪声或"跑"的信号后，迅速出发进入加速跑；加速跑时，上体前倾度较大，两腿交替跑进，由于跑速较快，摆臂、摆腿和后蹬都应迅速而积极；途中跑时，上体接近垂直或稍向前倾，头部正直，躯干自然挺直而不僵硬；摆臂时，肩部放松，两臂弯曲，两手握拳，前后自然摆动。中长跑的呼吸要保持一定的频率和深度，并与步伐相配合。

1. 中长跑的呼吸

跑步时应采用口鼻同时呼吸的方式，呼吸的节奏和跑的节奏相配合。呼吸方法因人而异，一般是"两步一呼，两步一吸"，也可采用"三步一呼"的方法，呼吸时应注意呼吸的深度，均匀呼吸。冬季进行中长跑练习时最好用鼻子呼吸。随着跑速的加快和疲劳的出现，此时最好改为用鼻吸气，用嘴呼气，这样可以避免冷空气刺激咽喉。

2."极点"与"第二次呼吸"

长跑运动中，由于内脏器官的惰性，肌肉快速运动时，体内供氧不足，同时机体内聚积了大量的代谢产物，会使体内自主神经中枢和躯体神经中枢的技能出现暂时性下降，导致出现呼吸困难、胸闷无力、节奏混乱、跑速下降等现象。这是正常的生理反应，称为"极点"。这时要以顽强的意念坚持，同时适当调整跑速，加深呼吸，机体会很快好转，"极点"慢慢会消失，动作会变得轻松自如，这在生理上称为"第二次呼吸"。"极点"的出现与训练水平、运动强度、准备活动有关，训练水平越高，"极点"出现得越晚；运动强度越小，"极点"出现得越晚；准备活动越充分，"极点"出现得越晚。

(三)跨栏跑与障碍跑

跨栏跑是在快速奔跑中连续跨过固定距离、数量和高度栏架的运动项目，是田径运动中技术比较复杂、对人的素质要求较高、锻炼价值比较高的运动项目。跨栏跑的正式比赛项目有男子、女子110米栏和400米栏等。跨栏跑的成绩取决于锻炼者的平跑速度、跨越栏架的速度以及跑、跨结合的能力。不论哪种距离的跨栏跑都有时间短、难度大的特点，适合在田径运动基础较好的人群中开展。障碍跑是指在快速奔跑中越过数个不同形式障碍物的跑，它的运动形式有点类似跨栏跑，但障碍跑的设置比较灵活。障碍跑的正式比赛项目只有3000米障碍一项，全程共跨越35次障碍，其中有7次跨带水池的障碍。

1. 跨栏跑

跨栏跑的动作分为起跑上第一栏技术、跨栏跑技术、栏间跑技术和终点跑技术四个部分。

具体方法是蹲踞式起跑后，两腿积极后蹬，有力摆臂并积极加速，准确踏上起跨点后迅速过栏，完成起跨和过栏动作(图6-2-4)。在全程跨栏跑中，首先要跨好第一栏，这对积极发挥速度、建立良好节奏有着很重要的意义。

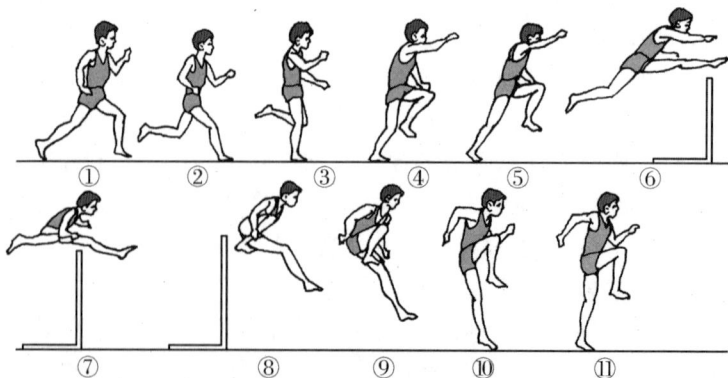

图 6-2-4

2. 障碍跑

障碍跑的动作方法根据障碍物的形式而定，不同的障碍物形式，越过的方法不同。

(1)"踏上式"越过障碍法

在跑道上设置高 30～50 厘米的障碍物(例如，跳箱盖、体操凳或其他器械)，起跨腿用力蹬地起跨，上体稍向前倾，摆动腿屈膝前摆高抬，用前脚掌踏上障碍物。当重心移至支撑点上方时，支撑腿迅速伸直蹬离障碍物，另一腿迅速前迈，用脚掌着地，然后继续向前跑进。

(2)"跨步式"越过障碍法

在跑道上设置高 30～50 厘米的障碍物(例如，跳箱盖、体操凳、木栅栏等)或用两条相距 1.5 米左右的石灰线设置"壕沟"。练习时，助跑 10～15 米，当跑到障碍物前 1～1.5 米处时，起跨腿用力蹬地起跨，摆动腿屈膝高抬向前跨步。上体稍前倾，起跨腿同侧臂前摆，异侧臂后摆，然后起跨腿屈膝向前提拉越过障碍物，摆动腿伸直准备落地。当摆动腿前脚掌落地后，继续向前跑进。

(3)"钻过式"越过障碍法

在跑道上放置一个或数个相连的普通栏架。助跑 10～15 米，当跑到障碍物前 1～1.5 米时，采用屈膝团身的方法迅速钻过障碍物，然后起身继续向前跑进。

(4)手脚支撑越过障碍法

在跑道上横放跳箱或设置高 1 米左右的横木。助跑 10～15 米，当跑到障碍物前约 60 厘米处时，用右手扶在障碍物右侧，右脚起跳，左脚踏上障碍物左侧，右臂伸直，将身体支撑在障碍物上，然后右腿屈膝越过。

(四)接力跑

接力跑是相互配合的集体径赛项目，能培养团结协作的集体主义精神和发展快速奔跑的能力。接力跑被正式列为径赛项目是在 19 世纪末。目前，在田径跑道上正式比赛的接力跑有：男、女 4×100 米和 4×400 米。在群众性体育活动中，还有不同形式的接力跑。例如，不同距离的团体接力、迎面(穿梭)接力、异程接力等。接力跑的胜负不仅取决于运动员的水平速度，而更取决于他们之间的协作精神和传、接棒技术。在接力跑项目中，以 4×100 米接力跑技术的难度最大。

接力跑技术基本与短跑技术相同，只是要传递接力棒。接力跑要求各棒队员之间协调配合，保证在快速跑进中在接力区内(20 米)完成传、接棒动作。

1. 4×100 米接力跑技术

（1）起跑方法

采用蹲踞式起跑，技术规格同短跑。

（2）接棒方法

右手用中指、无名指、小指握住棒的下端，与拇指、食指成三角状分开支撑地面，但接力棒任何部分不允许触线外地面（图 6-2-5）。

图 6-2-5

（3）接棒人的起跑和站立位置

第二、第三、第四棒运动员用站立式或半蹲式起跑，两脚前后开立，两膝弯曲，上体微前倾，站在预跑线内。

第二、第四棒运动员站在跑道的外侧，左脚在前、右手撑地、重心偏右，头向左后方看；第三棒运动员站在跑道的内侧，右脚在前、左手撑地、重心偏左，头向右后方看。

看到传棒人跑到预跑标志时，接棒人迅速起跑。

（4）传、接棒方法

一般有"上挑式""下压式"和"混合式"三种。

①上挑式

接棒的手臂自然向后伸出，掌心向后，虎口张开朝下，传棒人将棒由下向上送入接棒人的手中（图 6-2-6①）。上挑式的优点是接棒人向后伸手的动作比较自然，容易掌握；缺点是容易掉棒。

②下压式

接棒的手臂后伸，掌心向上，虎口张开朝后，拇指向内，其余四指并拢向外，传棒人将棒的前端由上向下方压入接棒人手中（图 6-2-6②）。下压式的优点是不用换手；缺点是接棒人的手臂动作紧张、不自然。

①　　　　　　　　②

图 6-2-6

③混合式

这种方法综合了上述两种方法的优点。要注意的是传棒人的信号发出要准确及时，接棒人向后伸臂要果断而稳定，切不可左右晃动而造成传棒人传棒困难。

(5)各棒的安排

在安排各棒队员时，必须发挥每个人的特长。一般第一棒应安排起跑好、善于跑弯道的运动员；第二棒应是专项能力好，善于传、接棒的运动员；第三棒除应具备第二棒的长处外，还要善于跑弯道；通常把全队成绩最好、冲刺能力最强的运动员放在第四棒。

2. 4×400 米接力跑技术

4×400 米接力跑时，由于跑速在最后明显降低，故传、接棒的技术比较简单。一般根据传棒运动员的最后跑速来决定传、接棒的方法。接棒人采用站立式姿势，站在接力区后沿前面，头部转向后方，看好自己的队员，如传棒人速度快则早起跑；如速度已缓慢，则晚一些起动；如传棒人已力尽则主动从传棒人手中在接力区内把棒接过来。

第一棒采用蹲踞式起跑，其技术同弯道起跑，采用分道跑；第二棒运动员要跑完一个弯道，跑过抢道线后才能向里道抢道跑；第二、第三、第四棒均采用站立式起跑。可以采用换手传接棒方法，这样接棒运动员可以顺着跑道内沿跑进，完成传接棒。

(五)健身跑

跑步是一项全身性的运动，能促进两个大脑半球由兴奋到抑制的相互转变，消除疲劳，增强抗病能力，从而达到祛病健身，延年益寿的目的。

健身跑的锻炼价值表现在以下几个方面。能够加速血液循环，使冠状动脉有足够的血液供给心肌，从而预防各种心脏病；通过下肢运动，可促使静脉血回流心脏，预防静脉内血栓形成；经常参加健身跑锻炼，可使身体发生适应性改变，改善新陈代谢，降低血脂和胆固醇水平，有利于控制体重，跑步还可以使人精神振奋，起到调节大脑皮质兴奋和抑制的作用，提高神经系统的功能，消除脑力劳动的疲劳，预防神经衰弱。

(一)健身跑技术要求

正确地掌握运动要领、合理地分配体力是非常重要的。

1. 正确的跑步动作

起跑后，两肩稍提，两臂弯曲成 90°，随着跑的节奏自然摆动，前后摆动不大而稍有上下弹动，肩稍抬高；跑时大腿要稍抬高，后蹬要充分，这样可使腹部肌肉紧张；脚尖要朝向正前方，后蹬要有力，落地要轻柔，动作要放松(图 6-2-7)。

① ②

图 6-2-7

2. 脚的着地动作

应采取全脚掌落地然后过渡到前掌蹬地的方式。这种方式，腿的后部肌肉比较放松，跑起来省力，但速度较慢，适于大多数人和初学者平时健身。

3. 控制腹肌

长跑中腹肌应适度紧张，注意提气，这本身就是对呼吸器官功能的训练，也是对腹肌的锻炼。在跑动中，腹部压力增大。腹肌的控制力就能使肚子不至下垂或突出，它对保持身体的健美很有效。当然，随着年龄的增长，腹肌力量会减退，可适当增加一些锻炼腹肌的练习内容。

4. 正确呼吸

在长跑的过程中，人体对氧气的需求量不断增加，因此要很好地注意呼吸方式和节奏。一般情况下，可两步一吸或三步一吸，要注意节奏不能起伏过大。吸气方式上，应尽量采用鼻呼吸和口鼻混合呼吸。冬季长跑时，可用舌抵住上颚，以避免冷空气直接大量吸入而造成对气管、支气管的刺激。

(二)健身跑锻炼方法

1. 短程健身跑

从 50 米开始练习，渐增至 100 米、150 米、200 米、300 米、400 米。速度可参照 10～15 秒跑 50 米、20～30 秒跑 100 米，每 3～7 天增量一次，当跑的距离达到 1000 米时，运动量不再随便增加，而以加快跑速来增加运动强度。

2. 常规健身跑

初练者可根据自己的身体状况做走跑交替练习。即慢跑到感觉跑不动时转入行走，行走到感觉身体机能调整恢复后转入慢跑。经过一段时间练习，随着身体机能的增强而逐步过渡到全程慢跑。每次练习慢跑控制在 20～30 分钟，每周至少 3 次。心率控制在最高心率的 60%～70%。

3. 变速跑

变速跑是慢跑与中速跑交替进行的一种跑步法，变速跑可有效提高心肺功能及速度素质。这是适合体质较好的长跑爱好者的跑法。变速跑可根据锻炼者的实际情况随意改变跑速。随着锻炼水平的提高，中速跑的距离和慢速跑的距离应有改变，运动量也应不断变化。变速跑不但能够有效地提高肌肉有氧代谢的能力，而且还能积极地改善肌肉进行无氧代谢的能力。

4. 定时跑

定时跑有以下两种方法。一种是不限速度和距离，规定跑一定时间。另一种是有距离和时间的限制，并随锻炼水平的不断提高可缩短时间，从而加快跑的速度，相对延长跑的距离，这种跑步法对提高体质较弱的女生的耐力、体力有很大好处。

5. 倒退跑

倒退跑时，要求挺胸抬头，双目平视，双手握拳屈肘于体侧腰上部。先左腿屈膝收小腿向后迈，身体重心后移。右脚前脚掌积极推地后，左右脚交替跑步。注意重心积极后移，高抬小腿。

倒退跑应根据个人情况，如感觉疲劳和难以控制时平衡就需停止或改为正面跑。

6. 原地健身跑

原地健身跑要求两脚离地高于地面 20 厘米，高抬腿、脚尖轻轻落地、脚跟不着地，利用反弹力量，使动作有节奏地进行，两臂自然前后摆动、抬头、含胸、收腹，呼吸要自然。配合跑步节奏可采用 3∶3 呼吸法，即吸—吸—吸，呼—呼—呼。鼻吸口呼、吸气要匀细，呼气要充分。

练习原地跑步者，速度宜慢，1 分钟 140～160 步，每次跑 5～10 分钟。心率一般可控制在 105～140 次/分。

7. 侧身滑步跑

跑步时，不是面朝前方，而是侧身跑，即向左跑或向右跑。向左跑时，右脚先从左脚之前向左移动一次，左脚则从右脚之后向左移动一步，右脚再从左脚之后移动一次，左脚则从右脚之后移动一步，如此为一复步。向右跑时，左、右脚的方向相反。不管向左跑还是向右跑，左、右脚都要在一条线上行进。这种跑步方式既可解除其他跑步方式的疲劳，又可增加跑步的乐趣，还可以使全身肌肉关节的上下左右得到很好的锻炼，增加机体的灵活性、协调性和平衡性。

8. 特殊场地跑

在沙上、草地、雪地及树林中进行健身跑，一可以提高跑步的兴趣、减缓疲劳，二可以利用不同的场地起到特殊的健身效果。在不同的场地跑步，要注意不同的技术要求，例如，在沙上跑时，为了保持身体的平衡，腿部肌肉要比平时跑步用力更大，踝、膝、髋、腰等部位关节要相互配合，以增强对肌肉的锻炼效果。

9. 其他健身跑

以下是几种最常见、最有效的健身跑锻炼方法。

(1)慢速放松跑

适合老年及体质较差的人。步伐轻快，肌肉放松，姿势自然，运动时间长，运动量以不大喘气为限。

(2)上坡跑

这是针对下肢力量锻炼的一种有效方法，运动时较累，运动量较大。

(3)下坡跑

着重于下肢肌肉耐力的一种锻炼，对下肢失用性肌萎缩最具治疗作用，运动后疲劳明显。

(4)定时跑

比较适用于初学者，运动量可自行控制。

(5)呼吸跑

跑时配合呼吸，可以两步一吸，两步一呼，也可三步一吸，对心肺功能有较大的促进作用。

(6)倒跑

对松弛腰背部肌肉作用明显，可以有效防治腰腿痛。

(三)健身跑的注意事项

在进行健身跑时，必须选择适宜的速度、时间和方法，才能起到增进健康、延年益寿的作用，具体注意事项有以下几点。

1. 跑速要慢

不同的跑速对心脑血管的刺激是不同的，慢跑对心脏的刺激比较温和。一般来说用自己的每分钟晨脉数(清晨清醒安静时的脉搏数)，乘以1.4～1.8所得到的每分钟脉搏次数作为靶心率来控制初期长跑强度是比较适宜的。

2. 步幅要小

在跑步中步幅小的目的是主动降低肌肉在每一步中的用力强度，目的是尽可能地延长跑步的时间。步幅大了脚腕用力就会相应加大，容易产生疲劳，从而会降低跑步的兴趣，使人最终放弃长跑。

3. 跑程要长

既然叫长跑，跑程当然不能太短，一般应在 3000 米以上，不过要量力而行。慢跑并跑得长一点可消耗人体内蓄积的多余热量，这种"主动的"消耗是降低血脂、血糖、缓解血压的最好的辅助方法。

4. 因人而异

这是从事"健康跑"的重要原则。每一个人的体质、周围环境及个人身体情况均有不同，因此在跑步中一定要结合自身实际情况进行，例如，合理安排跑速、跑程等。当然最好是在专业人员的指导下进行。

知识链接

表 6-2-1　慢跑运动处方

姓名	刘淑华	性别	女	年龄	19 岁	职业	学生
体育爱好		慢跑、羽毛球					
身高	158 厘米	体重	43 公斤	病史	无	健康检查	良好
运动负荷测定	安静脉搏：79 次/分　　血压：75/115 毫米汞柱 肺活量：2800 毫升						
体能测定	力量——仰卧起坐（28 个/分），耐力——800 米（4 分钟）						
体质评定	健康状况良好，体重一般，心肺功能稍差						
运动目的	通过慢跑锻炼，显著提高体能素质，增强耐力，塑造完美身材						
运动项目	慢跑、羽毛球（主要运动项目）等						
运动强度	由小逐渐加大，心率在靶心率范围内（140～170 次/分）						
运动时间	下午 5 点左右，每次约 30 分钟						
运动密度	可运动 5 分钟，休息两分钟再运动，灵活变化						
运动频率	4～5 次/周						
注意事项	①不要饭后即运动，运动后不要马上洗澡、进餐；②最好在早上 6 点后、下午四五点钟运动；③运动后注意感觉，如出现头痛、头晕、胸闷、气急、食欲减退、睡眠不好或脚痛等情况，说明运动过量应及时调整；④运动后 5 分钟脉搏频率应恢复至运动前状态。身体不适就停止运动。						

处方者：×××

三、跳跃

跳跃是人类的基本活动技能之一，是全身肌肉协调用力、克服自身重量的运动。跳跃运动是一种良好的健身方法。经常进行跳跃锻炼，可使体内得到保健性振荡按摩，从而增进身体健康，增强体质，提高运动素质水平。反复地重复持续练习跳跃动作，使人体承担一定的运动负荷，有利提高身体机能水平，平衡能力，发展协调能力和灵敏素质。

（一）跳远

跳远是人体通过快速助跑和有力起跳，采用合理的空中姿势和动作，使身体腾越尽可能远的水平距离的运动项目。跳远技术由助跑、起跳、腾空和落地四个环节构成。

1. 急行跳远

（1）助跑

助跑的任务是获得更快的水平速度，为准确踏板和快速起跳做准备。

（2）起跳

起跳时，应充分利用助跑所获得的速度，在较短的时间内，创造尽可能大的腾起初速度。起跳分为以下三个动作阶段。

①起跳脚着地

起跳脚应积极主动着地。着地时，脚跟与脚掌几乎同时接触地面。

②缓冲

从起跳脚着地至膝关节弯曲程度达到最大时的过程，称为缓冲阶段。缓冲的作用主要在于减缓起跳的制动力，减少助跑速度的损失，积极前移身体，为蹬伸创造有利的条件。

③蹬伸

起跳蹬伸时，整个身体快速向上伸展，起跳脚的腿、膝、踝各关节充分伸展。

（3）腾空

腾空的作用是保持身体的平衡和为落地创造有利的条件。身体腾空之后，无论采用哪种空中姿势，进入腾空后都要有一个"腾空步"的动作。腾空步分为蹲踞式、挺身式和走步式三种姿势。

①蹲踞式

当身体腾起到最高点时，留在身体后面的起跳腿开始屈膝向前、向上抬起，逐渐向摆动腿靠拢，成蹲踞姿势。随后两腿向上收，上体前倾，两臂向前、向下、向后摆动，并向前伸，小腿落地。蹲踞式跳远动作简单易学，但落地稳定性差，往往会影响落地的远度(图 6-2-8)。

图 6-2-8

②挺身式

在完成"腾空步"的基础上，起跳腿继续蹬伸在体后，然后摆腿、展髋下放，与起跳腿靠拢，两臂外展，挺胸、送髋使躯干成反弓形，形成展体并拉开身体前部肌群，然而两腿同时前收举腿。两臂开始时一前一后，当摆动腿继续向后运动，继而收腹举腿，两臂上举，准备做落地动作(图 6-2-9)。

图 6-2-9

2. 三级跳远

三级跳远是在快速助跑的基础上，沿直线连续向前进行单足跳、跨步跳和跳跃的田径项目。三级跳远和急行跳远一样，人体的运动是从静止开始水平位移，而后转为抛射运动(图 6-2-10)，因此，三级跳远的技术原理基本上与急行跳远相同。决定三级跳远成绩的三个部分(S_1、S_2、S_3)在三级跳远的三跳中基本适用。但由于三级跳远要连续进行三级跳跃，因此还有其自身的特点。

三级跳远的技术特点有以下几点。

第一，在三级跳远中，各跳距离在一定程度上能反映队员水平速度的分配和三跳用力的情况，各跳距离对成绩都有直接影响。

第二，三级跳远运动员在助跑最后几步中没有较明显的腾空，因此对起跳不需做特别准备，而只要保持刚起跑后的身体角度。

第三，在进行第一跳时，身体重心腾空轨迹低而平，与后两跳相比，具有更大的向前运动速度，具有向前"冲"的特点。因此，三级跳远不能按照跳远的腾起角进行第一跳，应加大最后几步的助跑和起跳中向前"冲"的效果，适当减少腾起角度，以加大向前运动的速度。

第四，三级跳远三次跳跃的空中动作，不仅要有利于保持身体平衡，还要充分利用腾空抛物线争取远度，并要为下一次起跳或落地做好准备，这是同其他跳跃项目的重要区别。

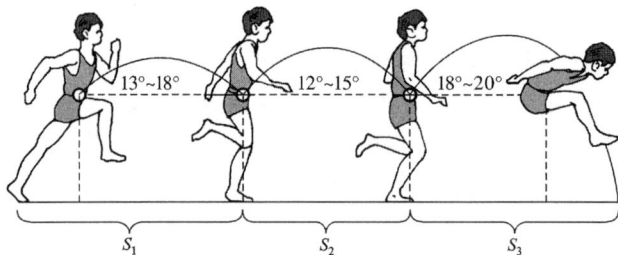

图 6-2-10

(二)跳高

跳高是人体通过助跑和有力起跳，采用合理的过杆姿势，使身体腾越过尽可能高的垂直障碍的运动项目。1864 年，跳高首次被英国作为一项竞技项目列入田径比赛。在跳高技术发展的 100 多年里，曾出现过跨越式、剪式、滚式、俯卧式、背越式五种姿势。目前，在跳高竞技场上，背越式是最流行的姿势。

背越式跳高的特点是采用弧线助跑，背对横杆最大限度地利用腾起高度做过杆动作。其技术动作包括助跑、助跑和起跳结合、起跳、过杆和落地四部分。

1. 助跑

背越式助跑路线是弧形的，助跑的距离一般是 6～8 步，前段是直线助跑，后段是弧线跑 3～4 步。前段助跑接近普通跑法，后段跑身体向圆心倾斜，倾斜度随速度而定。其特点是身体重心高，移动快，小腿伸得不远，落地积极，步频快。最后四步的节奏为"嗒—嗒—嗒—嗒"。

丈量弧线助跑的方法如图 6-2-10 所示。起跳点选择在离近侧跳高架 1 米、离横杆投影点 50～80 厘米处。由起跳点沿横杆平行的方向向前自然走 5 步，再向右转 90°，向前走 6 步做一标记，以 5 米为半径划弧连接此点和起跳点，这段弧线即为最后 4 步的弧线。最后从标记点再向前走 7 步并标记起跑点，作为前 4 步的助跑距离。

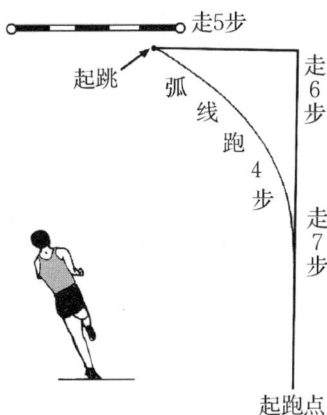

图 6-2-11

2. 助跑和起跳结合

助跑和起跳结合技术是跳高完整技术中十分重要的环节，它起着承上启下的作用。为了使助跑和起跳紧密结合，在倒数第二步要发挥摆动腿在带动身体快速前移过程中的积极作用。

3. 起跳

起跳脚顺弧线的切线方向踏上起跳点，用脚跟先落地并迅速地滚动到前脚掌着地。起跳脚落地时，摆动腿蹬离地面开始摆腿，同时重心迅速跟上，上体积极前移，使起跳腿缓冲。当身体重心移到支撑点上方时，身体由倾斜迅速转为正直，摆动腿和两臂快速有力地向上摆动，同时起跳腿积极地蹬伸，完成起跳动作。在起跳过程中摆动腿应屈腿，扣膝向起跳腿一侧肩部摆动。手臂的摆动可采用双臂交替或双臂同时上摆带动身体向上腾起。

4. 过杆和落地

起跳腾空后，头和臂积极向杆上运动。随着背部转向横杆，头和双肩开始过杆。同时摆动腿下放，双腿屈膝，小腿下垂。头、肩过杆后，开始抬头下落，同时挺胸、展腹、挺髋，使人体在杆上形成背弓姿势。

111

此时，身体已过杆和尚未过杆的部分应尽可能地下垂，以便形成"满弓"。头和双肩过杆后，躯干、臀部、大腿和小腿等依次协调过杆。落地要求平稳和安全，通过缓冲，使身体免受损伤。落地时应以背部着地并含胸（图6-2-12）。

图 6-2-12

(三)健身跳跃练习

1. 跳跃练习分类

跳跃练习根据方向可分为前后、左右和垂直跳跃；根据有无器材可分为徒手跳跃和有器材(跳绳、跳箱)跳跃；根据跳的结果可分为跳远和跳高；根据参加人数可分为单人、集体和游戏性的练习；根据场地变化可分为自然地形跳和场地跳；根据单双脚可分为单脚跳和双脚跳。

2. 跳跃练习的方法

(1)原地徒手跳跃练习

指不用任何器械进行原地向上连续重复练习跳的动作。主要有以下四种方式。

①直腿跳

从深蹲开始摆臂蹬地向上跳起，下落缓冲还原到深蹲，如此反复练习5~10次一组，每周练习2~3次(图6-2-13)。

图 6-2-13

②收腹跳

从半蹲开始摆臂跳起收腿收腹，下落还原后，再连续重复练习。每周 2 次，每次练 3 组，每组 10～20 次，对腹部减肥很有效。

③原地跳起旋转

从半蹲开始摆臂跳起旋转 90°～360°，下落还原后再重复练习。每周 2 次，每次 5～10 次，对提高人体平衡协调能力十分有效。

④其他方法

除以上方法外，还有原地单脚跳，交替腿跳、抱膝跳、拍手跳等练习方法。

（2）行进间跳跃练习

蛙跳、单腿向前连跳、交替腿向前跨跳等练习，都是在行进中练习的跳跃。这种练习一般要固定练习距离，例如，10～30 米，连续重复练习，每周 1～2 次，每次 2～3 组，就可以收到很好的健身效果。

（3）立定跳远练习

即原地两脚蹬地，同时摆臂向前猛力一跳的练习。这种方法可以重复数次练习，一般重复 3～10 次。既可以用来评价自己的弹跳能力、腿部力量、协调能力等，也是一种良好的锻炼方法。

（4）负重跳跃练习

即在身体上附加一定重量的物质，例如，沙袋，进行原地的或行进间的连续跳跃练习。这种练习增加了运动的难度和负荷，对锻炼身体有良好作用，但要根据自己身体条件，灵活掌握练习的次数和时间。

（5）跳绳练习

有单人跳、双人跳、多人跳、单脚跳、双脚跳、交叉跳等多种跳绳方法。对锻炼身体、提高身体机能、协调能力都有良好的作用。练习安排应根据自身条件，每次练习 10～20 分钟，灵活掌握练习的运动量。

(6)急行跳远、跳高、支撑越障碍等练习

这些方法都是常用的健身方法，是跑跳的结合，有助跑、有跳跃，增加了练习的运动量，对锻炼身体素质、提高协调能力和增进机能水平都有良好影响。练习中应做好准备活动，尤其是腰、膝、踝关节准备活动，可连续重复练习 3～10 次，练习完后应充分放松。

跳跃锻炼有许多种形式，大学生只要选择 1～2 种，每周坚持练习 1～2 次，就能取得较好的锻炼效果。练习中应循序渐进，掌握好适度的运动量，练习前做好关节准备活动，练习后做好放松整理活动，留意自己的主观感觉，加强医务监督。

(四)健身跳的注意事项

第一，练习之前，要热身，将肌肉、关节做充分的活动。

第二，健身跳跃的运动量要逐渐增加。

第三，注意左右腿协调发展。

第四，注意各种练习方法交替使用。

第五，进行跳跃练习时，服装要合适，特别是鞋子要有弹性。

第六，注意练习后的放松运动要充分，多做一些肌肉的伸展、按摩练习等。

四、投掷

田径运动的投掷，是以力量为基础，以速度为核心的田赛项目，是人体通过一定的运动形式，抛掷手持的规定器械，并尽可能获得远度的运动项目。投掷项目正规的比赛项目有铅球、标枪、铁饼、链球四项。

根据姿势的不同可将投掷分为推掷、肩上投掷、头上投掷、双手投掷和体侧投掷。根据投掷的目的不同，也可分为投准练习和投远练习。用于投掷的器械可分为：①标准器材，例如，铅球、标枪、铁饼、链球、实心球、杠铃片、哑铃、手榴弹和壶铃等；②有一定重量的自然物体，例如，石块、木墩、砖头和铁锤等；③其他项目器材，例如，足球、篮球、排球、羽毛球、网球、垒球和保龄球等；④一些自制器材，例如，竹竿、稻草绳、橡皮带、木棍、纸飞机和沙包等。

虽然各种投掷项目的器械、场地、运动形式等有所不同，但都可以分成准备(包括握持器械和预备姿势)、预加速(包括助跑、滑步或旋转三种)、最后用力和结束(出手以后的身体平衡)四个紧密相连的技术阶段。下面仅以推铅球为例来介绍投掷技术。

(一)投掷技术

推铅球是速度力量型项目。目前在竞技体育比赛中,推铅球技术主要有背向滑步推铅球和背向旋转推铅球两种。在此仅介绍背向滑步推铅球技术。

1. 握球姿势

握球手的手指自然分开,把铅球放在食指、中指、无名指的指根处,拇指和小指自然地放在球的两侧,然后持球于锁骨窝处,贴靠颈部,掌心向前,使球稳定,右臂屈肘支撑。

2. 滑步前的姿势

预备姿势是滑步的准备动作,它对铅球运行距离的长短和身体的平衡有重要的作用,并可为顺利地进入滑步动作创造良好的条件。滑步前的预备姿势可分为高姿势和低姿势两种,大多数人采用高姿势预备姿势,即持球后,背对投掷方向,两脚前后开立,右脚在前,脚尖贴近投掷圈的后沿;左脚在后,左膝稍屈,以前脚掌或脚尖轻轻点地,上体正直或稍前倾,目视前下方,身体重心压在右腿上,待身体平稳后,上体逐渐前倾,左腿向后上方抬起,左臂自然下垂,然后,右腿弯曲,左腿收回,形成"团身"姿势。这时,上体要与地面基本保持平行,右膝的投影点要在右脚脚尖的前面,铅球的投影点要在右膝的前面,左膝收至右膝窝处,身体重心落在右脚的脚掌上,眼睛看下方 2~3 米处。

3. 滑步

滑步的任务是使身体和铅球获得一定的投掷预先速度,并为最后用力创造良好的条件。

(1)预摆

采用低姿势者,预摆时蹬伸右腿并随之摆起左腿,而后收回左腿并下团身,完成一次预摆。采用高姿势者,预摆时左腿大腿平稳向后方摆起,同时身体前屈,左臂前伸或下垂。左腿摆到一定的高度时,迅速回收左腿靠近右腿,同时右腿逐渐屈膝、成弓背、团身姿势,完成一次预摆。

(2)滑步

滑步时,臀部先向投掷方向移动,使身体重心离开支撑点,避免重心在滑步的过程中起伏过大。当臀部后移时,左腿向抵趾板方向摆出,同时右腿积极蹬伸,蹬摆动作协调配合,开始滑步,推动身体向投掷方向移动。右腿蹬伸和左腿摆动结束后,迅速收拉右腿。在收右腿的过程中,右脚尖向内转动，然后在投掷圈圆心附近以前脚掌与投掷方向成 90°～135°着地。紧接着左腿积极下落，脚尖稍向外转，用前脚掌内侧在投掷圈方向直径线左侧与投掷方向成 45°着地。两脚着地时，要使左脚尖和右脚跟几乎在一条直线上，这样有利于转身和推球，可以充分发挥下肢蹬地力量。

4. 最后用力

最后用力是从滑步后脚着地的一刹那开始。当左脚一着地，首先是右腿、右髋向前推出并逐渐展开。同时，由于下肢右滑步的突停而使躯干向投掷方向加速移动，身体重心亦由右腿向左腿移动。在右腿、左腿、右髋发力的过程中，左膝应有一定程度的弯曲和有力支撑。由于右髋先于上体迅速向前转动，使髋轴和肩轴进一步扭紧，形成最大限度的超越器械姿势。右腿继续蹬伸和在整个身体向前推进的同时，抬头、挺胸，上体迅速转向投掷方向，右臂快速有力地向上方推球。最后手腕、手指积极拨球，将球推出。正确的最后用力顺序是右撑—右蹬—转髋—起体—挺胸—抬头—送肩—伸臂—屈腕—拨指。球出手后，由于推球时运动产生的惯性，使身体继续向投掷方向推进。

5. 维持身体平衡

铅球出手后，为避免身体出圈而犯规，运动员应在球离手后迅速交换两腿，将右腿换到前面，并屈膝降低重心，左腿后伸，维持身体平衡。

完整的掷铅球技术如图 6-2-14 所示。

图 6-2-14

（二）健身投掷练习

1.健身投掷练习的作用

（1）健壮体格，健美体形

经常参加投掷练习，可以使人的体格变得健壮，体形变得健美。

（2）改善肌肉的协调能力

进行投掷练习时，为了提高器械的出手速度，要求加大对器械的作用力；为了提高投掷的准确性，练习者将提高用力的自控能力，从而提高其协调性。

（3）增强关节的灵活性和稳固性

经常参加健身投掷练习，可以使各关节周围的肌肉、韧带的弹性和抗拉能力提高。

2.健身投掷的练习方法

（1）健身推掷练习

由推铅球技术演变而来的，多以推铅球的动作技术要领进行，一般都是重量在2千克以上较重的器械（图6-2-15）。常见的推掷练习有推铅球、推实心球、推杠铃片、推石块、推砖头和推木墩等。

① ② ③

图 6-2-15

（2）肩上投掷练习

由投标枪的技术演变的，肩上投掷的多是重量在2千克以下的轻器械。常见的练习有投标枪、投垒球、投手榴弹、投飞镖，以及一些变换项目，例如，扔小石块、投竹竿、投橡皮带、打雪仗、投掷纸飞机和掷沙包等。

（3）双手投掷练习

主要有前抛、后抛、侧身抛器械，同时分原地站姿、助跑、坐姿和跪姿等几种，所用器械一般较重，例如，双手投掷铅球、哑铃、壶铃、杠铃片、石块和铁锤等。

(4)体侧(横手)投掷练习

由掷铁饼和掷链球的技术演变而来,器械重量一般在 1 千克左右。常见的练习有掷铁饼、掷链球、掷实心球等,以及生活中的掷短木棍和掷铁锤等。

3. 健身投掷的注意事项

第一,根据实际情况选择器材,包括器材的种类和轻重等,要考虑本人的身体情况和当地条件等。

第二,投掷练习时把安全放在第一位,包括个人各关节的准备活动充分、场地大小适宜、同伴增强注意力。

第三,投掷练习时注意左右臂的协调发展。

第四,投掷练习前后准备活动要充分,特别是上肢各关节,做一些肌肉拉伸和关节灵活性练习。

第五,练习后,要对用力部位做充分放松。

第三节 田径比赛规则简介

一、田径比赛通则

第一,参加比赛的运动员必须佩戴号码布,否则不得参加比赛。

第二,径赛项目运动员须沿跑道逆时针方向跑进。

第三,径赛运动员挤撞或阻挡别人而妨碍别人走或跑进时,应取消其该项比赛资格。

第四,如果一名运动员参加一个径赛项目,又参加一个田赛项目,或者参加一个以上的田赛项目,而这些项目又同时举行比赛时,有关主裁判可以允许运动员只在某一轮次(高度项目以一个高度为一个轮次,一个高度有三次试跳机会;远度项目以所有运动员按顺序试跳或试掷完一次为一个轮次)的比赛中以不同于赛前抽签确定的顺序先进行试跳(试掷)一次。回来后已错过的试跳(试掷)顺序一律不补。

第五,判定名次和成绩相等判定名次的方法。径赛项目中,判定运动员到达终点的名次顺序,是以运动员躯干的任意部分到达终点线内沿的垂直面的先后为准。以决赛的成绩作为个人的最高成绩,而不以预、次、复赛的成绩判定最后名次。

　　田赛项目中，远度项目以比赛的六次试跳或试掷中最好的一次成绩作为个人的最好成绩，包括第一名成绩相等决定名次赛时的成绩，然后以各运动员的最高成绩排列名次。高度项目以每名运动员最好的一次试跳成绩，包括第一名成绩相等决定名次赛时的成绩，作为最后决定成绩。

　　全能运动项目以各运动员全部项目得分的总和排定名次。

　　如遇两人或两人以上成绩相等的情况，应按下列规定处理。在径赛的预、次、复赛中，按成绩录取最后名次时，有两人或两人以上成绩相等，如对下一赛次或决赛人数没有影响，则成绩相等的运动员都应录取；如有影响，则应抽签决定进入下一赛次的人选。此种抽签应在有关裁判长领导和组织下，成绩相等的运动员自己抽签决定。决赛中出现第一名成绩相等，裁判长有权决定这些成绩相等运动员重新比赛，则名次并列。其他名次相等时，则并列。

　　田赛高度项目比赛成绩相等的录取办法有以下几种。在出现成绩相等的高度中，试跳次数较少者名次列前。如成绩仍相等，在包括最后跳过的高度在内的全赛中，试跳失败次数较少者名次列前。如成绩仍相等，并涉及第一名时，则令成绩相等的运动员在其造成成绩相等的失败高度中的最低的高度上，每人再试跳一次。如仍不能判定，则横杆应提升或降低，提升和降低的高度，跳高为 2 厘米，撑竿跳高为 5 厘米，他们应在每个高度上试跳一次，直到决出名次为止。决定名次的试跳，有关运动员必须参加。如涉及其他名次时，成绩相等的运动员名次并列。

　　田赛远度项目的比赛如有成绩相等时，应以其次优成绩判定名次。如次优成绩相等，则以第三优成绩判定，余类推。如仍相等，并涉及第一名者，则令相等的运动员，按原比赛顺序，进行新一轮试跳，直到决出名次为止。

　　全能运动比赛如总分相等时，应以单项得分多的项目较多名次列前。如仍不能判定时，则以任何一个项目单项得分最多者名次列前。

　　团体总分相等时，应以破纪录项目、次数多者名次列前。再相等，则以第一名多者列前。如仍相等，则以第二名多者名次列前，余类推。

二、田赛主要规则

　　第一，跳高比赛时，应抽签排定运动员的试跳顺序。运动员必须用单脚起跳。比赛开始前，主裁判应向运动员宣布起跳高度和每轮结束后横杆的提升高度，此计划直至比赛中只剩下一名运动员。除非比赛中只剩下一名运动员，并且该运动员已获得该项目比赛的冠军，否则每轮之后，横杆升高不得少于 2 厘米，且横杆升高的幅度不得增大。一旦比赛开始，运动员不得使用助跑道或起跳区进行练习。

如有下列情况之一者，则判为试跳失败。第一，试跳后，由于运动员的试跳动作，致使横杆未能留在横杆托上；第二，在越过横杆之前，运动员身体的任何部位触及立柱以外的地面或落地区。

如果运动员在试跳中一只脚触及落地区，而裁判员认为其并未从中获得利益，则不应判为试跳失败。运动员可以在主裁判事先宣布的横杆升高计划中的任何一个高度开始试跳，也可在以后任何一个高度根据自己的愿望决定是否试跳。但在任何高度上，只要运动员连续三次试跳失败，即失去继续比赛的资格。因第一名成绩相等而进行的决名次赛的试跳除外。允许运动员在某一高度上第一次或第二次试跳失败后，在其第二次或第三次试跳时请求免跳，并在后继的高度上继续试跳。运动员在某一高度上请求试跳后，不准在该高度上恢复试跳，除非出现第一名成绩相等的情况。每次升高横杆后，在运动员试跳之前，均应测量横杆高度。当横杆放置在纪录高度时，有关裁判员必须进行审核测量。如果自上一次测量高度后，横杆又被触及，在后继的高度的试跳之前，裁判员必须再次测量横杆高度。即使其他运动员均已失败，一名运动员仍有资格继续试跳，直至其放弃继续比赛的权利。当某运动员已在比赛中获胜时，有关裁判员或裁判长应征求该运动员的意见，由该运动员决定横杆的提升高度。每名运动员应以其最好的一次试跳成绩，包括因第一名成绩相等而进行的决名次赛的试跳成绩，作为其最后的决定成绩。在比赛过程中不得移动跳高架或立柱，除非有关裁判长认为该起跳区或落地区已变得不适于比赛。如需移动跳高架或立柱，应在试跳完一轮之后进行。

第二，进行所有田赛远度项目比赛时，参加比赛的运动员如超过八人，成绩较好的前八名运动员进入决赛，如第八名成绩相等，成绩相等的运动员均可再试跳或掷三次，如不足八人，则均有六次机会。一旦比赛开始，运动员不得使用比赛助跑道进行练习。如有下列情况之一，则判为试跳失败。第一，在未做起跳的助跑中或在跳跃中，运动员以身体任何部位触及起跳线以外地面；第二，从起跳板两端之外的起跳线的延长线前面或后面起跳；第三，在落地过程中触及落地区以外地面，而落地区外触地点较区内最近触地点更靠近起跳线；第四，完成试跳后，向后走出落地区；第五，采用任何空翻姿势。测量成绩时，应从运动员身体任何部位触地的最近点量至起跳线或起跳线的延长线，测量线应与起跳线或其延长线垂直。应以每名运动员最好的一次试跳成绩，包括因第一名成绩相等而进行的决名次赛的试跳成绩，作为其最后的决定成绩。助跑道长度至少应为 40 米，条件许可时，至少应长 45 米。助跑道宽度最小 1.22 米，最大 1.25 米，应用 5 厘米宽的白线标出助跑道。助跑道的左右最大倾斜度不超过 1：100，趴在跑进方向总的倾斜度不得超过 1：1000。为有助于助跑和起跳，运动员可在助跑道旁放置 1～2 个标志物（由组委会批准或提供）。如果不提供此类标志物，运动员可以使用胶布，但禁用粉笔或其他任何擦不掉痕迹的类似物质。起跳板是起跳的标志，应埋入地下，上沿与助跑道及落地区表面齐平。起跳板靠近落地区的边沿称为起跳线。紧靠起跳线前应放置一块橡皮泥显示板，以便于裁判员进行判断。如不能设置上述装置，应采用下列方法。紧靠起跳线前沿铺设软土或沙子，宽 10 厘米，与水平面成 30°角。起跳板至落地区远端的距离不少应为 10 米。起跳板至落地区近端的距离为 1～3 米。

第三，三级跳远的三跳顺序是一次单足跳、一次跨步跳和一次跳跃。单足跳时应用起跳腿落地，跨步跳时用另一条腿（摆动腿）落地，然后完成跳跃动作。运动员在跳跃中摆动腿触地不应视为试跳失败。

第四，推铅球比赛应抽签决定运动员试掷顺序。运动员超过八人，应允许每人试掷三次，有效成绩最好的前八名运动员可再试掷三次，试掷顺序与前三次试掷后的排名相反。当比赛人数只有八人或少于八人时，每人均可试掷六次。比赛开始前，运动员可在比赛场地练习试掷，练习组应按抽签排定的顺序进行，并始终处于裁判员的监督之下。一旦比赛开始，运动员不得持器械练习，无论持器械与否，均不得使用投掷或落地区以内地面练习投掷。应从投掷圈内将铅球推出。运动员必须从静止姿势开始试掷。允许运动员触及铁圈和抵趾板的内侧。应用单手从肩部将铅球推出。当运动员进入圈内开始试掷时，铅球应抵住或靠近颈部或下颌，在推球过程中持球手不得降到此部位以下。不得将铅球置于肩轴线后方。不允许使用任何装置对投掷时的运动员进行任何帮助，例如，使用带子将两个或更多的手指捆在一起。除了开放性损伤需要包扎以外，不得在手上使用绷带或胶布。不允许使用手套。为了能更好地持握铅球，运动员可使用某种符合规定的物质，但仅限于双手。为了防止手腕受伤，运动员可在手腕处缠绕绷带。为防止脊柱受伤，运动员可系一条皮带或其他适宜材料制成的带子。不允许运动员向圈内或鞋底喷洒任何物质。运动员进入圈内开始投掷后，如果运动员身体的任何部位触及圈外地面，或触及铁圈和抵趾板，或以不符合规定的方式将铅球推出，均判为一次投掷失败。如果在投掷中未违反上述规定，运动员可中止已开始的投掷，可将器械放在圈内或圈外，可以离开投掷圈，然后返回圈内从静止姿势重新开始投掷。铅球必须完全落在落地区角度线内沿以内，试掷方为有效。每次有效试掷后，应立即测量成绩。从铅球落地痕迹的最近点取直线量至投掷圈内沿，测量线应通过投掷圈圆心。运动员在器械落地后方可离开投掷圈。离开投掷圈时首先触及的铁圈上沿或圈外地面必须完全在圈外白线的后面，白线后沿的延长线应能通过投掷圈圆心。应以每名运动员最好的一次投掷成绩，包括因第一名成绩相等而进行的决名次赛的试掷成绩，作为其最后的决定成绩。

其他投掷项目比赛，除场地、器械和投掷方法与铅球有差异外，比赛规则与铅球基本相同。

三、径赛主要规则

第一，400 米及 400 米以下包括 4×100 米接力的项目，运动员应采用蹲踞式起跑。犯规两次以上者取消比赛资格，全能运动员三次。

第二，在分道跑项目中，运动员跑出自己的分道，如没有获得利益，也未阻挡他人，一般不应取消比赛资格，否则应取消比赛资格。

第三，在中长跑时，运动员擅自离开跑道后，不得继续比赛。

第四，跨栏跑时，运动员手脚低于栏顶面、跨越他人栏架、有意用或脚碰到栏架，均属犯规。

第五，接力跑时，在接力区外完成接棒、捡棒时阻挡他人或空手跑过终点。

第六，如用三只秒表计成绩，应以两只表所示成绩为准；如各不相同，则以中间成绩为准。两只表，应以成绩较差者为准。

第七章　体操运动与健身

第一节　体操运动概述

体操是通过徒手、手持轻器械或在器械上完成不同类型与难度的单个动作、组合动作或成套动作，是充分挖掘人的潜能，表现人体的控制能力，并具有一定艺术要求、体现运动美的体育项目。

一、体操的起源与发展

体操一词来源于古希腊语 gymnastike，意为裸体。相传古希腊人多是赤裸着身体进行锻炼的。古希腊人将锻炼、运动竞技及游戏等一切身体活动，例如，走、跑、跳、投掷、攀登、摔跤、舞蹈、骑马和军事训练中的游戏等统称为体操。在西方，这种涵盖所有运动方式的体操概念沿用了许多个世纪。进入 19 世纪，欧美各国相继涌现了一些新的体育项目，并建立起"体育是以身体活动为手段的教育"这一新概念。于是，在一个相当长的时期内，"体操"和"体育"两词并用，相互混用。在我国，从 19 世纪中叶到 20 世纪初，也以"体操"一词来指代近代体育，例如，当时学校的体育课被称为"体操科"，一直沿用到 1922 年。19 世纪末到 20 世纪初，随着体育运动的发展，人们对体育运动的本质和价值进行了深入的研究和科学分类，体育一词才逐步取代原来体操的概念成为身体运动的总称，体操也开始在内容、方法上区别于其他身体运动形式，成为具有自身特点、独立的现代体育运动项目。

二、体操运动的项目分类

（一）队列队形练习

队列队形练习分为队列练习和队形练习两部分。队列练习有原地队列动作和行进间队列动作。队形练习有图形行进、队形变换、散开和靠拢等。

（二）徒手体操

徒手体操是根据人体各部位的特点，由举、踢、摆、振、蹲、转体、绕环、屈伸、跳跃等一系列徒手动作，以不同的方向、路线、幅度、频率和节奏，按照一定的编排所组成的身体练习，包括单人动作和双人动作。

（三）轻器械体操

轻器械体操是在徒手体操的基础上，通过手持哑铃、实心球、体操棍、跳绳、火棒、沙袋等轻器械所进行的身体练习。

（四）技巧运动

技巧运动包括滚动、滚翻、平衡、倒立、手翻、空翻等动作。技巧比赛主要包括翻腾、抛接、造型和舞蹈等动作。

（五）器械体操

器械体操包括单杠、双杠、吊环、鞍马、平衡木、高低杠等竞技器械项目，还包括众多增强体质和掌握实用体育技能的器械内容，例如，肋木、云梯、体操凳、爬绳（杆）以及各种练习器等。

（六）跳跃

跳跃包括以下肢为主的一般跳跃和上下肢结合的支撑跳跃。一般跳跃是指原地或行进间的多种挺身跳、跨跳、结环跳、转体跳、交换腿跳及在弹板上跳起所做的多种动作等。而支撑跳跃则指用手或身体其他部位支撑山羊、跳箱、跳马等器械的多种跳跃动作和腾越动作。

（七）实用类体操

实用类体操多数动作与人们的日常生活、劳动以及军事训练动作有关。例如，悬垂、支撑、攀登、爬越、负重搬运、翻越障碍和撑杆爬墙等内容。

（八）自由体操

自由体操主要由徒手体操，技巧的翻腾、跳跃、平衡及力量性动作组成。女子自由体操还包括波浪和舞蹈等动作，并有音乐伴奏。

（九）健美操

健美操是一项在音乐伴奏下的有氧运动，遵循人体运动规律的身体练习，以科学的方法健身塑体，以追求身心健康和娱乐为目的的体育运动项目。

（十）艺术体操

艺术体操是一项徒手或手持轻器械在音乐伴奏下以自然性和韵律性动作为基础的体育运动项目。

（十一）蹦床运动

蹦床运动是集体操、跳水等运动项目的特点形成的竞技运动项目，通过蹦床练习可以发展弹跳力和灵敏性，着重训练控制身体的能力。

三、体操运动的锻炼价值

（一）提高身体素质

通过体操锻炼，可以提高身体素质。例如，为了发展人体的柔韧性，可以选择柔韧性体操进行练习。通过柔韧性体操练习，可以提高关节幅度，预防外伤的发生，还可促进血液循环，减少疲劳。柔韧性练习也是进行其他体育活动时必不可少的准备活动，还可以选择发展力量灵敏素质等的体操练习。

（二）提高活动能力

体操是把提高身体活动能力、增进健康作为直接目标的身体运动。体操中的各种基本练习、韵律体操练习、实用性体操练习等都是发展身体活动能力的有效方法。体操中开发身体活动的练习，主要是根据走、跑、跳等各自运动时的律动特征，从不同角度进行变化、发展，从而成为提高人体基本活动能力的有效手段。例如，通过变化方向、速度、姿势、幅度、节奏等，创造出更多的练习方法，使人体活动更轻便、敏捷、省力。

（三）改善机能状况

通过体操练习可以改善机能状况，增强适应能力。首先，体操练习对人体机能状况的改善表现在提高人体前庭器官机能的稳定性上。前庭器官是人体的位觉与平衡器官，它的作用是感受人体在空间的体位变化，保持人体平衡能力。体操动作类型多样，有转体、倒立、滚翻等。长期进行体操练习，可以使前庭器官产生适应性变化，进而提高人体机能的稳定性。长期进行体操练习，可以提高神经系统的调节机能。体操中的某些动作，要求人体具有较高的协调性、准确性，所以在完成动作时肌肉收缩性质复杂，这些都对支配和调节人体运动的神经系统提出了较高的要求。所以长期进行体操练习，可以提高神经系统的机能水平。

其次，进行体操练习，还可以提高心血管系统的调节功能。体操中的某些动作由于离心力、重力作用，使血流重新分配。例如，做单杠大回环时，由于离心力对血流的影响，使血液向下肢聚集。练习倒立时，血液因重力作用向头部聚集。因此，缺乏训练者会出现面红耳赤、静脉扩张等，如果长期进行这些动作练习，便可以通过加压或减压反射机理，来改变血管的收缩，从而调节血压与血流量，使之适应运动的要求。

（四）塑造健美体形

体操对形成健美体形有独特功效，体操中的许多内容是塑造健美体形有效方法、手段。体形美的关键是防止肥胖、肌肉发达、身体匀称、线条优美。而体操中的有氧体操练习及垫上腹背肌练习等可以起到减肥的效果。通过体操中的双杠、单杠等练习可以促进上肢肌肉发达；通过跳跃等练习可以促进下肢肌肉的发达；通过体操基本训练中的把杆练习等可以使身体更加匀称。长时间的体操锻炼，可以使骨骼、关节、肌肉和韧带产生一定的适应性变化，从而使人的体形更加健美。体操练习对培养良好姿态、纠正不良姿态也具有重要作用。体操中的韵律体操、徒手体操等，都是训练良好姿态的有效方法。

（五）培养意志品质

体操练习对于培养良好的意志品质有着特殊的作用。例如，在体操练习中较多利用器械，动作变化各异，所以在练习中往往需要克服器械障碍及自身体重才能完成身体动作，因此容易产生恐惧感，这就要求练习者必须克服恐惧心理，树立战胜困难的信心，表现出勇敢、果断的意志品质。长期进行体操锻炼时，身体需要承受一定的运动负荷，如果没有自觉性、坚持性以及克服困难的毅力，是很难做到的。在进行体操队列练习时，要求练习者必须按照规定，协同一致地完成动作，这就具备一定的组织性、纪律性以及克服随意动作的自觉性。

第二节　体操运动健身的特点

一、单杠

经常进行单杠练习，可以培养勇敢、顽强的意志品质，增强上肢、肩带、躯干肌肉的力量，提高身体的协调性以及前庭分析器官的平衡能力。

(一)蹬地翻上成支撑

1. 动作要领

直臂正手握低杠站立，屈臂上步于杠前垂面，后腿由后经下向前摆动。同时前腿蹬地向后上方跳。同时屈臂用力引体、倒肩、腹部靠杠，当身体转斜到45°时，双腿伸直并拢，当身体翻转后水平时，制动双腿，抬上体，翻撑杠，两臂伸直成腹撑(图7-2-1)。

2. 保护与帮助

保护者站在杠前侧方，当练习者蹬地后，一手托其臀部，另一手托其肩部帮其翻转。

3. 练习方法

第一，跳上支撑前倒慢翻下。

第二，单腿蹬高处做翻上。

图 7-2-1

(二)单腿骑撑后倒挂膝上

1. 动作要领

右腿骑撑开始，两臂伸直撑杠，向后摆左腿，推双手，身体重心后移，右腿屈膝挂杠，上体后倒。身体重心远离杠面，当身体转到杠垂面对，左腿加速向前上摆。当转到斜上45°时压穿右腿，翻腕立腰，握紧双手制动，双腿前后大分腿成骑撑(图7-2-2)。

2. 保护与帮助

保护者在杠前站立，一手从杠下扶其肩，另一手扶其后腿部，后摆后腿，当后摆到极点后一手扶肩，一手挽扶膝关节，帮其固定转轴，托肩手帮其翻转。

3. 练习方法

第一，保护者站其身侧抱后腿，在练习者后移重心时拉腿到离杠极远处。

第二，挂膝摆动。

第三，在保护帮助下练习。

① ② ③ ④ ⑤ ⑥

图 7-2-2

（三）支撑后摆下

1. 动作要领

由支撑开始，两腿先向前预摆。肩部稍前倾，接着双腿向后上方摆腿，两臂伸直支撑。当后摆到极点要下落时，稍含胸制动，双腿顶肩推手，挺身落下（图 7-2-3）。

2. 保护与帮助

保护者站在杠后侧方，一手托其腹部，另一手托其腿部帮助后摆，然后扶身体落地。

3. 练习方法

第一，低杠支撑后摆下，手不离杠。

第二，支撑后摆。

第三，在保护下完成。

① ② ③ ④ ⑤ ⑥ ⑦

图 7-2-3

（四）骑撑前回环

1. 动作要领

由右腿骑撑双手反握开始，两臂伸直撑杠，身体重心前移前提臀，右腿上举向前迈出。以左腿大腿前部压杠为轴，上体前倒靠近右大腿。当转 270°时，右腿压杠，展髋，左腿继续后摆，两臂伸直压杠，翻腕立腰分腿成骑撑（图 7-2-4）。

2. 保护与帮助

保护者站在杠后，一手杠下扶手腕，另一手扶大腿后部使其固定转轴，在转过 270°后托后背帮其成骑撑。

3. 练习方法

第一，帮助者站在练习者前抱其右腿做迈步提臀前倒上体。

第二，在杠前设立标志物练习前回环。

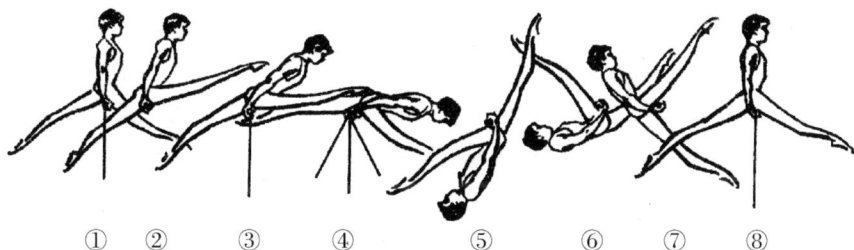

图 7-2-4

（五）腹撑前腿摆越成骑撑

1. 动作要领

腹支撑开始，移动重心，左手直臂支撑，同时向上摆右腿，推右手离杠，右腿摆到最高点向杠前放右腿成骑撑，回原重心右手再握，同侧腿摆越过杠成骑撑（图 7-2-5）。

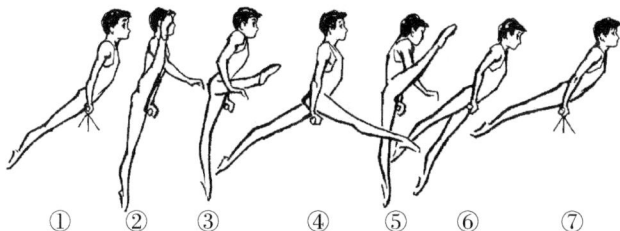

图 7-2-5

2. 保护与帮助

保护者站于杠后，一手托肩帮其移动重心，另一手扶腿帮其侧上摆并前放。

3. 练习方法

第一，原地模仿练习。

第二，在保护帮助下完成动作。

二、双杠

双杠动作主要是以摆动、摆越、展伸、弧形、回环、空翻和静止用力动作为主。如今，许多优秀运动员把一些技巧、鞍马等其他项目的动作移植到双杠上，使双杠的一套动作难度更大，动作种类内容更加丰富，连接更加新颖。

双杠动作移动范围大、变化复杂，可以支撑做，也可以悬垂做。可以支撑，也可以侧撑；可在两杠上做动作，也可以在单杠上做动作。规则要求一套双杠动作编排要以摆动、转体、空翻为主，动作结构组合要多样，连接要紧凑连贯，不可出现不必要的静止和无价值的动作或连接。

通过双杠练习可促进人体的上肢、腹背肌肉和肩带的力量及柔韧性的发展，提高身体的控制能力，对培养坚韧不拔、克服困难的精神也有积极作用。

正式比赛时，双杠高度是 1.75 米，两杠间距可以调整。在训练时根据不同水平、不同的目的，双杠的高度可以升降。

（一）支撑摆动

1. 动作要领

前摆从后摆最高点开始，以肩为轴，身体保持直体自然下摆，脚尖向后远伸，肩稍前移。当身体到支点时顶肩向前上方兜腿、顶肩、梗头，按惯性紧腰，身体自然展开，肩角充分拉开。后摆从前摆最高点开始，身体保持伸直，身体自然下摆。固定肩，双臂用力支撑。当身体下摆接近垂直部位前，髋关节稍屈，摆过垂直部位后，加快腿的"鞭打"，含胸顶肩，以肩为轴自然后摆，顶臂使肩角充分拉开（图 7-2-6）。

2. 保护与帮助

保护者站在练习者侧面，另一手扶其肩部，一手托腹（后摆）或托臀（前摆）。

3. 练习方法

第一，学习正确的支撑，并在双杠支撑移动。

第二，小幅度支撑摆动。

图 7-2-6

（二）分腿坐前滚翻成分腿坐

1. 动作要领

分腿骑坐，两手靠近大腿内侧握杠，上体前倒，顺势提臀、屈体，同时双肘内收顶住两肋使臀前上移至双手支点后，迅速开臂成双肩和手共同组成支撑面。并腿前滚，双手迅速向前换握杠，臀部接近杠面时，两腿分开并下压，两臂压杠跟肩成分腿坐（图 7-2-7）。

2. 保护与帮助

保护者站在练习者侧面，一手托其腿，另一手杠下托肩，帮助提臀、屈体、前滚，换手时托其背，防止掉下。

3. 练习方法

第一，低山羊放在杠端，在杠面上放一块垫子，在杠端做前滚翻落于垫上。

第二，在帮助下完成动作。

图 7-2-7

131

（三）杠端跳起分腿骑坐前进

1. 动作要领

面对杠端站立，从内握杠，跳起成直臂支撑，两腿顺势向前上方摆腿。当超过杠面后迅速分腿，以大腿内侧触杠成分腿坐，然后推手伸髋，挺直上体，两腿骑杠，内侧夹杠，挺身前倾，重心前移。两臂经侧上举，两手顺势于体前稍远处用力撑杆，同时两腿伸直压杠，后摆并腿进杠，支撑自然前摆（图 7-2-8）。

2. 保护与帮助

保护者站于杠侧，一手扶练习者的肩部（杠上），一手杠下托其腹部。

3. 练习方法

第一，练习支撑摆动前摆分腿坐。

第二，在帮助下双手压杠反弹并腿支撑摆动。

① ② ③ ④ ⑤ ⑥

图 7-2-8

（四）支撑前摆下

1. 动作要领

由支撑后摆开始，身体前摆过杠下垂直部位后，加速向前上方摆腿，同时身体重心左移。当摆至极点时，向前下伸髋、展体，两手用力顶肩推杠，右手换撑左杠，左手侧举，挺身落下成杠外侧立（图 7-2-9）。

2. 保护与帮助

保护者立于练习者左侧，当练习者摆腿过杠面后，一手拉其左肩外移，另一手托其臀部。

3. 练习方法

第一，右腿体前蹬单杠，推右手向外移身体跳下。

第二，双手握左杠，双腿蹬两杠跳下。

第三，在保护与帮助下完成。

①　②　③　④　⑤　⑥　⑦　⑧

图 7-2-9

（五）挂臂前摆上

1. 动作要领

由摆臂开始，前摆到杠垂面稍沉肩加速兜腿，身体摆到杠面突然制动，压臂跟肩支撑，身体继续上摆，肩充分顶开（图 7-2-10）。

2. 保护与帮助

保护者站在练习者侧面，一手握其上臂，另一手在杠下托送髋部。

3. 练习方法

第一，体会前摆制动。

第二，分腿仰卧于双杠，练习压臂跟肩。

第三，在保护与帮助下完成后摆动作。

①　②　③　④　⑤　⑥　⑦

图 7-2-10

三、支撑跳跃

（一）横箱（马）分腿腾越

1. 动作要领

快速助跑，最后一步稍大，积极踏跳，领臂含胸，上体稍前倾，稍屈髋向前上方腾起。两臂主动向前撑马、提臀、分腿、迅速顶肩推手、制动腿，抬上体，经空中挺身后并腿屈膝缓冲落地(图7-2-11)。

2. 保护与帮助

保护者站在练习者落点的侧面，必要时扶其腰部和腹部；保护者在箱(马)前面，当练习者推手太晚或推手无力时，用两手顶住其两肩，或握住其肩上提使其越过器械。

3. 练习方法

第一，原地跳起，分腿挺身同时并腿站立。

第二，地上俯撑，脚蹬地、推手，成分腿立撑。

第三，面对墙站立，距一步远，上体前倾，两手直臂推墙做推手练习。

第四，手撑器械原地跳起做屈髋分腿动作。

第五，横马由低到高，踏跳板由近至远进行练习。

图 7-2-11

(二)纵箱(马)分腿腾越

1. 动作要领

快速助跑，积极踏跳，起跳时含胸、领臂向前上方腾起，两臂主动向前伸，同时积极向后上方摆腿。两手快速撑器械远端，向前下方用力顶肩推手，同时两腿分开积极制动越过器械，推手后两臂上领抬上体，挺身并腿落地(图7-2-12)。

2. 保护与帮助

与横箱(马)分腿腾越相同。

3. 练习方法

第一，地上俯撑、蹬地后摆，推手收腿成分腿站立。

第二，助跑几步，跳起推手后分腿站在高垫上。

第三，纵山羊分腿腾越，踏跳板逐渐拉远。

第四，近端低远端高的纵箱分腿腾越。

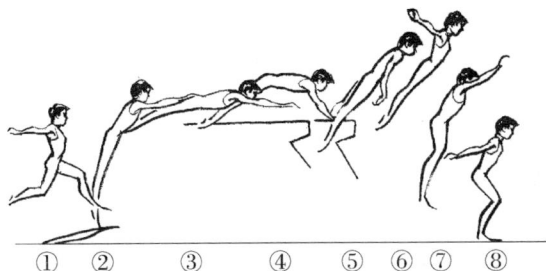

图 7-2-12

（三）屈腿腾越横箱（马）

1. 动作要领

助跑、上板、踏跳、第一腾空动作同分腿腾越。推手时，稍提臀，迅速屈腿，膝靠近胸部；推手后，两腿迅速伸直，上体急振，两臂侧上举，挺身落地（图 7-2-13）。

2. 保护与帮助

保护者站在山羊侧面或前面，与分腿腾越横山羊相同。

3. 练习方法

第一，屈腿跳上成蹲撑，挺身跳下。

第二，原地做屈腿挺身跳。

第三，在同伴保护下做完整动作练习。

图 7-2-13

（四）斜进直角腾越

1. 动作要领

斜进助跑，左脚在肩的前面踏板起跳；同时上体稍后仰，右手撑马，右腿带动髋关节向马的前上方提起，左腿蹬板后，迅速与右腿并拢，左手迅速在体后撑马，接着右手推离器械，伸髋，挺身落地（图7-2-14）。

2. 保护与帮助

保护者站在马的右侧面，当练习者起跳后，右手握其上臂，左手托其臀部。

3. 练习方法

第一，做踏跳摆腿撑马后成坐撑，然后挺身举腿跳下。

第二，在保护者帮助下做完整动作练习。

第三，提高动作质量，腾越后要有一定的高度，用脚触马前上方的标志物。

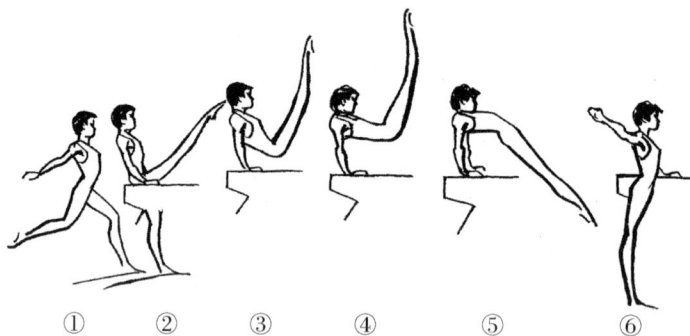

图 7-2-14

第三节　体操比赛简要规则

一、体操比赛分类

（一）团体和个人资格赛

各国家奥委会可派由4～6名运动员组成的队伍或个人参加。在每个项目的比赛中，每队派出5名队员上场，取4个最好成绩相加作为该项目成绩，各项目成绩相加作为团体成绩。体操界称之为6—5—4制。这是至关重要的一场比赛，决定参加团体决赛、个人全能决赛和单项决赛的资格，但比赛成绩不带入决赛。

（二）个人全能决赛

在团体和个人资格赛中获全能成绩前24名的运动员参加该赛。以全能决赛成绩决定全能名次。

（三）单项决赛

在团体和个人资格赛中获各单项成绩前 8 名的运动员参加单项决赛。以各单项决赛的成绩决定单项冠军。

（四）团体决赛

在团体和个人资格赛中获团体成绩前 8 名的队伍参加该赛。在每个项目上，每队派 3 名运动员比赛，比赛采用 6－3－3 制，每个项目的 3 个分数都记入团体成绩。以团体决赛的成绩决定团体冠军。

二、体操比赛规则简介

（一）一般规则

比赛时，运动员要穿规范的体操服，全队着装要统一。在鞍马、吊环、双杠和单杠比赛中，参赛运动员必须穿长裤、体操鞋（或袜子）。男子运动员在自由体操和跳马比赛中可以穿短裤，也可赤脚。在所有比赛中，运动员都要穿背心。女子运动员不得穿过小、过露和透明的体操服，不能佩戴珠宝首饰。所有的运动员必须佩戴号码牌。如有违反，将被扣除相应的分数。

运动员出场比赛前，应保持直立姿势，要举手示意，在绿灯亮或听到信号后 30 秒内必须上器械。一套动作结束，立正示意，并立即离开比赛台。动作结束后，不允许运动员重新上比赛台。

为避免伤害事故，在心理上给运动员以支持，在男子单杠、吊环、双杠和跳马比赛时，可以有一名教练员站在器械旁或附近进行现场保护。女子体操运动员比赛时，教练员在赛台上调整杠子，或为高低杠、平衡木移动跳板后，必须立即离开比赛台。

裁判员是比赛中的执法官，抽签决定裁判员分工，裁判员任职的依据是裁判员的考试成绩。裁判员要参加比赛中所有的裁判会，观看赛台训练。赛前至少提前一小时到达比赛场馆并认真做好赛前准备。

男子裁判员穿灰色裤子、深蓝色上衣、浅色衬衣系领带。女子裁判员穿深蓝西服套裙、白衬衣。比赛中裁判员不得离开自己的座位，不得与其他人联系，不得与教练员、运动员交谈。裁判员根据评分规则迅速、准确地记录、评判运动员的所有比赛动作，并按格式正确填写评分表，确保自己的评分准确无误。

裁判员如蔑视评分规则，有意偏袒或贬低某个队或某个运动员，重复出现过高或过低分，不遵守比赛的有关要求与纪律，不参加有关会议，不观摩赛台训练，着装不符合要求，都将受到处罚。

在男女比赛项目中，均有 A、B 两组裁判员对运动员比赛动作进行评分。A 裁判组根据运动员一套动作的内容确定"A"分。"A"分的内容包括以下几点。

取运动员成套动作的下法加上最好的 9 个动作共 10 个动作，计算其难度价值。男子最高难度动作为 F 组，女子最高难度动作为 G 组。

动作组别：A、B、C、D、E、F、G。

在所有比赛中，男子和女子项目成套动作的难度分值如下。

动作分值：0.1、0.2、0.3、0.4、0.5、0.6、0.7。

A 裁判组还要根据不同项目的特殊规定计算动作的连接价值。在所计算的 10 个动作的难度价值中，每完成一个动作结构组要求，A 裁判组将给予 0.5 分的加分。除了跳马之外，成套动作必须要有合乎要求的下法。

B 裁判组确定"B"分，"B"分从 10 分开始，以 0.1 分为单位进行扣分。"B"分的内容包括：成套动作的艺术及完成错误，技术和编排错误。当动作完成发生艺术性和技术性偏差时，要进行扣分。小错扣 0.1 分，中错扣 0.3 分，大错扣 0.5 分，掉下扣 1.0 分。把艺术扣分、完成错误扣分与技术、编排错误扣分进行汇总，并从 10 分中扣除，所得分数为最后的"B"分。

"A"分和最后的"B"分加起来为一套动作最后的得分。

(二)各项目评分规则

1. 自由体操

(1)项目要求

男子一套动作在 70 秒内完成，女子在 90 秒内完成。自由体操成套动作的编排要充分利用整个场地。女子自由体操要有音乐伴奏。运动员必须双腿并拢、静立于自由体操场地内，然后开始做成套动作。成套动作的评分从运动员脚的第一个动作开始。运动员可以踩场地边线，但不能过线。

(2)评分规则

当出界情况发生时，司线员将以书面形式通知裁判组负责人，裁判组负责人从最后得分中扣除相应的分数，扣分情况如下。

①一只脚或一只手出界扣 0.1 分。

②双脚、双手、一只脚和一只手或身体任何其他部位出界，扣 0.3 分。

③动作直接落在界外，扣 0.5 分。

④动作在界外开始，没有难度价值。

2. 鞍马

现代鞍马成套动作的主要特征是利用鞍马的所有规定部位,用不同的支撑姿势完成不同的全旋摆动动作(分腿或并腿)、单腿摆动和(或)交叉。允许有经手倒立加转体或不转体的动作,所有动作必须用摆动完成,不能有丝毫停顿,不允许有力量动作或静止动作。

运动员必须从站立姿势开始,允许做第一个动作时走上一步或跳起撑鞍马。动作评分从运动员的手撑鞍马开始。

3. 吊环

一套吊环动作应由比例大致相等的摆动、力量和静止部分组成。这些动作之间的连接是通过悬垂、经过或成支撑,经过或成手倒立来完成的,以直臂完成动作为主。由摆动到静止力量或由静止力量到摆动的过渡是当代吊环项目的显著特点。环带不允许摆动和交叉。

评分从运动员脚离地做第一个动作开始。运动员可从静止站立跳起开始比赛,或在教练员的帮助下成双手握环悬垂双腿并拢的良好静止姿势开始比赛。不允许教练员帮助运动员起摆。

4. 跳马

(1)项目要求

男女运动员跳马的助跑距离最长为 25 米。所有跳马动作必须通过用手推撑跳马来完成。第一次跳马结束后,运动员应立即返回到开始位置,出示信号后,再进行第二次试跳。

以男子跳马为例,运动员在资格赛、团体决赛和全能决赛中必须完成一个跳马动作。想获得跳马决赛资格的运动员在资格赛中必须跳两个动作,这两个动作必须是不同结构组的动作,而且第二腾空动作不能相同。

在完成每一次跳马动作之前,运动员必须向 A 组裁判员显示该动作在规则中对应的动作号码。号码显示牌可由他人帮助完成,出现显示错误时不对运动员进行处罚。

(2)评分规则

如发生下列情况之一,则 A 组裁判员和 B 组裁判员出示零分。

①运动员有助跑,踩了助跳板和(或触)马而没有做动作。

②助跑中断,运动员返回第二次助跑,所跳的动作极差以致无法辨认或脚蹬马。

③运动员两次撑马,即单臂或双臂;运动员跳过没有支撑过程,即两手都没有触马。

④运动员没有用脚先落地,这意味着至少有一只脚必须在身体其他

部分之前接触垫子。

⑤运动员故意侧向落地。

⑥运动员跳了禁止使用的动作（例如，分腿、第一腾空空翻、上板前做了禁止动作）。

⑦在资格赛中，运动员想获得单项决赛资格及在单项决赛中，运动员在第二跳时，重复第一跳的动作。

5. 双杠

现代双杠动作主要由摆动动作和飞行动作组成，并通过支撑和悬垂动作的变化来反映运动员在该项目上的能力。

运动员做双杠上法或动作开始前的助跑，必须从双腿并拢站立姿势开始。运动员单手或双手一接触杠子，则表示动作开始，双脚离地开始评分。做上法时摆动一条腿、迈一步都是不允许的，即双脚必须同时离地。做上法时，允许在常规落地垫上放置踏跳板。

6. 单杠

一套现代单杠动作是运动员运用各种握法，流畅地完成半径长短不同的摆动、转体和飞行动作。

运动员必须从双腿并拢静立或加助跑，跳起抓杠或由别人帮助上杠；上杠后身体静止或悬垂摆动，但要保持良好的姿态。评分从运动员离开地面开始。

7. 高低杠

裁判员对高低杠成套动作的评分是由运动员从踏板或垫子起跳开始（不允许在踏板下增加支撑物）。如运动员在上法助跑中出错、未接触踏板、器械，或未跑到器械下面，允许第二次助跑。

运动员掉下器械到重新上器械（男子鞍马、吊环、双杠、单杠相同）继续做动作前，允许有30秒间断。如果运动员未能在30秒时限内重新上器械，则判定成套动作终止。

8. 平衡木

一套平衡木动作的时间不能超过1分30秒。计时从运动员踏板起跳或踩垫子起跳开始，当运动员结束平衡木成套动作接触垫子时停表。当规定时间剩10秒时给第一次信号，90秒时给第二次信号。如果在第二次信号响时下法落地，不扣分。如果在第二次信号响后下法落地，将对成套动作超时判定予以扣分：2秒或更少，扣0.1分；多于2秒，扣0.3分。

运动员从器械上掉下，成套动作被中断，允许有10秒的间断时间，间断时间不计算在成套动作的总时间内。如果运动员未能在10秒时限内重新上平衡木，则成套动作终止。

第八章　游泳运动与健身

第一节　游泳运动概述

　　游泳是一种凭借自身肢体动作和水的作用力，在水中活动或前进的技能活动，是一种有意识的活动。游泳是一项非常有益的运动，是我国开展得最广泛的群众性运动项目之一。

一、游泳运动的起源与发展

　　地球表面积的 71% 是由水组成的。从地球上出现最早的人类开始，人们就在布满江、河、湖、海的地球上生活，水与人类的生活密切相关。人类为了生活而栖息水边，为了生存而蹚河涉水，人类生存和生活需要熟知水性这一基本技能。在这些为生活、劳动与大自然做斗争的过程中，人类创造出了在水中这个特定的环境下，凭借人体的浮力并依靠两臂、两腿运动产生的推进力，将人体在水中推向前进这一征服水的技能。开始时，人们只是模仿水栖动物的姿势与动作，在水中移动，久而久之，便积累了在水中行动的技能，学会了漂浮、游动和潜水，产生了各种游泳姿势。

　　现代游泳运动起源于英国。17 世纪中叶，英国许多地区广泛开展了游泳活动。20 世纪初，出现了游泳比赛间歇时的水中表演项目，即现代的花样游泳。1828 年，英国的利物浦码头修造了第一个室内游泳池，之后在英国各大城市相继出现了游泳池。1837 年，在英国伦敦成立了世界上第一个游泳组织，同时举办了游泳比赛。1869 年，英国成立了大城市游泳俱乐部联合会(现英国业余游泳协会前身)。1896 年，游泳被列为第一届现代奥林匹克运动会的竞赛项目。1912 年，女子游泳被列为奥运会竞赛项目。自 1900 年开始，相继出现了仰泳和蛙泳。1956 年，又出现了蝶泳，从此游泳运动分为四种姿势。今天，游泳已成为令人瞩目的大项之一，奥运会的游泳比赛发展到六个大项三十二个小项。国际游泳联合会从 1937 年开始，每四年举行一次世界游泳锦标赛，每两年举行一次世界杯游泳比赛。

当今世界，欧美国家的游泳实力处于领先地位。中华人民共和国成立后，全民游泳活动迅速普及，技术水平不断提高，旧的纪录早已全部被刷新。我国运动员不畏强手，勇于进取，科学训练，为祖国争得了荣誉。从 1953 年吴传玉在第一届国际友谊运动会荣获男子 100 米仰泳冠军后，1957—1960 年，戚烈云、穆祥雄、莫国雄三人，先后五次打破男子蛙泳世界纪录。

进入 20 世纪 80 年代，改革开放政策为游泳运动腾飞创造了最佳机遇和良好的外部环境，使我国游泳水平有了显著的提高，成为亚洲游泳强国，实现了在世界大赛中金牌"零"的突破。近些年，我国游泳竞技水平有了很大的提高。在 2012 年伦敦奥运会上，中国运动员孙杨一人夺得了 400 米自由泳、1500 米自由泳的金牌和 200 米自由泳的银牌，并在 4×200 米自由泳的接力赛中，中国队凭借他出色的最后一棒夺得了一块宝贵的铜牌，被国外媒体誉为"不可思议的神奇"。中国女运动员叶诗文也一举夺得女子 400 米混合泳和 200 米个人混合泳两块金牌，展现了中国水军的实力。

二、游泳运动的项目分类(图 8-1-1)

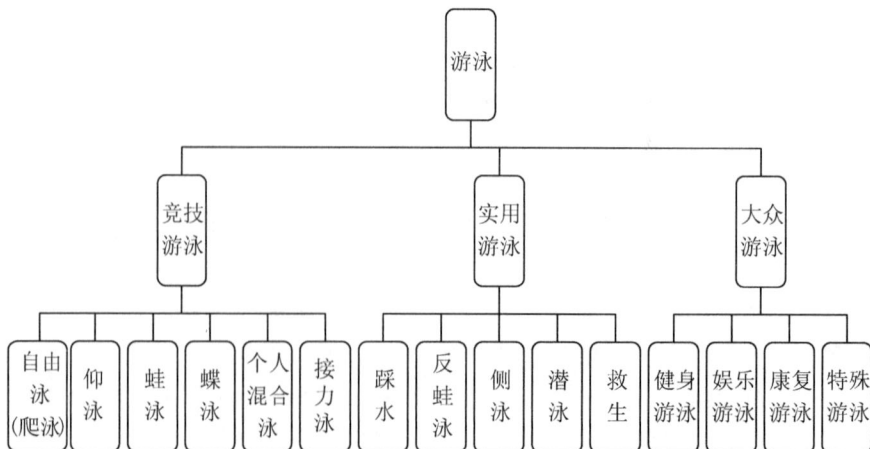

图 8-1-1

三、游泳运动的锻炼价值

游泳能充分利用自然条件——日光、空气、水来锻炼身体，促进身体的全面发展，运动量可大可小。无论男女老少、体力强弱甚至某些慢性病患者都可以从中获益。

地球上布满江、河、湖、海，人类在生活中不可避免地要与水打交道。不论是主动地下水游泳、玩耍，或在水上生产作业，还是被动地失足落水或乘船发生意外，假如不会游泳，生命安全就会受到威胁。如果会游泳，自身的生存就会有保障，不但可以自救，还可以救人。

游泳时由于冷水的刺激，机体代谢率大大提高，胸部在水中受到水压影响，呼吸条件比陆上困难得多。游泳中所需的大量氧气是通过增大呼吸深度的方法取得的，使每次呼吸都能吸进大量的氧气，呼出大量的二氧化碳。长期坚持游泳锻炼，呼吸肌会逐渐变得强壮有力，大大提高呼吸功能。

水温的刺激和压力，对心脏血管系统也提出了更高的要求。水对身体有按摩作用，人在水中成平卧姿势，有利于血液循环。长期参加游泳锻炼的人，心脏肌肉会变得粗壮有力。在游泳练习中，经常进行缺氧训练，能使机体有氧代谢和无氧代谢功能得到提高，为适应激烈运动储备力量；能使心脏在安静时跳动慢，心肌不易疲劳，而在大强度运动时心脏功能又可以很快跳动起来，以适应这种变化的要求。因此，游泳对增强心血管机能、预防心血管疾病都有积极的作用。

游泳时所有的肌肉群和内脏器官都参与到有节奏的活动中来，这种锻炼能有效地促进身体全面、匀称、协调发展，并使肌肉发达，富有弹性。

游泳对神经系统具有良好的影响。长期坚持游泳锻炼，能增强机体适应外界环境变化的能力，抵御寒冷，预防疾病。所以，经常从事游泳的人不易伤风感冒。游泳若与医疗体育配合还可以治疗一些慢性病，例如，高血压、慢性肠胃病、关节炎、神经衰弱、轻度脊柱侧弯、哮喘和习惯性便秘等。

第二节　游泳健身的运动特点

一、熟悉水性

熟悉水性是游泳技术学习的开始。对于游泳初学者来说，尽快地适应水中环境，熟悉水的压力、浮力和阻力，逐渐克服怕水的心理，培养水感，可以大大缩短游泳技能掌握的时间，便于掌握正确、规范的技术动作。

(一)水中行走练习

水中行走是熟悉水性的第一步。练习的目的是使初学者初步体会并适应水的浮力和阻力，初步掌握在水中站立和行走时维持身体平衡的方法，消除怕水的心理。水中行走练习有以下几种。

1. 扶池边行走

双手扶池边和水槽向两侧行走。

2. 拉手行走

集体拉手在水中行走。

3. 划手行走

双手在水中向后拨水向前行走，双手在水中向前拨水后退行走，双手向侧拨水向相反方向行走。

4. 扶池边跳跃

双手扶池边或池槽，双脚蹬池底，向上跳起。

5. 徒手跳跃

水中站立，两臂平放于水中，两手臂向下压水，两脚蹬池底，向上跳起。

6. 其他

单独进行各种方向的走、跑、跳跃练习。

(二)呼吸练习

呼吸训练是熟悉水性阶段的重点。练习的目的是使学生掌握正确的游泳呼吸技术，防止出现喝水、呛水现象，克服怕水心理。

1. 呼吸练习的要点

人们平时的呼吸动作是无意识的，用鼻子吸进呼出。水中的呼吸则不同，是用嘴吸、嘴呼或嘴吸、嘴鼻同时呼。一个呼吸动作是由吸气—憋气—吐气组成的。

游泳呼吸时，最重要的是用力吐气，这和平时在岸上不同，只有把气吐光，才能充分吸进新的空气，游泳的吸气是一种"被动式"吸气。

2. 呼吸练习的方法

（1）陆上练习

①闭气练习

直立，两手下垂，全身放松，闭气10～20秒后吐气，重复3～5次。

②扶墙换气练习

双手伸直扶墙，头夹在两臂之间，头后仰用力吐气，吸气后低头稍憋气，然后慢慢吐气，快吐完时再仰头用力吐气开始下一个循环。

（2）水中练习

①水中闭气

扶池边（池槽）或拉同伴的手，深呼吸后闭气，慢慢下蹲，把头浸入水中，睁开眼睛，停留片刻后起立，在水面上换气（图8-2-1）。反复练习，逐渐延长每次水下闭气的时间。

②水中呼气

扶池边（池槽）或拉同伴的手，深呼吸后闭气，慢慢下蹲，把头浸入水中，睁开眼睛，停留片刻后起立，用口、鼻慢慢呼气，直至呼尽，然后起立在水面上用口呼气（图8-2-2）。

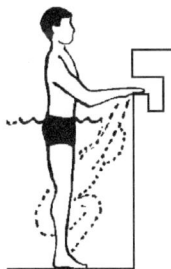

图 8-2-1

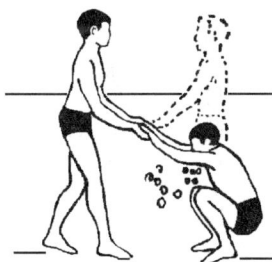

图 8-2-2

（三）漂浮练习

通过漂浮练习，可以进一步熟悉水性，体会水的浮力，适应身体无固定支撑的悬浮姿势。

练习的目的是体会水的浮力，初步掌握在水中浮起、维持身体平衡的能力，进一步消除怕水心理，增强学会游泳的信心。

1. 抱膝浮体

并腿站立，深吸气后，低头含胸，同时两脚轻蹬池底，提膝、收腹、团身、抱腿，呈抱膝姿势自然漂浮于水中。站立时，两手松开，两臂前伸，手掌向下压水并抬头，同时两腿下伸，脚触池底后站立，两臂在体侧拨水维持身体平衡（图 8-2-3）。

2. 展体浮体

两脚开立，两臂放松前伸，深吸气后，身体前倾并低头，屈膝下蹲，两脚轻蹬池底，两腿放松上浮以俯卧展体姿势漂浮于水中。站立时，收腹、屈膝、收腿，两臂向下压水并抬头，同时两腿下伸，脚触池底后站立，两臂在体侧拨水维持身体平衡（图 8-2-4）。

图 8-2-3

图 8-2-4

（四）滑行练习

滑行练习是熟悉水性阶段的重点。它可以帮助初学者掌握在漂浮状态下维持身体平衡的能力，体会游泳的基本姿势，为以后学习各种泳姿技术打下基础。

1. 蹬池底滑行

两脚并拢站于水中，两臂前伸并拢。深吸气后上体前倾并屈膝，当头和肩没入水中时，前脚掌用力向后下蹬离池底，随后两腿并拢，使身体成俯卧、流线型姿势在水面下向前滑行（图 8-2-5）。

2. 蹬池壁滑行(浅水池)

背对池壁,一手拉池槽或扶池边,一臂前伸,同时一脚站立,一脚紧贴池壁。深吸气后低头,上体前倾,提臂,向上收支撑腿,两脚贴紧池壁,臀部后移,两臂前伸、并拢,头夹于两臂之间,两脚用力蹬池壁,使身体成俯卧、流线型姿势在水面下向前滑行(图 8-2-6)。

图 8-2-5

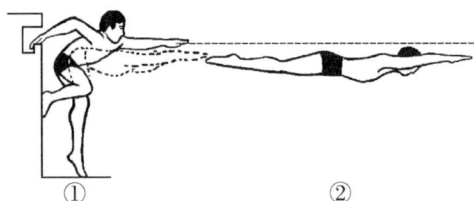

图 8-2-6

二、蛙泳

蛙泳是模仿青蛙动作的一种游泳姿势,有着很高的锻炼价值和实用价值,在民间广为流传。蛙泳在游进过程中,身体位置随手腿动作不断变化,两臂和两腿的动作同时对称地进行。

(一)身体姿势

蛙泳的身体姿势不是固定不变的,而是随着臂、腿及呼吸动作的周期性变化而不断改变的。

蛙泳时,身体以水平姿势俯卧于水中,两臂向前伸直并拢,两腿自然向后伸直并拢,同时上体稍挺起,头略抬,使身体与前进方向成5°～10°角(图 8-2-7-①)。吸气时,上体向前上方抬起,肩和背部的一部分上升露出水面,此时躯干与水平面的角度较大(图 8-2-7-②)。这种流线型的姿势,既能减少前进的阻力,又可以充分发挥手、臂、腿的作用,加快游速。

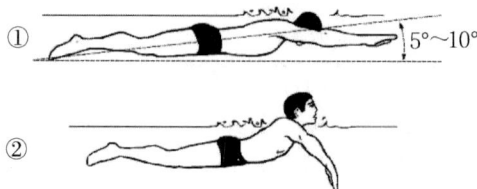

图 8-2-7

（二）腿部动作

1. 技术动作

蛙泳的腿部动作产生的力量是推动身体前进的主要力量之一。对于初学者来讲，游蛙泳时的推进力绝大部分源于蹬腿动作。蛙泳腿部动作可分为收腿、翻脚、蹬腿、滑行紧密相连的四个阶段（图 8-2-8）。

（1）收腿

收腿是翻脚、蹬腿的准备动作。腿部肌肉略微放松，开始收腿的同时屈膝屈髋，两腿一边向前收一边慢慢地分开膝和踝，小腿和脚应跟在大腿的后面。收腿时两腿的动作要放松，力量要小；收腿结束后，大腿与躯干之间成 130°～140°角，膝关节折紧，脚后跟靠近臀部，小腿基本上与水面垂直，两膝与肩同宽。

（2）翻脚

翻脚时膝关节稍内扣、勾脚尖，膝关节和踝关节向外转动，使脚内侧和小腿内侧向后对准蹬水方向，翻脚动作结束后，两脚之间的距离略大于两膝之间的距离，脚趾指向侧面，脚底向上。

（3）蹬腿

蹬腿动作是推动身体前进的重要动力来源，包括蹬水和夹腿，即在向后蹬水的同时向内夹水，使脚的运动路线呈弧线。

蹬腿时正确的伸展顺序是先伸髋关节，后伸膝关节，最后是踝关节，直至两腿伸直并拢。动作应由慢到快地加速进行，形似鞭状蹬水动作。蹬腿结束后，两腿应伸直并拢。

（4）滑行

蹬腿结束后，腿处于较低的位置，脚距离水面为 30～40 厘米。此时两腿伸直并拢，腰、腹、臀及腿部的肌肉保持适度紧张，使身体成良好的流线型，利用蹬腿产生的推力向前滑行。

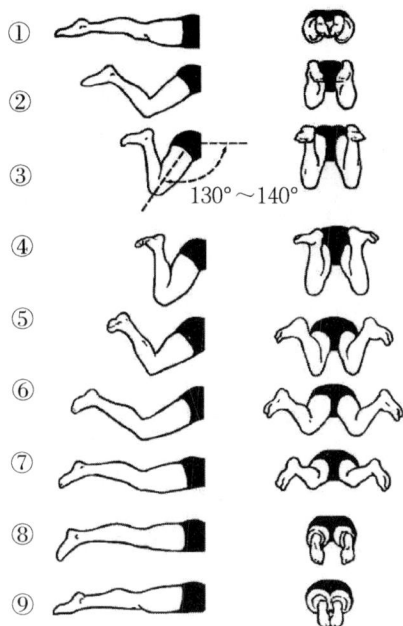

图 8-2-8

2. 练习方法

(1) 陆上仰坐模仿

坐在地上，上体稍后仰，两臂在身体侧后方撑地，双腿伸直并拢，先做收、翻、蹬夹的分解练习，然后再做连贯完整的练习(图 8-2-9)。

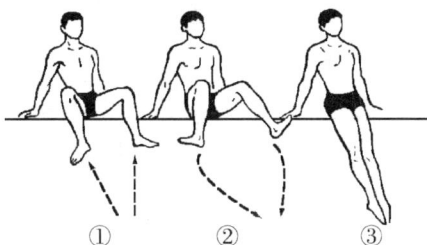

图 8-2-9

(2) 水中练习

①扶边蹬夹

一手抓池槽，另一手手指朝下在水下撑住池壁，身体俯卧水中，做蛙泳腿的收、翻、蹬夹动作。也可由教师或同伴站在后面抓住练习者的双脚，帮助体会和纠正动作，注意限制两膝的宽度，使翻脚时足背屈、脚尖摆向两侧，小腿和脚的内侧面向后对水（图 8-2-10）。

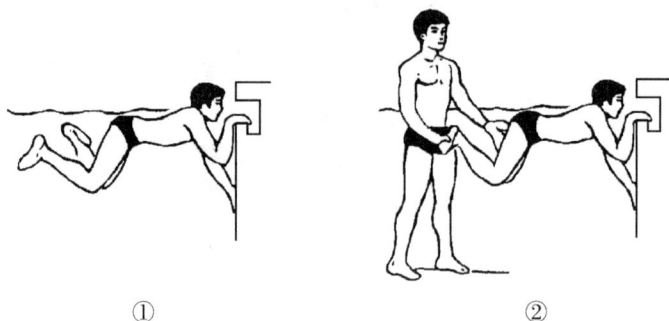

①　　　　　　　　　　　　　　　　②

图 8-2-10

②扶板蹬夹

俯卧水中，两臂前伸，两手扶在板的两侧，做蛙泳腿的动作向前游进（图 8-2-11）。

图 8-2-11

（三）手臂技术

1. 技术动作

蛙泳手臂的动作是推动身体前进的重要因素，现代蛙泳尤其重视发挥手臂划水的作用。蛙泳的划水路线从水下看，像一个"倒心形"。根据划水过程中用力方向的变化将划水分为外划、下划、内划、伸臂四个阶段。为了形象地描述划水技术，我们沿用传统的划分方法，分为以下四个部分。

（1）外划

从两臂前伸并拢、掌心向下的滑行姿势开始。外划时，两臂内旋，两手掌心转向外斜下方，略屈腕，两臂向外横向划至两手间距离约为两倍肩宽处（图 8-2-12）。

（2）下划

手臂在继续外划的同时，前臂稍外旋，肘关节开始弯曲，转腕使掌

图 8-2-12

心转为朝后下方，以肘关节为轴，手和前臂加速向下、向后划。在下划的过程中，手和前臂的运动速度快、幅度大，而上臂的移动不多，前臂与上臂之间的夹角迅速缩小。下划结束时，肘关节明显高于手和前臂，手和前臂接近垂直于游进方向，肘关节约屈成130°角（图 8-2-13）。

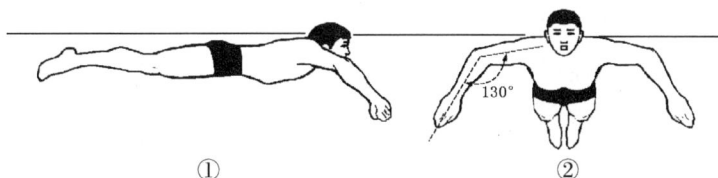

图 8-2-13

（3）内划

内划是手臂划水产生推进力的主要动作。随着下划的结束，掌心迅速转向内后方，手臂加速由外向内并稍向后横向划，屈肘程度进一步加大，肘关节也同时向下、向后、向内收至胸部侧下方，两手划至胸前时几乎靠在一起（图 8-2-14）。

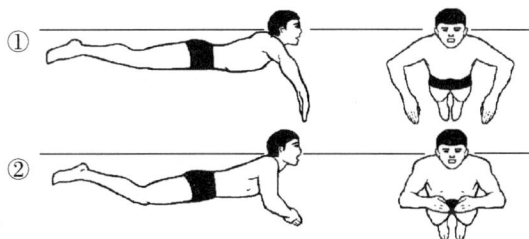

图 8-2-14

（4）前伸

当内划接近完成时，两手在继续向内、向上划的过程中逐渐转为向上、向前弧形运动至颌下。此时两手靠拢，两掌心逐渐转向下，手指朝前。接着，肘关节不停顿地沿平滑的弧线前移，推动两手贴近水面向前伸出。与此同时迅速低头，将头夹于两臂之间。伸臂动作完成时，两臂充分

151

伸直、并拢，两手掌心向下，呈良好的流线型向前滑行(图 8-2-15)。

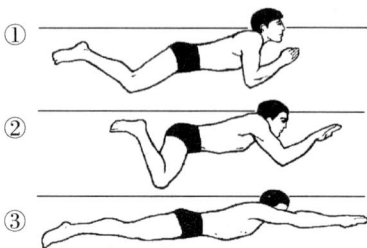

图 8-2-15

2. 练习方法

(1)陆上原地模仿

两脚开立，上体前屈，两臂前伸并拢，做手臂动作的模仿练习。先做分解练习，再做完整练习。

(2)水中夹板划臂

以双腿夹板助浮，进行手臂划水动作练习(图 8-2-16)。

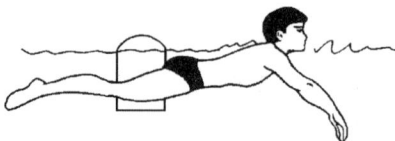

图 8-2-16

(四)呼吸与完整动作配合

1. 技术动作

蛙泳的配合技术比较复杂，一般在一个动作周期中呼吸一次。呼吸方法分为早呼吸和晚呼吸两种。早呼吸是当两臂开始划水时吸气，吸气时间较长，当收手和移臂时，开始低头呼气。

早呼吸方法适合初学者，易于掌握。晚呼吸是当划水结束收手时才吸气，随移臂低头呼气，呼气时间较短，一般被高水平运动员采用。

蛙泳的臂、腿配合是动作协调连贯和速度均匀的关键。现在世界上广泛采用的配合动作是臂和腿动作连续不断的配合方法，即划水结束时，抬头吸气，同时膝关节开始弯曲，当收手前伸时迅速收腿和蹬腿。臂、腿、呼吸的配合多采用 1：1：1 的配合方式，即在一个完整的动作周期中，手臂划水一次、蹬腿一次、呼吸一次。在配合中应避免配合动作不协调或中间停顿现象。

蛙泳完整的配合技术如图 8-2-17 所示。

图 8-2-17

2. 练习方法

(1)手臂与呼吸配合练习

夹板练习臂与呼吸配合练习，即在夹板助浮情况下，做划水和呼吸的配合动作。

(2)臂、腿配合动作练习

①原地双腿配合模仿

两脚左右开立，两手臂伸直并拢上举，做外划、内划下蹲(表示收腿)、向上伸臂站起(表示蹬腿)的练习。

②蹬边滑行分解动作

在水中蹬边滑行后继续低头闭气，做蛙泳臂、腿分开的动作向前游进。两臂做一次划水动作前伸并拢后，两腿再做一次收、翻、蹬夹动作，腿、臂交替进行，建立先伸臂再蹬夹的动作概念(图 8-2-18)。

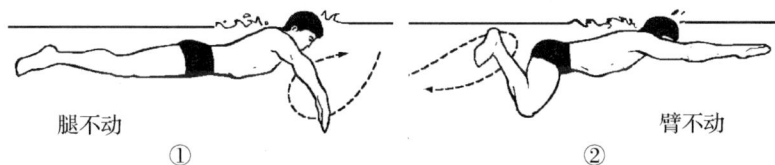

腿不动 ①　　　　　　　　　　　　　　　　　臂不动 ②

图 8-2-18

(3)完整配合动作教学

①原地模仿配合

原地站立，两臂上举并拢，掌心向前。先按 4 拍做两臂和单腿配合的蛙泳模仿动作。

1拍：两臂向侧下分开划，腿不动。

2拍：两臂向内划至胸前，一腿屈膝上提做收腿和翻脚动作。

3拍：两臂向上伸直。

4拍：腿向下弧形蹬夹，还原成预备姿势。逐步过渡到连贯进行。

②完整配合练习

在臂、腿连贯配合蛙泳的基础上，加上抬头吸气的动作，形成完整配合技术。划水动作不能太快，抬头动作不能太猛。先练臂、腿配合两次，呼吸一次的动作，然后过渡到臂、腿配合一次，呼吸一次的正常蛙泳。在动作基本正确的基础上，逐渐增长游距。

三、自由泳

爬泳又称自由泳，由于这种泳势游进时两臂轮换划水很像爬行，所以称为爬泳。在自由泳比赛中，规则规定可以采用任何一种泳姿。因为爬泳的速度最快，所以在自由泳比赛中，一般采用爬泳这种姿势。

（一）身体姿势

爬泳时，身体俯卧水中与水面几乎平行；身体纵轴与水平面成3°～5°角（图8-2-19），头稍抬起，与身体纵轴成20°～30°角。游进中，两臂交替划水和转动吸气动作，使躯干有节奏地围绕身体纵轴左右转动，转动时，肩轴与水平面成35°～45°角（图8-2-20）。

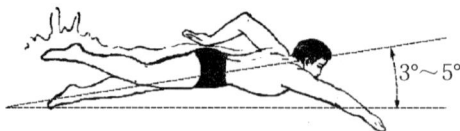

图 8-2-19

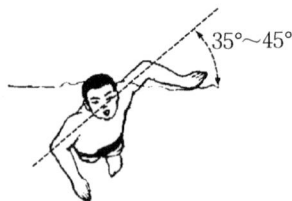

图 8-2-20

（二）腿部动作

1. 技术动作

两腿自然伸直，两脚尖稍内扣成"八"字形。向下打水时，从髋关节开始，由大腿发力带动小腿和脚，进行鞭状打水动作向下踢水；往上提时要放松，脚跟不要露出水面，但可溅起一点水花。打水时，上下两脚的距离30～40厘米，自然屈膝约160°（图8-2-21）。

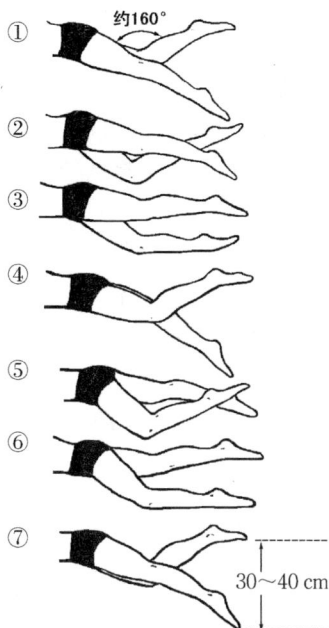

图 8-2-21

2. 练习方法

(1)陆地模仿练习

①俯卧模仿打腿

在俯卧凳上、池边或出发台上，直腿模仿爬泳上下打水的动作，逐渐过渡到直腿上抬、屈膝下达的鞭状动作(图 8-2-22)。

②仰坐模仿打腿

坐池边，两手后撑，两腿前伸，两脚掌稍内旋，脚尖自然伸直，模仿爬泳的打腿动作。首先做直腿练习，然后膝关节放松，逐步过渡到鞭状打腿(图 8-2-23)。

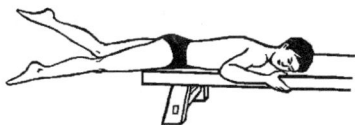

图 8-2-22

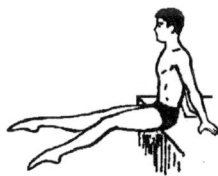

图 8-2-23

（2）水中练习

①扶边打腿

一手抓住池边，前臂贴在池壁上，另一手指尖朝下在水下撑住池壁，身体以水平姿势俯卧水中，两腿伸直稍内旋，脚尖自然绷直，做直腿的快频率小幅度上下打水动作。逐步过渡到直腿上抬、屈膝下打的鞭状打腿。

②滑行打腿

蹬边滑行后继续低头闭气，两臂前伸并拢，头夹在两臂之间，做两腿上下交替的鞭状打水动作向前游进。

③扶板打腿

身体以水平姿势俯卧水中，两臂前伸，双手扶住打水板，略抬头，两腿做鞭状打水动作向前游进。

（三）臂部动作

1. 技术动作

爬泳臂划水是推动身体在水中前进的主要动作。它由入水、抱水、划水、出水、空中移动五部分组成。

（1）入水

肘关节弯曲高于手，掌心稍向外，五指伸直并拢，在肩的延长线臂长 2/3 处插入水中。

（2）抱水

入水后手臂积极插向前下方，上臂内旋，前臂尽快向垂直平面过渡，保持高肘。当手臂与水平面成约 40°角时，屈肘约 150°，整个手臂像抱一个大球一样，给划水创造有利条件。

（3）划水

指手臂与水平约成 40°角，至向后划水与水平面成 15°～20°角时的动作过程。划水是产生推进力的主要阶段。以垂直面为界，前为拉水，后为推水。

①拉水

一个屈臂的过程。拉水时前臂速度比上臂快。当屈肘至水平面时，手在体下身体中线处，屈肘 90°～120°。

②推水

通过屈臂到伸臂来完成。为保持最大面积推水，在推水中肘关节要向上，向体侧靠拢。

拉水与推水动作要连贯、加速，手划的轨迹开始在肩前、中间在胸腹下、后在大腿旁，呈"S"形（图8-2-24）。

入水
抓水
拉水
推水
出水

图 8-2-24

（4）出水

划水结束后，手臂由于惯性的作用很快靠近水面，这时由上臂带动肘部向外上方做提拉动作，将前臂和手提出水面，掌心向后上方。出水动作要柔和、迅速而又不停顿。

（5）空中移臂

手臂出水后，整个臂要放松，由肩带动向前移臂，在手臂刚出水时，肘关节领先前臂和手前移，臂移至肩部时，手和前臂赶上肘部，并逐渐向前伸出，掌心也从后上方转向前下方，接着做入水准备动作。在整个移臂过程中，肘部始终保持高于肩的位置。

2. 练习方法

（1）陆上模仿练习

原地站立模仿划臂，上体略前屈，一臂前伸不动，另一臂模仿爬泳的划水动作，初步体会动作后，左、右臂交换练习。然后，左右臂轮流做划水动作，要求划水臂前伸与另一臂并拢后，再换另一臂划动。最后，做两臂连贯交错的划水动作。

（2）水中练习

①原地划臂配合呼吸

水中原地站立，上体前倾，一手扶池边，另一臂划水，做侧转头呼吸动作。

②行进间划臂

上体略前倾，做两臂连贯交替的划水动作向前游进。划水时适当用力，体会加速划水的动作要领。可配合侧转头呼吸动作。

③夹板交替划臂

大腿夹打水板，低头闭气，身体水平俯卧水中，做两臂连贯交替的划水动作向前游进。

（四）两臂的配合

爬泳两臂的正确配合是前进速度均匀性的重要条件之一。划水时，依照两臂所处的位置不同可分为三种不同的配合方式，即前交叉、中交叉、后交叉。

1. 前交叉配合

一臂入水时，另一臂处于肩前方（图 8-2-25-①）。

2. 中交叉配合

一臂入水时，另一臂处于肩下垂直部位（图 8-2-25-②）。

3. 后交叉配合

一臂入水时，另一臂划水至腹下方（图 8-2-25-③）。

以上三种配合形式都有各自的特点，对初学者来说，可采用前交叉配合，以便掌握爬泳动作，做好呼吸配合。

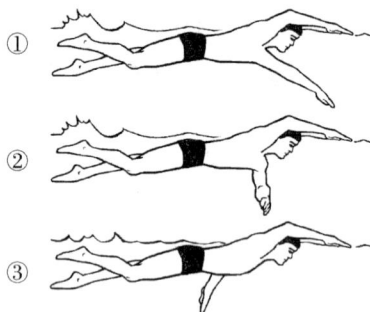

图 8-2-25

（五）呼吸与完整动作的配合

1. 技术动作

爬泳采用转动吸气的方法，一般在两臂各划水一次做一次完整的呼吸。如果头的位置正确，只要在同侧手臂空中移臂时，转头同时歪嘴，就能在头前浪形成低于水面的波谷中吸到气。

爬泳呼吸、臂和腿的配合目前常见的主要有以下三种。一种是 1：

2：6配合，即呼吸一次，两臂各划水一次，两腿各打水三次，适用于短距离项目；另一种是1：2：4配合，即呼吸一次，两臂各划水一次，两腿各打水两次；再一种是1：2：2配合，即呼吸一次，两臂各划水一次，两腿各打水一次。后两种适用于中长距离的项目。爬泳的完整配合技术如图8-2-26所示。

图 8-2-26

2. 练习方法

（1）陆上模仿练习

自然站立，上体略前倾，两腿原地小踏步，两臂做连贯交替的划水动作，模仿爬泳的臂、腿配合技术。

（2）水中练习

①站立水中，上体前倾做划臂与呼吸配合的练习，借助用力划水向前移动，然后蹬离池底，两腿打水形成完整配合。

②蹬边滑行后，做爬泳打腿、划水与呼吸完整配合练习。

③做爬泳臂、腿、呼吸的完整配合动作向前游进。两臂交替不要太快，争取两臂各划水一次，呼吸一次。注意在划水和转头吸气时不要停顿。

四、仰泳

仰泳是仰卧在水面的一种游泳姿势。仰泳时，依靠两臂交替向后划水，两腿交替上下(向后)打水游进。它和爬泳的动作相似，只是身体仰卧，是中老年和游泳爱好者喜欢的一种游泳姿势。

（一）身体姿势

仰泳时，身体自然伸展近乎平直地仰卧在水中；头和肩部略高于臀部，胸部在游进时正好位于水面，腹部和两腿保持在水下 5～10 厘米，身体纵轴与水面成 5°～10°角(图 8-2-27)。这种流线型的姿势，既能有效地减少游进时的水阻力，又能充分发挥腿部动作的推进作用。

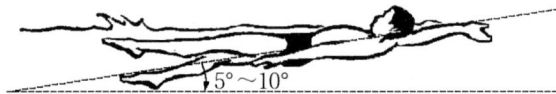

5°～10°

图 8-2-27

仰泳的头部姿势很重要。仰泳时，头应保持相对稳定，不要左右晃动，颈部肌肉要自然放松，从整个身体姿势看上去，好像平躺在床上一样。

（二）腿部动作

1. 技术动作

仰泳的腿部动作与爬泳相似，主要是保持身体平衡。仰泳时，腿部动作是以髋关节为轴、以大腿带动小腿、小腿带动脚的"鞭打"形式来完成。它与爬泳不同的是身体在水中的位置比爬泳低，腿的打水推动作用比爬泳要大。仰泳打水时，大腿动作幅度比爬泳小，但小腿的弯曲角度和打水幅度都要比爬泳大。

仰泳腿部动作可分为下压和上踢两个部分。前进时，主要靠向上踢水的动作，所以踢水时要脚背稍向内旋，并向后上方踢以加大踢水面。不要向两侧踢水，也不要将膝和脚踢出水面，降低踢水的效果。下压动作有一定的推进作用，但主要是为上踢动作做准备，起着使身体上升和保持平衡的作用(图 8-2-28)。

2. 练习方法

（1）陆上模仿练习

坐撑模仿打腿时，要坐池边或地上，上体后仰，双手后撑，两腿并

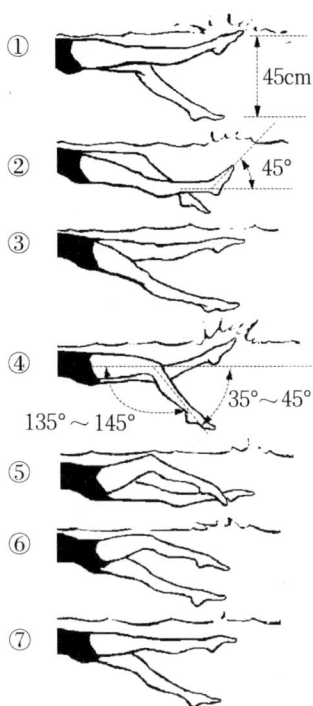

图 8-2-28

拢伸直，模仿仰泳做上下交替打腿动作，体会动作幅度和脚的姿势。先直腿练习，初步体会大腿带动小腿的要领后，逐步过渡到鞭状动作。

（2）水中练习

①仰卧漂浮

水中原地站立，身体慢慢后倒，两臂平伸，挺身并腿成仰卧姿势漂浮水中。站立时，先收腹屈膝屈腿，两手从身后向前划水帮助臀部下沉，然后两手向下压水，两腿下踩站稳（图 8-2-29）。

图 8-2-29

②仰卧蹬壁滑行

两手抓住池槽，两腿贴在近水面的池壁上。然后上体后倒仰卧水中，两手松开，两臂贴于体侧，两腿随即用力蹬壁，身体成流线型在水中向前滑行(图 8-2-30)。

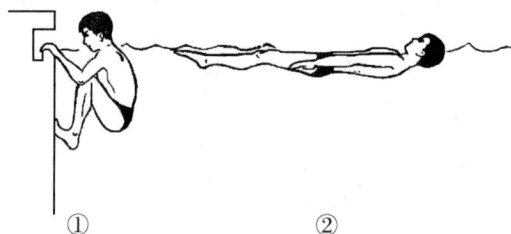

① ②

图 8-2-30

③抓槽(撑底)打腿

仰卧水中，两手反抓水槽，或在浅水中两手后撑池底，练习仰泳的打腿技术(图 8-2-31)。

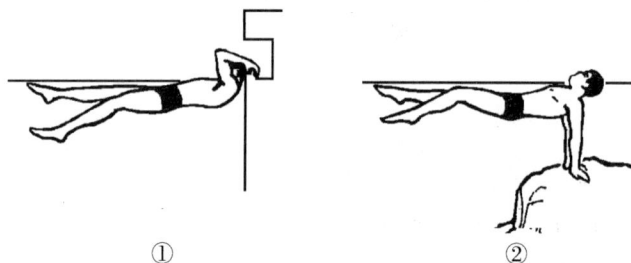

① ②

图 8-2-31

④漂浮打腿

利用打水板或各种助浮器使身体仰卧漂浮水面做打腿练习(图 8-2-32)。

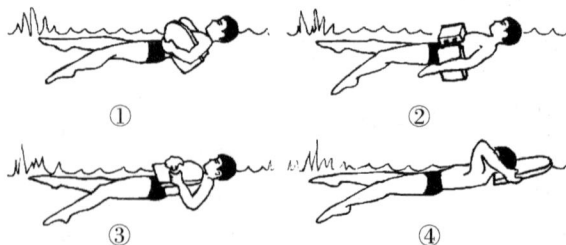

① ②

③ ④

图 8-2-32

（三）臂部动作

1. 技术动作

仰泳臂划水动作是产生推动身体前进的力的主要因素。一个完整的手臂动作分为入水、抱水、划推水、出水和空中移臂等几个阶段。手掌由入水、抱水和划推水等动作在水下形成一个"S"形的路线。

（1）入水

入水时臂自然伸直，掌心朝外下方，小指首先入水，手稍内收，与小臂约成 150°～160°角。入水点在肩的前方延长线上。臂的入水动作要求轻松、自然，不应击水。其顺序是大臂先入水，小臂和手接着入水。

（2）抱水

手臂入水以后，躯干上部稍向入水臂一侧转动，直臂向前下方伸，同时转手腕对准水，成屈臂抱水姿势。这时大臂与前进方向构成 40°角，手掌离水约 30 厘米。

（3）划水

仰泳的划水动作为推进身体前进提供主要动力。整个动作从屈臂抱水开始，向后划水到大腿侧下方为止。划水动作由拉水和推水两个部分组成。

拉水时，肘关节应屈成 150°角（使手掌和小臂都达到良好的对准水的姿势）。随着划水力量的加大，屈肘角度也应逐渐减小。当划至肩部垂直平面时，手掌离水面 15 厘米左右，小臂和大臂形成 90°～110°角。

推水时，应充分利用拉水的速度和划水面，使整个手臂同时用力向下方做推压的动作，并利用推水的惯性，使大臂带动小臂和手加速内旋推水，并以手的下压结束推水动作，这时手掌在大腿侧下方，离水面 45～50 厘米。

从仰泳的整个臂部动作可以看出，手掌因在做不同动作时所处的深度不同，所以在整个划水动作中形成一个"S"形路线。

（4）出水

正确的出水动作是先压水后提肩，使肩露出水面后，由肩带动大臂、小臂和手依次出水。为了减少水的阻力，手出水时，手掌心应向内，拇指向上。

（5）空中移臂

当臂提出水面后，应迅速沿着肩的垂直面向肩前移动。移臂时不要偏离，否则身体会左右摇摆，增加前进的阻力。当手臂移过垂直部位后，手掌即开始内旋，使掌心向外翻转，接入水动作。移臂时，臂要放松，移臂的后阶段，要注意肩关节充分伸展。仰泳时，两臂的动作始终是对角交替的。当一臂完成出水时，另一臂抱水；当一臂空中移臂时，另一臂则划水。

2. 练习方法

(1)陆上模仿练习

①原地单臂模仿划臂

陆上原地站立，模仿仰泳双臂的划水动作。先直臂练习，初步体会动作后再屈臂练习。要求两臂的划动与躯干的转动协调一致，两臂基本上处于相对的位置(图 8-2-33)。

②仰卧模仿划臂

仰卧凳上，模仿仰泳手臂的划水动作(图 8-2-34)。

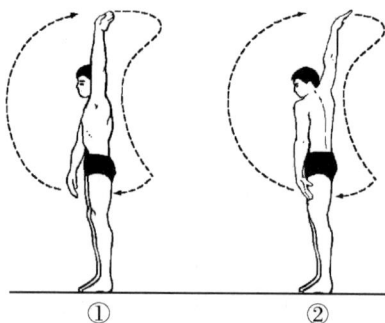

图 8-2-33

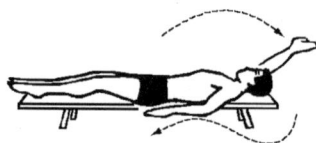

图 8-2-34

(2)水中练习

①扶托划臂

练习者仰卧水中，由同伴抱住双腿或抓住双踝，练习者做仰泳两臂连贯交替的划水动作。帮助者稍用力使练习者的躯干随手臂动作适当转动以帮助顺利完成划臂动作(图 8-2-35)。

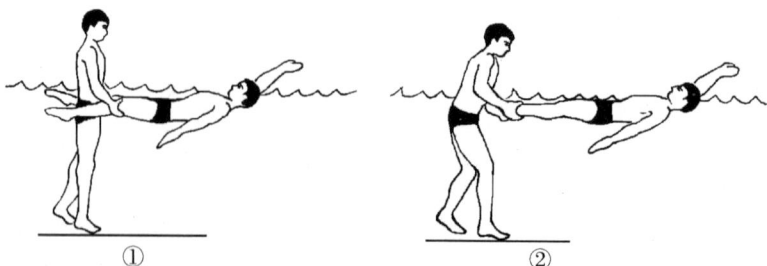

图 8-2-35

②夹板划臂

大腿夹打水板，身体水平仰卧水中，做仰泳两臂连贯交替的划水动作向前游进(图 8-2-36)。

图 8-2-36

(四)仰泳的呼吸和完整的技术配合

仰泳的呼吸一般为两臂各划一次，呼吸一次，不要过于频繁地呼吸，不然会引起动作紊乱。一般一臂移臂时开始吸气，然后做短暂的闭气，另一臂再移臂时开始吐气，按此循环运行。

仰泳腿、臂、呼吸的完整配合，一般采用打腿六次、臂划水二次、呼吸一次的配合方法(图 8-2-37)。

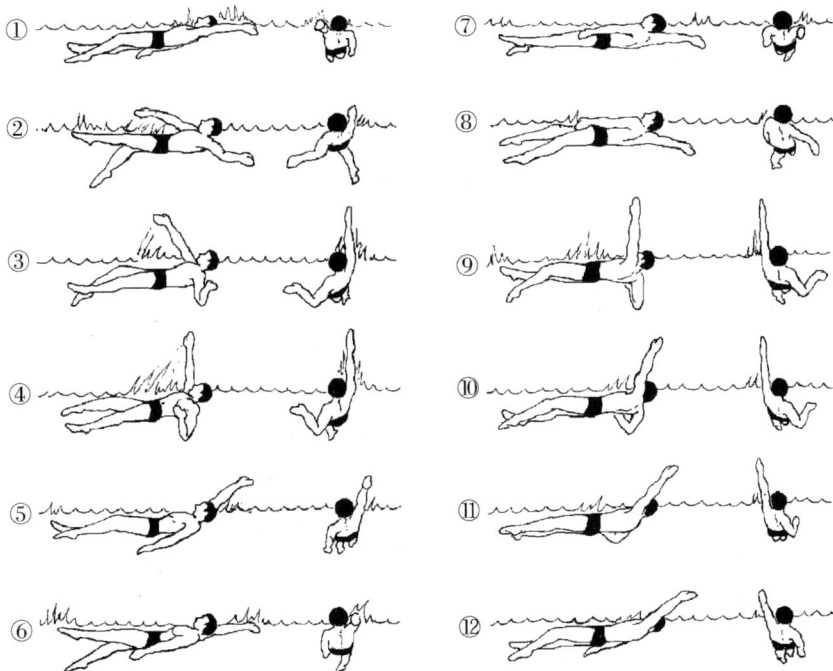

图 8-2-37

五、蝶泳

蝶泳由蛙泳演变而来。20 世纪 30 年代初，有的运动员为了提高蛙泳的速度，在划水结束后把臂提出水面，两臂从空中向前摆进，好像蝴蝶展翅的样子，因而这种泳姿被命名为蝶泳。后来有人模仿海豚的波浪击水动作游动，所以又被称为海豚式游泳。由于海豚式游泳速度仅次于自由泳，所以在蝶泳比赛时，一般都采用这种泳姿。

（一）身体姿势

蝶泳时，身体俯卧在水中，两臂同时向前方入水，经抱水、划水至大腿处，然后提肘出水，在空中移臂后再入水；躯干以腰部发力，带动大腿、小腿及脚进行波浪形的鞭状打水。整个动作从头、颈、躯干到脚部沿着身体纵轴做传动式的起伏，形成波浪式动作。

蝶泳时要求身体姿势相对稳定，身体有节奏地起伏，以给臂和腿部动作提供有利的条件，但不要起伏太大，不然会影响身体水平游进，增加水对身体的阻力。

（二）躯干和腿部动作

1. 技术动作

蝶泳时，虽然身体的游进主要靠臂部动作，但是蝶泳的打水动作在游进中也起着十分重要的作用。它不但可以弥补臂部动作间断时速度下降的不足，而且还能使身体平衡，给臂和呼吸动作创造良好的条件。

躯干和腿部动作的开始姿势是两腿并拢，脚掌稍加内旋，踝关节放松。在鞭打水时，从腰发力，带动脊柱、髋、膝、踝各部位相继屈伸，形成波浪式动作。

向下打水时开始屈膝约 110°，髋关节几乎伸直，脚上抬到最高点至水面，然后向后下方打水，当小腿继续向下打水时，腿部打水的反作用力使臀部升高，大腿和躯干约为 160°角，脚跟距水面约 50 厘米，然后两腿伸直向上移动，由腰部发力，带动臀部下降。髋关节逐渐展开后，使脚后跟与臀部几乎成水平，经过伸直膝关节，身体也几乎成水平。这时在臀部带动下，大腿开始下压，膝关节随大腿的下压而逐渐弯曲。随着屈膝程度增加，脚向上抬到最高点接近水面，再准备向下打水。

2. 练习方法

（1）陆上模仿练习

原地模仿躯干和腿部动作时，应在陆上原地站立，两臂上举并拢，腰腹、髋部、大腿由上往下依次前后摆动，模仿蝶泳躯干和腿部动作，初步体会波浪起伏的肌肉感觉(图 8-2-38)。

预备　　①　　②　　③

图 8-2-38

(2)水中练习

①扶边打腿

两手扶在池边或水槽上，身体俯卧水中，低头闭气，做海豚式鞭状打腿动作。注意体会由腰腹发力、直腿上摆、屈膝下打的动作要领(图 8-2-39)。

图 8-2-39

②滑行打腿

蹬底或蹬壁后继续低头闭气，做海豚式鞭状打腿动作向前游进(图 8-2-40)。头、肩保持相对稳定，两腿下打时注意提臀，两腿上抬时注意展髋。动作要均匀连贯，节奏明显，逐渐形成自然的小幅度波浪动作。

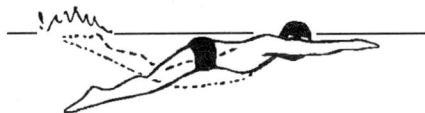

图 8-2-40

③扶板打腿

仰卧水中，两臂前伸扶住打水板，保持头部和肩部相对稳定，连续做海豚式鞭状打腿动作向前游进(图 8-2-41)。

图 8-2-41

(三)臂部动作

1. 技术动作

蝶泳的臂部动作产生的力既是推进身体向前的主要动力,又是游泳姿势中推进力最大的一种。蝶泳臂部动作是两臂同时对称进行的。

蝶泳臂部动作过程也包括入水、抱水、划水、出水和空中移臂五个部分。

(1)入水

两臂经空中移臂后在肩前插入水中,入水时,两手距离略与肩同宽,掌心向两侧,手指向下,手掌、前臂、上臂依次切入。

(2)抱水

手入水后,迅速向前下方伸肩滑下,手掌由外侧转向内做抱水动作(肘关节保持最高位置)。抱水时,手和前臂的速度比肘部快,这时前臂与水平面约成45°角,肘关节约屈成150°角,上臂与水平面约成20°角,两手掌距离略比肩宽。

(3)划水

划水时,两臂屈臂向后,靠上臂内旋,前臂和手加速向内后拉水。拉至与肩平直时,屈肘约100°,然后继续向后推水直至大腿旁。划水时,两手臂的路线呈双"S"形。

(4)出水

推水结束后,手臂充分推直,然后借助其惯性提肘,迅速将两臂和手提出水面。

(5)空中移臂

两臂出水后,经身体两侧和空中快速向前移动。移臂时,整个臂部动作要自然放松。

2. 练习方法

(1)陆上模仿练习

站立模仿划臂时,两脚并立,上体略前倾,模仿蝶泳两臂的划水动作，重点体会双"S"形的划水路线和低平的空中移臂动作(图8-2-42)。

(2)水中练习

①原地划臂

站立浅水中，上体稍前倾，做蝶泳两臂的划水动作，体会划水路线及划水对身体的推进作用，特别强调在推水的最后阶段向上向外顺势提肘出水(图8-2-43)。

②行进划臂

图 8-2-42

在浅水区，做蝶泳两臂划水的动作向前游进，做好入水、抱水、划水、出水和空中移臂各个环节，着重体会屈臂高肘划水对身体的推进作用(图8-2-44)。

图 8-2-43

①　　　　　②

图 8-2-44

③夹板划臂

身体俯卧水中，打腿夹打水板使下肢浮起，做蝶泳臂的划水动作向前游进(图8-2-45)。

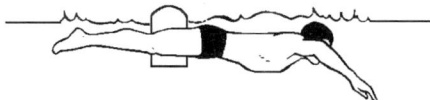

图 8-2-45

(四)呼吸与臂部动作的配合

当臂部入水后，用鼻和嘴慢慢吐气，两臂进入划水时，下颌微抬。划水到胸腹下方时抬头，嘴露出水面用力完成吐气，然后迅速张嘴吸气。两臂出水在空中移臂时闭气，头放平。

(五)臂、腿、呼吸的完整技术配合动作

1. 技术动作

蝶泳的动作配合比例为2∶1∶1，即采用打腿两次、两臂划水一次、呼吸一次的方式。臂和腿的具体配合方法是两臂入水时，做第一次打水，抱水时腿向上，当两臂推水结束，同时打水结束。也可以采用打腿一次、两臂划水一次、呼吸一次的配合，但一般游泳爱好者宜采用 2∶1∶1 的配合方法（图 8-2-45）。

图 8-2-46

2. 练习方法

完整配合练习时，应在蹬边滑行后继续低头闭气，做蝶泳两次腿一次臂的正常配合动作向前游进。基本掌握后加上呼吸动作。开始时，臂、腿做 2～3 个配合动作呼吸一次，逐步过渡到正常的 2∶1∶1 的完整配合。随后，逐渐加大练习距离，在反复练习中改进和巩固动作。

第三节 游泳安全常识与救护

一、游泳安全常识

游泳是人们喜爱的健身方式，但水是无情的。参加游泳锻炼，必须十分注意安全卫生，也必须具备一定的救护常识，才能防患于未然，真正达到增强体质和增进健康的目的。

（一）认真进行体检

游泳体能消耗较大，加上水的特殊环境，有些疾病患者是不宜参加的，所以游泳前应进行全面的体检。凡患有严重心脏病、精神病、癫痫、各种传染病、中耳炎、鼻窦炎的，有开放性伤口的，处于月经期的人都不宜游泳。否则既对自己不利，又容易把疾病传给别人。

（二）妥善选择游泳场所

一般人工游泳池馆安全性较好。在天然水域游泳必须选择水质干净的地方进行，要注意水的深度、流速。凡有淤泥、乱礁、树桩、急流漩涡、水草丛生和船只来往频繁的水域不宜游泳；有鲨鱼的海、工业污染的水域也不宜游泳。

（三）游泳前要做准备活动

游泳前，要做准备活动，使身体各器官各系统做好游泳的准备；下水时，用水浇浇头部、胸部和四肢，以免因突然下水使神经、皮肤、肌肉受到冷的刺激，而可能发生腿脚抽筋和其他不良反应。

（四）饭后、酒后或剧烈运动后，不宜立即下水游泳

一般应在饭后一小时再游泳为宜，以免在游泳时发生呕吐，影响消化系统功能。酒后或剧烈运动后游泳，会使扩张的皮肤血管突然受到冷的刺激而急剧收缩，内热难散，使内热平衡受到破坏，血液循环受阻，加重心脏负担。

（五）注意呼吸避免呛水

游泳时，如果用鼻吸气，水就会随空气一起吸入鼻腔，刺激呼吸道引起咳嗽，这就是呛水。初学游泳者就应该掌握正确的呼吸方法。各种游泳姿势，有不同的动作配合要求，但呼吸方法相同，为避免呛水，一般都用嘴吸气，用口、鼻同时呼气。

（六）科学、合理安排运动量

进行游泳锻炼运动量因人而异，一般来说应根据每个人的身体状况、气温、水温科学合理地安排，以适度的疲劳感为宜。

（七）游泳后的卫生保健

游完泳后，应在水中做全身放松运动，调整呼吸再出水，出水后，及时淋浴，擦干身体，穿好衣服，注意保暖；应使用眼药和鼻药，以防止眼鼻部感染。

（八）注意保护耳朵

游泳时，由于呼吸不当或其他原因，水极易由口和鼻进入中耳，可

能引起中耳炎，因而耳朵进了水应立即排出。若左耳进入水，可把头歪向左边，用左脚单跳几下，同时左手拉耳垂，耳朵内的水就可排出，右耳同理。另外，耳屎较多的人，游泳前应清除，否则被水浸泡，耳屎胀大，会引起耳痛。

二、水上救护

水上救护是在水中发生溺水事件时，对溺水者所采用的施救方法。它是保障游泳者生命安全的一项重要措施。其指导思想是以防为主，以救为辅，防救结合，有备无患。因此，学会和掌握一定的救护知识是十分必要的。它一般可以分为间接救护、直接救护和自我救护三种。

（一）间接救护

间接救护是救护者利用救生物品（救生衣、救生圈、竹竿、绳索、泡沫块、木板、轮胎等）对较清醒溺水者施救的一种方法。其特点是安全可靠，迅速省力，救护效果好。下面介绍几种常用救生器材的使用方法。

1. 救生圈

最好在圈上系一条长绳，当发现溺水者时，可迅速将系好绳索的救生圈扔给溺水者。如在江河里就应向溺水者的上游扔去，溺水者得到救生圈后，可将其拖上岸。

2. 竹竿

溺水者离岸或船较近时，可用竹竿伸给溺水者，待溺水者握住竿后将其拖至岸边或船上。

（二）直接救护

直接救护是在没有任何救生器材的情况下，救护者直接入水对溺水者施救的一种方法。这是游泳救生员必须掌握的一门技术，也是水上救护中最重要的环节。它一般可分为入水前的观察、入水、游近溺水者、水中解脱、拖带、岸上急救等过程。

1. 入水前的观察

当发现溺水者，在情况允许的条件下，边观察，边脱掉鞋衣，判断溺水者的方位和距离，根据水域情况选择入水地点。例如，在静水中，救护者应选择离溺水者最近的地点入水；例如，在流水的江河中，救护者应在陆地上跑到溺水者上游入水。

2. 入水

入水是指救护者由岸、池（船）边跃入水中的技术动作。一般入水方法有两种。一种是在熟悉的水域，可采用助跑的出发式入水；另一种是在不熟悉的水域，采用下肢先入水的方法，例如，跨步式，即两腿前后分开，两臂向两侧伸开，掌心向下，在入水的瞬间，两腿向下压夹水，两臂由两侧往前下方压水，尽量使头部不浸没水中，以便观察溺水者的位置和溺没情况。

3. 游近溺水者

入水后，一般采用速度较快的抬头爬泳或蛙泳，以便观察溺水者的动态。游近离溺水者两米时，改为踩水，深吸一口气，潜入水中，游到溺水者背后，两手托住溺水者腰部或髋部向上举起，使溺水者头部出水吸气，减少溺水者的紧张心理，然后进行拖带。如果从正面直接救护，应果断地用右（或左）手，握住溺水者右（或左）手腕，用力向右（或左）边一拉，使溺水者的身体旋转。溺水者背向自己，即可拖带。

4. 水中解脱

水中解脱是指救护者被溺水者抓住或抱住后的解脱方法。溺水者一般都处于慌乱状态，为了求生，往往抓住或抱住救护者不松手，所以救护者必须掌握一定的解脱方法。解脱方法一般都是运用反关节和杠杆原理进行，其主要方法有以下几种。

（1）虎口解脱法

如果救护者两手腕被溺水者抓住，可迅速用力将两臂从里向外扭转，即可从溺水者虎口处解脱。

（2）推颌解脱法

如果溺水者从正面抱住救护者，救护者可用一手托住溺水者的下颌并向上推，另一手同时紧抱溺水者的腰部向前拉，即可解脱。

（3）扳指解脱法

如果溺水者从背后拦腰抱住救护者，但两臂未被束缚时，救护者可用左右手分别抓住溺水者左右手的一指向外扳开，接着将溺水者的双手上举，使身体下沉，即可解脱，并从溺水者腋下穿绕到溺水者背后，进行拖带。

（4）扭颈解脱法

如果溺水者从背后抱住救护者两腿，救护者可以侧身用两手分别按在溺水者的头顶和下颌，然后将溺水者头部用力向外扭转，即可解脱。

（5）托肘解脱法

如果溺水者从背后抱住救护者颈部，救护者可用一只手抓住溺水者抱在上面的手，另一只手用力将溺水者的肘关节向上推，乘机脱出头部，再绕到溺水者背后，进行拖带。

5. 拖带

拖带是指救护者水上运送溺水者到岸边方法的统称，主要有以下几种。

(1)蛙泳拖带法

如果溺水者会游泳，只是因为太累或抽筋和必须救护时，可让溺水者两手扶住救护者两肩或腰背部进行拖带。

(2)仰式拖带法

救护者两手托住溺水者下颌两侧，采用仰式反蛙泳进行拖带。

(3)侧泳拖带法

救护者用左(右)手从溺水者背后左(右)肩通过溺水者的胸前，握住溺水者腋窝后面的肩胛骨，身体侧卧，一只手在水下划水，两腿蹬夹前进。

6. 岸上急救

救护员将溺水者拖带上岸后，要及时进行急救。急救的内容包括排出腹水、人工呼吸、胸外心脏按压及转送医院进行抢救等。

(三)自我救护

自我救护是指游泳者在水中身体出现异常情况或险情时所采取的应急措施的总称。当游泳者出现危急的时刻，首先保持镇静，切勿慌张，然后视其情况，采取自我解救。具体有以下几种方法。

第一，手指抽筋时，将手握拳，用力张开，反复几次，直至消除。

第二，小腿抽筋时，大腿伸直，用力勾脚，即可消除。

第三，大腿抽筋时，仰卧于水中用力屈膝或团身抱膝，即可消除。

第四，遇到急流漩涡时，身体必须保持平卧，用爬泳以最快的速度游离漩涡。

第五，脚陷入淤泥时，首先将脚左右摇动，然后将脚拔出，身体改成仰卧或俯卧游离淤泥区。

第六，遇到水草时，先深吸一口气，潜入水中，拔去水草，然后平卧游离水草区。

第四节　游泳比赛规则简介

一、比赛通则

(一)出发

1. 准备动作

自由泳、蛙泳、蝶泳的各项比赛都应从出发台上出发；仰泳应在水中出发。当听到发令员发出长哨声信号后，运动员应站到出发台的后半部等候；仰泳运动员下水，面对出发台，两手握住握手器或池端水槽，两脚蹬池壁，两脚和脚趾不许露出水面或蹬在水槽上，当发令员发出第二声长哨声时，仰泳运动员在水中做好出发准备。当所有运动员都做好准备时，发令员发"各就位"口令，当所有运动员身体都处于稳定静止时，发令员发"出发信号"（鸣枪、鸣哨、电笛或口令）。运动员听到出发信号后才能做出发动作。

2. 抢码犯规

运动员如在"出发信号"发出前出发，应判抢码犯规。第一次出发抢码犯规，发令员应召回运动员并组织重新出发。第一次出发抢码犯规以后，第二次出发无论哪个运动员抢码犯规（不论该运动员是第几次犯规），均取消其比赛资格或录取资格。如果在"出发信号"发出之后发现运动员抢码犯规，应继续比赛，在该组比赛结束后取消犯规运动员的录取资格。如果在"出发信号"发出前发现运动员抢码犯规，则不再发"出发信号"，取消抢码犯规运动员的比赛资格后，再次组织出发。

如因裁判员的失误或器材失灵而导致运动员抢码犯规，发令员应将运动员召回重新出发，不作为一次抢码犯规。

（二）比赛和犯规

以下为比赛注意事项及判定犯规的情况。

第一，运动员必须在自己的泳道内比赛完毕，否则即算犯规。

第二，游出本泳道或以其他方式干扰、阻碍其他运动员者应取消其录取资格。

第三，由于某运动员犯规而影响了被干扰、阻碍的运动员获得优良成绩时，则应准许受干扰阻碍的运动员补测，或直接参加决赛。如在决赛中发生上述情况，应令该组重新决赛（犯规运动员除外）。

第四，在比赛中，运动员转身时必须使身体某一部分触及池壁。转身必须从池壁蹬出，不得在池底跨越或走步，否则即算犯规。

第五，在比赛中，除自由泳可在池底站立外，其他泳式（包括自由泳）均不得跨越或行走，否则即算犯规。

第六，在比赛中，运动员不得使用或穿戴任何有利于提高速度、增加浮力的器具。

第七，每一个接力队应有四名队员，在接力比赛中，任何一名队员犯规即算该队犯规。

第八，接力比赛时，如本队的前一名运动员尚未触及池壁，而后一名运动员即离台出发，即算犯规。

二、各项泳式的比赛规定

（一）自由泳

第一，在自由泳比赛中，可采用任何泳式。

第二，转身和到达终点时，可用身体任何部位触及池壁。

（二）蛙泳

第一，身体应保持俯卧，两肩须与水面平行。

第二，两臂和两腿的所有动作应始终同时并在同一水平面上进行，不得有交替动作。

第三，每次转身和到达终点时，两手应在水面上或水面下同时触壁，两肩应保持水平位置。

第四，在蹬腿过程中，两脚必须做外翻动作，不允许做剪夹、上下交替打水或向下的海豚式打水动作。只要不做向下的海豚式打腿动作，允许两脚露出水面。

第五，在每次转身和到达终点时，两手应在水面、水上或水下同时触壁，触壁前两肩应与水面平行。在触壁前的最后一次向后划水动作结束后，头可以潜入水中，但在触壁前的一个完整或不完整的配合动作中，头应部分露出水面。

第六，在每个以一次划臂和一次蹬腿顺序完成的完整动作周期内，运动员头的某一部分应露出水面。只有在出发和每次转身后，运动员可在全身没入水中时，做一次手臂充分向后划至腿部的动作和一次蹬腿动作。

（三）仰泳

第一，在出发入水、转身后和整个游程中，身体必须保持正常的仰卧姿势。

第二，正常仰卧姿势是指身体与水平面的夹角不超过90°，头部位置不受此限。

第三，在整个游进过程中，运动员身体的某部分必须露出水面。在转身过程中，允许运动员完全潜入水中。但在出发和每次转身后，运动员潜泳距离不得超过15米，在15米前运动员的头必须露出水面。

第四，在转身过程中，当运动员肩的转动超过垂直面后，可进行一次连续单臂划水或双臂同时划水动作，并在该动作结束前开始滚翻。一且改变仰卧姿势，就不允许做与连续转身动作无关的打水或划水动作。运动员必须以仰卧姿势蹬离池壁。转身时，运动员身体的某部分必须触壁。

第五，运动员在到达终点时，必须以仰泳姿势触壁。

（四）蝶泳

第一，两臂要同时并对称地向后划水和提出水面经空中向前摆。

第二，身体应俯卧，两肩须与水面平行。

第三，两腿动作必须同时，允许垂直上下打水，两脚或两腿可以不在同一水平面上，但不允许有交替动作。

第四，在每次转身和到达终点时，两手应在水面、水上或水下同时触壁，触壁前两肩应与水面平行。

第五，在出发和每次转身后，允许运动员在水下做一次或多次打水动作和一次划水动作，每次划水动作必须使身体升到水面。

（五）混合泳

第一，个人混合泳须按照下列顺序进行比赛。蝶泳、仰泳、蛙泳、自由泳（蛙泳、仰泳及蝶泳以外的任何泳式）。

第二，混合泳接力须按照下列顺序进行比赛。仰泳、蛙泳、蝶泳、自由泳（蛙泳、仰泳及蝶泳以外的任何泳式）。

第九章　武术运动与健身

第一节　武术概述

武术是以攻防技击为主要技术内容、以套路演练和搏斗对抗为运动形式、注重内外兼修的民族传统体育项目。

一、武术的起源

武术源于古代狩猎和战争，是搏斗技术与经验的总结。人类早期在与大自然的生存斗争中自觉或不自觉地掌握了一些防卫和攻击技能，为武术的形成奠定了基础。

翻开中国文化史，环绕各种形式的武术，冠以的名称不下几十个，例如，拳勇、手搏、角力、相高、技击、相搏、手战、武艺、角抵等。使用"武术"这一概念是近代的事，古代文献记载中如春秋时期有"技击"、汉代有"武艺"等提法。汉以后，广泛采用"武艺"一词。"武艺"在《辞源》中系指"骑、射、击、刺等军事技术"。

"武术"一词最早出现在南朝梁武帝长子萧统所编《文选》中，"偃闭武术，阐扬文令"（南朝宋·颜延年《皇太子释奠会》），其意指停止武战，发扬文治，并非反映今之武术的概念。后人将"武术"一词作为自卫强身之术的专门用语，清末民初时得以广泛应用。

辛亥革命后，马良编的武技锻炼法取名为"中华新武术"。1915年，陆士谔在《申报》中发表《冯婉贞》一文，记述了咸丰时期的冯婉贞"自幼好武术"。1926年，正式定名为"中国武术"。处于半殖民地半封建的近代中国，面对西方文化的冲击，一度出现了提倡"国粹"的思潮，武术被誉为

"国术"，与"国画""国货""国乐""国药"等相匹配，至今这一名称仍在我国台湾地区及其他一些国家和地区的华侨中沿用。中华人民共和国成立后，作为民族体育项目，明确称为武术。

从"技击"到"武艺"，从"武艺"到"武术"，都离不开攻防格斗这一本质特征。从古代战争中总结出来的技击之术（击刺格斗方法），可以直接用于战争搏杀，连同骑马、驾车、射箭，以及后来的挽硬弓、举石鼎等臂力训练，都属于"武艺"这一古代军事技术，并曾作为武举考试的内容之一。这些军事武艺不仅在军队中训练，而且有些内容也逐渐散入民间，步入宫廷，乃至学校，同时具有了竞技性、娱乐性、教育性等功能，其表现方法也有所变化。它所面对的不再是战阵，在方法上也就有所区别，如"兵枪"与"游枪"，前者为战阵实用，后者为行家较技。当徒手搏击的拳术层出不穷、日益壮大时，武术与军事技术明显分野。有人将其区分为"阵战武艺"和"日常武艺"，两者既相一致，又相区别。阵战武艺由车战发展到步骑战，以群体为主，强调集体性、实用性，以杀伤为主旨，重视骑射和兵械直接运用；日常武艺以个体为主，向技艺多样性、复杂性演绎，以胜负为主旨，更注重拳械技巧和方法的多变。应当说，武术技术是古代军事技术的一部分，历史越久远，武术与军事技术结合得越紧密。随着历史的推进，武术与军事技术逐渐分野。今天的武术主要是活跃在民间的古代"日常武艺"的传承和延续，尤其是明代以来的拳家们的留传。

二、武术的本质

从武术的词义来看，武术可称为徒手或手持武器用于搏杀格斗的方法或技艺。它所体现的本质特征显然是攻防技击。纵览武术发展进程，无论朝代更替、称谓变化，也无论其他文化形态依附、渗透、派生和衍化，武术这一本质属性都确立无疑、无法改变。从这一观点出发，武术作为一种社会形态，首先是一种中国传统的技击术。

武术在古代并不是作为体育形态出现的，远在春秋战国时便有以技击为生的游侠剑客，近代则有保镖护院的镖头教头、江湖卖艺的艺人，乃至以教拳谋生的拳师，以掌握一种技击术来体现其社会价值。古往今来，任何一个国家、地区，任何一个民族，防卫御敌是人类的共同需要，应当说技击之术不是一个国家、民族所独有的。人类的防卫意识和人体运动学原理决定了技击术在缘起之初是近乎相同的，只是在后来的发展中，不同的地理环境、不同的经济文化、不同的民族性格造就了五光十色的各种技击术，例如，拳击、角力、击剑、柔道、跆拳道、合气道、泰拳、自由搏击、剑道、相扑、桑勃等，不一而足。长期以来中国人民以自己的思维方式、行为准则、价值观念、审美情趣，经历代宗师的砥砺揣摩、千锤百炼，形成了具有民族性格的技击术——中国武术。

中国武术在技击方法上表现得十分丰富多变，有踢、打、摔、拿、击、刺等。踢法中有勾、踩、弹、蹬、踹、铲、点、撩、挂、摆、缠、丁、拐、错等；打法有冲、劈、挑、砸、贯、抄、盖、鞭、崩、钻、扫、挂、撩、栽、扣等拳法，以及劈、砍、切、截、削、推、按、拍、摔、扇、塌、掖、穿、插、挑、抹等掌法，还有许多勾法、爪法、肘法、桥法(以上臂和前臂进行攻防)，以身体进攻的挤、撞、抖、靠等法；摔法中主要有掤、巩、别、切、滑、抱、合等；拿法有三十六拿和三十六解，以及各种器械方法；不同的击法又有不同的劲力要求与技巧变化，各拳种流派又有其独到的方法与风格，从而形成了一个林林总总、丰富多彩、气象万千的庞大技术体系。在运动形式上，既有对抗形式的搏斗运动(散手，太极推手，长、短兵对抗等)，又有势势相承的套路运动，两者既相交融又相区别；武术的技击理论颇为丰富，诸如"阴阳变化""奇正相生""刚发柔化""后发先至""得机得时""胆气为先"和"守柔处雌"等战略战术思想，既富哲理又很实用。

在古代传统养生中，人们为了抵御大自然侵袭、防病健身而出现的导引术、气功，诸如五禽戏、八段锦、易筋经等都可以称为中国传统健身术或者体育养生方法，但不属于中国武术的范畴，其主要区别在于其肢体运动不是以攻防技击为主旨，而是以养生为其目的。两者相互影响和渗透，诸如八段锦、易筋经中虽有类似武术动作的方法形态，太极拳等也结合了导引气功中的一些方法，但两者在概念上不应混为一谈。

三、武术健身的项目分类及发展

(一)按照功能分类

武术运动按照功能分类，可分为竞技武术、健身武术、学校武术、实用武术。

1. 竞技武术

指提高水平武术竞技，是为了最大限度地发挥个人运动潜能和争取优异成绩而进行的武术训练竞赛活动，它的特点是专业化、职业化、高水平、超负荷、突出竞技性。竞技武术正式出现在 20 世纪 50 年代后，现已形成一个完整的体系。

2. 健身武术

健身武术是以普及为基础的，旨在强身健体而开展的群众武术活动，它的特点是大众性、广泛性、自觉性、灵活性、娱乐性。健身武术涵盖的内容广泛。"源流有序，脉络清晰，风格各异，自成体系"的拳种至少有一百多种，还有流传于民间的不同风格的套路以及各种功法等。健身武术的内容也包括针对武术普及和全民健身计划设计的"段位制"和"健身养生"锻炼方法。健身武术内容丰富多彩，形式多种多样，有利于武术广泛普及和推进武术的社会化。

3. 实用武术

实用武术是以部队和公安武警为对象的实用武术。它的特点是简单实用，一招制胜。特警部队、防暴警、公安等在训练内容上主要有四科，即射击、奔跑、游泳和擒拿格斗，其中擒拿格斗技术将散打规则中禁止部位作为重点攻击点，鼓励狠招，以实用武术为主。

（二）按照运动形式分类

武术运动按照运动形式分类，可分为套路运动和搏斗运动（图 9-1-1）。

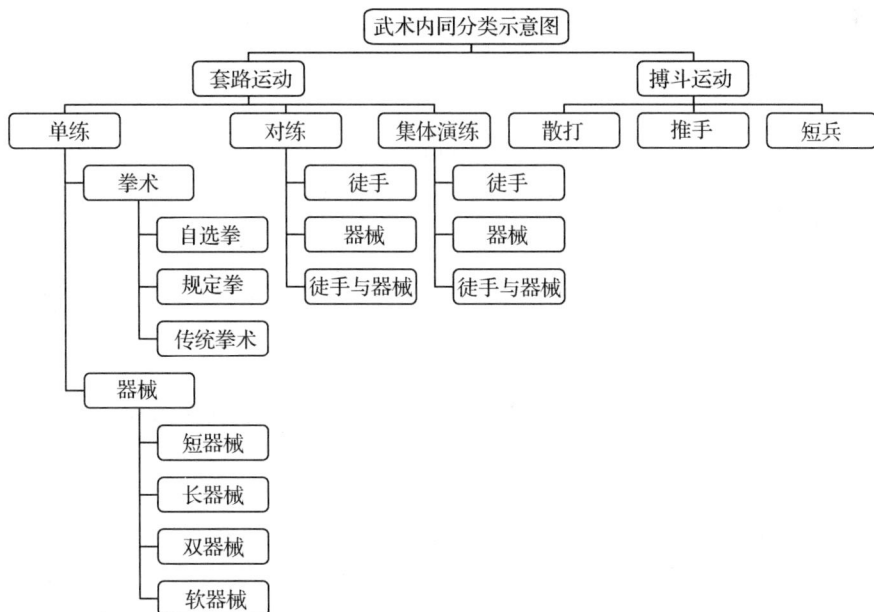

图 9-1-1

四、武术的健身价值

练习武术是通过人的身体运动实现的，练习者只要进行适度的身体运动就能够增进健康，即使是在以武术作为技击手段的古代，人们也没有忽略它的健身价值。所谓"搏刺强士体"，一方面说明通过"搏刺"这种形式使人体运动可以"强士体"，另一方面也说明了为更好地"搏刺"也需要很好地"强士体"，所以说"搏刺"和"强士体"是相互依存的。戚继光在《纪效新书·比较武艺赏罚篇》中说："凡兵平时所用器械，轻重分量当重于交锋所用之器。重则既熟，则临阵用轻者，自然手捷，不为器所欺矣。是谓练手之力。凡平时，各兵须学趋跑，一气跑得一里不气喘才好。如古人足囊以沙，渐渐加之，临敌去沙，自然轻便。是练足之力。凡平时习战，人必重甲，荷以重物，勉强加之，庶临战身轻，进退自速。是谓练身之力。"①戚继光练兵是为了"临阵""临敌""临战"而练"手之力""足之力""身之力"，但通过训练可以健身，健身可利于实战则是显而易见的。王宗岳在《十三势歌》中说："详推用意终何在？益寿延年不老春。"说明清时期武术的社会功能已在明显转变，习拳的终极目的已变成"益寿延年"，武术的健身价值更是日益凸显出来了。

中国人历来重视运动，重视生命，注重养生之道，所以武术在发展的过程中必然和中国养生导引之术相互影响、相互渗透，增强了武术的健身价值。例如，轻柔缓慢的太极拳，以其独特的运动方式受到海内外人群的青睐，它是松静自然、气沉丹田，中等强度的运动，不仅对心血管、呼吸系统有良好的影响，而且有利于调节神经系统、陶冶性情、缓解压力等，在当代社会有更重要的意义。

由于武术的内容丰富，不仅有套路练习形式，还有对抗练习形式；套路练习中不仅有拳术，还有多种器械；不仅有单人练习，还有对练，并且还有多种拳种和流派。这些不同的练习形式和内容各有其运动特点，所以对人体健康有多方面的影响，并相互补充，可以全面地促进人的身体素质的发展。武术锻炼对人的力量、耐力、速度、灵敏、柔韧等各种身体素质的发展都有良好影响，不同的人可以根据个人不同的爱好和条件，选择适合自己的武术内容进行锻炼，以达到更好地增强体质的目的。

---

① （明）戚继光撰：《纪效新书》，盛冬铃点校，57～56 页，北京，中华书局，1996。

第二节　武术健身的运动特点

一、武术基本功

武术基本功是指为更好地掌握武术技术，发展某项专门素质的基础功法练习。它既是初学者入门必备的基础功夫，又是保证武术运动体能和技能不断提高的有效手段。其练习内容丰富，方法多样。按人体的身体部位可分为肩功、腿功、腰功和桩功。通过各部位柔韧、力量等素质的练习，能有效地提高各关节的伸展性和灵活性，增强韧带的柔韧性和身体各部位肌肉的力量。

（一）肩功

肩功练习主要为提高肩部韧带的柔韧性，增大肩关节的活动范围，发展肩部肌肉的力量，提高上肢运动的伸展、敏捷、转环等能力。主要练习方法有压肩、转肩、绕环等。

1. 压肩

面对肋木或一定高度的物体开步站立，两手抓握肋木，上体前俯并做下振压肩动作；也可以两人面对面站立，互相扶按肩部，做体前屈振动压肩动作；还可以由助手协助做搬压肩部的练习。

要点：挺胸、塌腰，两臂、两腿要伸直，振幅逐步加大，压点集中于肩部，增加外力时应由小到大。

2. 臂绕环

（1）单臂绕环

成左弓步姿势，左手按于左大腿上（也可两脚开立，左手叉腰），右臂上举，由上向后、向下、向前绕环一周为后绕环。右臂由上向前、向下、向后绕环一周为前绕环。练习时左右臂交替进行。

要点：臂伸直、肩放松、贴身成立圆绕环，逐渐加速。

（2）双臂前后绕环

两脚开立，与肩同宽，两臂垂于体侧。左右两臂依次由下向前、向上、向后做绕环。数次后，再做反方向绕环。

要点：松肩、探臂，两臂于体侧成立圆绕环。

（3）双臂交叉绕环

两脚开立，两臂伸直上举，左臂向前、向下、向后；右臂向后、向下、向前，同时于身体两侧成立圆绕环。数次后，再做反方向绕环。

要点：上体放松，协调配合两臂绕环，两臂于体侧成立圆绕环。

(4)仆步抡拍

两脚开立，上体左转成左弓步，同时右掌向左前下方伸出，左掌心向里，插于右肘关节处；上动不停，上体右转成右弓步，同时右臂由左向上、向右抡至右上方，左掌下落至左下方；上动不停，上体右后转，同时右臂向下、向后抡臂画弧至后下方，左臂向上、向前抡至前上方；上动不停，上体左转成右仆步，同时右臂向上、向右、向下抡臂至右腿内侧拍地，左臂向下、向左抡臂停于左上方。目随右手。练习时左右交替进行。

要点：两臂伸直，向上抡臂贴近耳，向下抡臂贴近腿，以腰带臂。

(二)腿功

腿功练习主要是发展腿部的柔韧性、灵活性和力量等素质。练习方法有压腿、搬腿、劈腿和控腿等。

1. 压腿

(1)正压腿

面对肋木或一定高度的物体，并步站立。左腿抬起，脚跟放在肋木上，脚尖勾紧，两手扶按膝上。两腿伸直，立腰、收髋，上体前屈，向前下做压振动作。练习时左右腿交替进行。

要点：直体向下振压，逐渐增大振幅，以前额、鼻尖触及脚尖，然后过渡到下颌触及脚尖。压至疼痛时，进行耗腿练习。

(2)侧压腿

侧对肋木或一定高度的物体站立，右腿支撑，脚尖外展，左脚跟放在肋木上，脚尖勾紧，右臂上举，左掌附于右胸前，上体向左侧压振。练习时左右交替进行。

要点：立腰、展髋，直体向侧下压振。

(3)后压腿

背对肋木或一定高度的物体站立，左脚背放在肋木上，脚面绷直。两手叉腰或扶一定高度的物体，上体后屈并做振压动作。练习时左右交替进行。

要点：挺胸、展髋、腰后屈。

(4)仆步压腿

两脚左右开立，右腿屈膝全蹲，左腿挺膝伸直，脚尖内扣。两脚全脚掌着地，两手分别抓握两脚外侧。练习时左右交替进行。

要点：挺胸、塌腰、沉髋，臀部尽量贴近地面。

2．搬腿

（1）正搬腿

右腿支撑，左腿屈膝提起，右手托握左脚，左手抱膝。然后左腿向前上方举起，挺膝，脚尖勾紧。也可由同伴托住脚跟上搬。练习时左右交替进行。

要点：挺胸、立腰、收髋，上搬高度依训练水平逐渐提高。

（2）侧搬腿

右腿屈膝提起，右手经小腿内侧托住脚跟，然后将右腿向右上方搬起，左臂上举亮掌。也可由同伴托住脚跟向侧搬腿。练习时左右交替进行。

要点：两腿伸直，挺胸、立腰、开髋。

（3）后搬腿

手扶肋木或一定高度的物体，左腿支撑，由同伴托起右腿从身后向上举，挺膝，脚尖绷直。当同伴向后上方振腿时，上体后屈。也可由同伴用肩扛大腿做后搬动作。练习时左右交替进行。

要点：挺胸、塌腰、展髋、腰后屈。

3．劈腿

（1）竖叉

两手左右扶地或两臂侧平举，两腿前后分开成直线。左腿后侧着地，脚尖勾起；右腿内侧或前侧着地。练习时左右交替进行。

要点：挺胸、立腰、沉髋、挺膝。

（2）横叉

两手在体前扶地或两臂侧平举，两腿左右分开成直线，两腿内侧着地。

要点：挺胸、立腰、展髋、挺膝。

4．控腿

（1）前控腿

右手扶肋木或一定高度的物体，侧向肋木并步站立，左手叉腰或侧平举。左腿屈膝前提，脚尖绷直或勾紧，慢慢向前上伸出，停留片刻再还原。练习时左右交替进行。

要点：挺胸、直背、挺膝，控腿的高度可随练习水平逐步提高。

（2）侧控腿

右手扶肋木或一定高度的物体，左手叉腰，侧向并步站立。左腿屈膝侧提，脚尖绷直或勾紧，向外侧前上伸出，停留片刻再还原。练习时左右交替进行。

要点：挺胸、直背、开髋、挺膝，控腿的高度可随练习水平逐步提高。

（3）后控腿

右手扶肋木或一定高度的物体，左手叉腰，侧向并步站立。左腿屈膝前提，脚尖绷直，向后上方伸出，停留片刻再还原。练习时左右交替进行。

要点：挺胸、展髋、挺膝、腰后屈，控腿的高度可随练习水平逐步提高。

5. 踢腿

（1）正踢

右手扶肋木或一定高度的物体，左手叉腰，并步侧向站立。右腿支撑，左脚勾起，挺膝上踢，然后下落还原。练习时左右交替进行。

要点：挺胸、立腰、收腹、沉髋，踢腿过腰后加速。

（2）侧踢

双手扶肋木或一定高度的物体，丁字步站立。动作同正踢，向两侧踢。练习时左右交替进行。

要点：同正踢。

（3）后踢

双手扶肋木或一定高度的物体，并步站立。右腿支撑，左腿伸直，脚尖绷直，挺膝向后上踢起，也可大腿后踢过腰后，松膝，用脚掌触头部。练习时左右交替进行。

要点：挺胸、抬头、腰后屈。

（三）腰功

腰功练习主要为发展脊椎和腰部各肌肉群的柔韧性与弹性，增大腰部的活动范围。腰是四肢运动的枢纽，古谚云："练拳不活腰，终究艺不高"。武术技法中主张"以腰为轴""主宰于腰"。在手、眼、身法、步法四个要素中，腰是体现身法技巧的关键，因此不能忽略腰功的练习。腰的练习方法主要有俯腰、甩腰、涮腰和下腰四种。

1. 俯腰

（1）前俯腰

并步站立，两手手指交叉，直臂上举，掌心朝上。上体前俯，两掌心尽量贴地，也可两手松开，分别抱住两腿跟腱处，胸部尽量贴近腿部，持续一定时间后再站立。

要点：两腿挺膝伸直，挺胸塌腰、收髋、前折体。

（2）侧俯腰

并步站立，两手手指交叉，直臂上举，掌心朝上。上体左转向左侧下屈，两手掌心触地。持续一定时间后，再起身做另一侧。

要点：两腿挺膝伸直，两脚不能移动，上体尽量下屈。

2. 甩腰

开步站立，两臂上举。以腰、髋关节为轴，上体做前后屈动作，两臂也随着摆动。

要点：快速、紧凑、富有弹性。

3. 涮腰

开步站立，上体前俯，两臂下垂随之向左前方伸出，以髋关节为轴，向前、向右、向后、向左绕环一周。练习时左右交替进行。

要点：两脚固定不动，两臂随腰放松绕动，尽量增大上体环绕幅度。

4. 下腰

两脚开立，与肩同宽，两臂伸直上举。腰向后屈，抬头，挺胸，两手向后、向下撑地成桥形。也可两手扶墙做下腰动作练习。

要点：挺胸、挺髋，腰向上顶，脚跟不得离地。

（四）桩功

桩功是武术基本功中一种独特的锻炼方式，它是以静站的方式培练气息，增强力量，形成动作动力定型的锻炼方法。桩功的练习方法很多，主要有马步桩、虚步桩和浑元桩等通过桩功练习使下肢力量增加稳固，周身内劲饱满，气血畅活，达到壮内强外的目的。

1. 马步桩

两脚平行开立，约为脚长的三倍，脚尖朝前，屈膝半蹲，大腿接近水平，全脚着地，身体重心落于两腿之间。两臂微屈平举于胸前，掌心向下，目视前方。也可两手抱拳于腰间。

要点：挺胸、直背、塌腰，做深呼吸，静站时间逐渐增加。

2. 虚步桩

两脚前后开立，右脚外展 45°，屈膝半蹲，左脚脚跟提起，脚面绷直，脚尖稍内扣，虚点地面，膝微屈，重心落于右腿上。两手抱拳于腰间，目视前方。练习时左右交替进行。

要点：挺胸、塌腰，虚实分明，静站时间逐渐增加。

3. 浑元桩

(1)升降桩

两脚平行开立，与肩同宽，两膝微屈，两肘稍屈，两手心向下，举于胸前，然后配合呼吸，做升、降动作。

要点：第一，头颈正直，沉肩垂肘，松腰敛臀，上体正直。第二，呼吸深、长、匀、细。升时配合吸气，小腹外凸；降时配合呼气，小腹内凹。初练时静站 2～3 分钟，然后逐渐增加。

(2)开合桩

两脚平行开立与肩同宽，两腿屈膝略蹲。两臂屈肘，两手心向内，指尖相对，合抱于体前。随自然呼吸，做开合运动。

要点：第一，头颈正直，沉肩垂肘，松腰敛臀，上体正直。第二，呼吸深、长、匀、细。开时配合吸气，小腹外凸；合时配合呼气，小腹内凹。初练时静站 2～3 分钟，然后逐渐增加。

二、基本技术动作

武术基本动作是武术动作中最简单、最基础、最具有代表性的动作，是学习武术技术和提高难度动作的基础。主要包括手型、步型、手法、步法、腿法、平衡和跳跃动作等。

(一)手型

1. 拳

五指卷紧，拇指压于食指、中指第二指节上。拳分为拳面、拳背、拳眼、拳心、拳轮。拳心朝上(下)为平拳；拳眼朝上(下)为立拳。

要点：拳握紧，拳面平，直腕。

2. 掌

四指伸直并拢，拇指弯曲紧扣于虎口处。掌分为掌指、掌背、掌心、掌根、掌外缘。手腕伸直为直掌；向拇指侧伸，掌指朝上为立掌。

要点：掌心展开、竖指。

3. 勾

五指尖撮拢在一起，屈腕。勾分为勾尖、勾顶。

(二)步型

1. 弓步

前脚微内扣，全脚着地，屈膝半蹲，大腿与地面平行，膝与脚尖垂直；另一腿挺膝伸直，脚尖里扣斜向前(约 45°)，全脚着地。上体正对前方，两手抱拳于腰间，目视前方。

要点：挺胸、塌腰、沉髋。

2. 马步

两脚左右开立（约为本人脚长的三倍），脚尖正对前方，屈膝半蹲，大腿与地面平行，膝部不超过脚尖，两手握拳分别抱于腰间，目视前方。

要点：挺胸、塌腰、直背，膝微内扣。

3. 虚步

两脚前后开立，后脚尖斜向前，屈膝半蹲，大腿接近水平，全脚着地；前腿微屈，脚面绷紧，脚尖虚点地面，重心落于后腿，目视前方。

要点：挺胸、立腰、虚实分明。

4. 仆步

两脚平行开立（约为本人脚长的四倍），一腿屈膝全蹲，大腿和小腿靠紧，臀部接近小腿，膝与脚尖稍外展；另一腿伸直平铺接近地面，脚尖内扣，两脚全脚掌着地。

要点：挺胸、塌腰、沉髋。

5. 歇步

两腿交叉屈膝全蹲，前脚全脚掌着地，脚尖外展；后脚脚跟离地，臀部外侧紧贴后小腿。

要点：挺胸、立腰、两腿靠拢贴紧。

6. 丁步

两腿半蹲并拢，一脚全脚着地支撑，另一脚停在支撑脚内侧相靠，脚尖点地。

要点：挺胸、立腰、虚实分明。

（三）手法

1. 冲拳

两脚左右开立，两手握拳分别抱于腰侧，拳心向上，肘尖向后，目视前方。右拳从腰间旋臂向前快速冲出，力达拳面，臂伸直，高与肩平；同时左肘向后牵拉，目视前方。练习时左右交替进行。

要点：挺胸、收腹、拧腰、顺肩，快速有力。

2. 劈拳

两脚并步站立，两手握拳分别抱于腰侧，拳心向上，目视前方。右拳经左由上向下快速劈击，臂伸直，力达拳轮，目视右拳。

要点：松肩、直臂，臂抡成立圆，力达拳轮。

3. 推掌

预备姿势同冲拳。右拳变掌，由腰间旋臂向前立掌推出，速度要快，臂伸直，力达掌外沿，目视前方。练习时左右交替进行。

要点：挺胸、收腹、拧腰、顺肩，出掌快速有力，力达掌外沿。

4. 亮掌

预备姿势同冲拳。右拳变掌，由腰间向右、向上画弧至头右上方，肘微屈，抖腕翻掌，目视左方。

要点：挺胸、收腹、立腰、抖腕。

5. 架拳

预备姿势同冲拳。右拳自腰间向左经腹前、面前向头上方旋臂架起，臂微屈，拳心朝前上方，目视左方。

要点：架拳时前臂内旋，松肩，力达前臂外侧。

6. 挑掌

并步站立，两拳抱于腰侧，拳心向上。右拳变掌，自腰间经右向上弧形摆起，当摆至接近水平位时，抖腕立掌上挑，掌指朝上，掌外沿朝右，目视右方。

要点：沉腕要快速有力，力达掌指。

（四）步法

1. 插步

开步站立，两手叉腰。右脚提起，经左脚后向左侧横迈一步，脚前掌着地，两腿交叉，重心偏于左腿。练习时左右交替进行。

要点：沉髋、敛臀，插步幅度适中。

2. 击步

两脚前后开立，同肩宽，两手叉腰。前脚蹬离地面，后脚提起在空中向前碰击前脚跟。落地时，后脚先落，前脚后落，目视前方。

要点：跳起腾空时，上体保持正直并侧对前方。

（五）腿法

1. 正踢腿

两脚并步站立，两臂成侧平举，立掌，目视前方。左脚向前上半步，左腿支撑，右腿挺膝，脚尖勾起向前额处快速踢起，目视前方。练习时左右交替进行。

要点：挺胸、收腹、立腰。腿上摆过腰后加速用力，收髋，上体正直。

2. 斜踢腿

预备姿势同正踢腿。左脚向前上半步，左腿支撑，右腿挺膝，勾脚向异侧耳部踢起，目视前方。练习时左右交替进行。

要点：同正踢腿。

3. 侧踢腿

预备姿势同正踢腿。右脚向前上半步，脚尖外展；左脚跟稍提起，身体略右转，左臂前伸，右臂后举。随即左腿挺膝，勾脚向左耳侧踢起，同时右臂上举亮掌，左臂屈肘立掌于右肩前，目视前方。

要点：挺胸、立腰、开髋、侧身、猛收腹。

4. 外摆腿

预备姿势同正踢腿。右脚上步，左脚尖勾紧，向右侧上方踢起，经面前向左侧上方摆动，直腿落于右脚旁，目视前方。右掌和左掌也可在面前依次迎击左脚面。练习时左右交替进行。

要点：挺胸、立腰、展髋。腿成扇形外摆，幅度要大。

5. 里合腿

预备姿势同正踢腿。右脚上步，左脚尖勾起内扣并向左上方踢起，经面前向右侧上方直腿摆动，落于右脚旁。右掌也可在右侧上方迎击左脚掌，目视前方。练习时左右交替进行。

要点：挺胸、立腰、合髋。腿成扇形里合，幅度要大。

6. 单拍脚

并步站立，两手握拳抱于腰间。左脚上步，左腿支撑；右腿挺膝，脚面绷直向前上方快速踢摆。同时右拳变掌举于头右前上方，掌心朝前，迎击右脚面。目视前方。练习时左右交替进行。

要点：收腹、立腰。踢腿高度过胸，击拍脚要脆、快、响。

7. 弹腿

左腿支撑，右腿屈膝提起接近水平时，小腿猛力向前弹出，挺膝，力达脚尖。目视前方。练习时左右交替进行。

要点：挺胸、立腰、收髋；弹踢要有寸劲，力达脚尖。

8. 蹬腿

左腿支撑，右腿屈膝提起，脚尖勾起，以脚跟为力点向前猛力蹬出，挺膝，脚高过腰，目视前方。练习时左右交替进行。

要点：挺胸、立腰、脚尖勾紧；蹬出要脆、快、有力，力达脚跟。

9. 侧踹腿

右脚经左脚前盖步，随即右腿伸直支撑，左腿屈膝提起，脚尖勾起内扣，用脚底向左上方猛力踹出，脚高过腰，上体右倾，目视左侧方。

要点：挺膝、展髋；踹腿要脆、快、有力。

10. 后扫腿

成左弓步，两掌向前推出。左脚尖内扣，左腿屈膝全蹲，成右仆步，同时上体前俯，两掌撑地，随上体向右后拧转的惯性力量，以左脚掌为轴，右脚贴地向后扫转一周。

要点：转体、俯身、撑地，扫转要连贯协调、一气呵成。

（六）平衡练习

1. 提膝平衡

右腿伸直支撑，左腿屈膝高提近胸，脚面绷直，垂扣于右腿前侧。右臂上举于头上亮掌，左手反臂后举成勾手。

要点：挺胸、立腰、收腹。要站稳保持平衡，提膝过腰，脚内扣。

2. 燕式平衡

左腿支撑站稳，右腿屈膝提起，两掌胸前交叉，掌心向里。然后，两掌向两侧直臂分开平举，上体前俯，脚面绷平向后上蹬伸。

要点：两腿伸直，上体前俯，挺胸、抬头、腰后屈。

3. 望月平衡

右腿支撑站稳，两手左右分开上摆亮掌。同时上体侧倾拧腰向支撑腿同侧方上翻，挺胸塌腰。左腿在身后向支撑腿的同侧方上举，小腿屈收，脚面绷平，目视右后方。

要点：展髋、拧腰、抬头。

（七）跳跃练习

1. 腾空飞脚

并步站立，右脚上步蹬地跃起，左脚前上摆踢，两臂向头上摆起，右手背迎击左手掌。在空中，右脚向前上方踢摆，脚面绷直，右手迎击右脚面。同时左腿屈膝收控于右腿侧，脚面绷直。左掌摆至左侧方变勾手，上体微前倾，目视前方。

要点：第一，踢摆腿脚高必须过腰（最好过肩），左腿在击响的一瞬间，屈膝收控于右腿侧。第二，在腾空的最高点完成击响动作，拍击动作必须连续、准确、响亮。第三，在空中，上体正直、微向前倾，不要坐臀。

2. 旋风脚

高虚步亮掌，左脚向左上步，同时左掌前推；右脚随即上步，脚尖内扣，左臂随上步向下摆动并屈肘收至右胸前，同时右臂向前抡摆，上体向左旋转前俯。重心右移，右腿屈膝蹬地跳起，左腿提起向左上方摆动。上体向左上方翻转，同时两臂向下、向左上方抡摆。身体旋转一周，右腿里合，左手在面前迎击右脚掌，左腿自然下垂。

要点：第一，里合腿贴近身体，摆动时成扇形。第二，抡臂、踏跳、转体、里合腿等环节要协调一致，身体旋转不小于270°（现在的武术套路新规则中也有分别要达到360°、540°、720°的要求）。

3. 腾空摆莲

高虚步挑掌站立，左脚向前上步，右脚随之向前上一大步，脚尖外展，屈膝略蹲。身体右转，同时右臂顺势下落，左臂前摆；重心前移至右腿，右脚蹬地跳起，同时左腿里合踢摆，两手上摆于头上击响。上体向右转体，身体腾空；右腿上踢外摆，两手先左后右依次拍击右脚面，左腿伸直分开摆动控于体侧。

要点：第一，上步要成弧形，右脚踏跳时，注意脚尖外展和屈膝。第二，上跳时，左腿注意里合扣腿。第三，右腿外摆成扇形，上体微前倾，两手依次击拍右脚面。

（八）跌扑滚翻练习

1. 栽碑

并步站立，身体挺直向前倾倒，在将要倒地的瞬间迅速屈肘，以两手掌在身前撑地。

要点：拔背、控腹、头前顶，身体挺直，臀部不要凸起。

2. 抢背

右脚在前，左脚在后，两脚前后站立；左脚后上摆，右脚蹬地跳起，团身向前滚翻，两腿屈膝。滚动时以右臂外侧、右肩经背、腰、左臀、左腿外侧依次着地。

要点：低头、含胸，肩、背、腰、臀要依次着地；滚翻动作要圆、快；立起要迅速。

3. 鲤鱼打挺

仰卧，屈体使两腿上摆，两手扶按两膝；两腿猛力向下摆打，同时挺腹，振摆而起。

要点：身体必须成半圆环形，两脚分开不得超过肩宽，打腿振摆要迅速。

三、初级长拳第三路

长拳是在查拳、华拳、花拳、红拳、炮拳、少林拳等传统拳术的基础上发展起来的一种影响广泛的拳术，其主要特点是动作舒展大方、姿势雄壮、精神勇武、力法快长。长拳在动作上讲究动迅静定、快速灵活、刚劲勇猛、节奏鲜明；在技击上讲究放长击远，出拳要拧腰送肩，以发挥"一寸长一寸强"的优势。其运动均衡全面，能有效地提高人体的柔韧、力量、耐力、协调、灵敏、反应、平衡等身体素质，尤其适合大学生锻炼。

（一）初级长拳（第三路）动作名称

表 9-2-1

组别	动作名称
1. 预备式	（1）预备动作　（2）虚步亮掌　（3）并步对拳
2. 第一段	（1）弓步冲拳　（2）弹腿冲拳　（3）马步冲拳　（4）弓步冲拳 （5）弹腿冲拳　（6）大跃步前穿　（7）弓步击掌　（8）马步架掌
3. 第二段	（1）虚步栽拳　（2）提膝穿掌　（3）仆步穿掌　（4）虚步挑掌 （5）马步击掌　（6）插步双摆掌　（7）弓步击掌　（8）转身踢腿马步盘肘
4. 第三段	（1）歇步抡砸拳　（2）仆步亮掌　（3）弓步劈拳　（4）换跳步弓步冲拳 （5）马步冲拳　（6）弓步下冲拳　（7）插步亮掌侧踹腿　（8）虚步挑拳
5. 第四段	（1）弓步顶肘　（2）转身左拍脚　（3）右拍脚　（4）腾空飞脚 （5）歇步下冲拳　（6）仆步抡劈拳　（7）提膝挑掌　（8）提膝劈掌弓步冲拳
6. 结束动作	（1）虚步亮掌　（2）并步对拳　（3）还原

（二）初级长拳（第三路）动作说明

1. 预备式

（1）预备动作（图 9-2-1）

两脚并步站立，两臂垂于身体两侧，两手指并拢贴靠腿侧成立正姿势，目向前平视。

（2）虚步亮掌（图 9-2-2）

右脚向后方撤步成左弓步。同时右掌外旋向右前方画弧；左臂屈肘，左掌提至腰间，掌心向上，目视右掌（图 9-2-2-①）。

图 9-2-1

右腿微屈，重心后移。左掌经胸前由右臂上向前传出伸直；右臂屈肘，右掌收至腰间，掌心向上，目视左掌。

重心继续后移，左脚稍向右移，脚尖点地成右虚步。左臂内旋向左、向后画弧成勾手，勾尖向上；右手继续向后、向左、向上、向前画弧，屈肘抖腕，亮掌于头前上方，掌心向前，掌指向左，目视左方（图 9-2-2-②）。

要点：三个动作必须连续完成，不能间断；成虚步时重心落于右腿上；左腿微屈，脚尖虚点地面。

图 9-2-2

（3）并步对拳（图 9-2-3）

右腿蹬直，左腿提膝，脚尖内扣，上体姿势不变。

左脚向前落步，重心前移。左臂屈肘，左勾手变掌经左肋前；右臂外旋向前下落于左掌右侧，两掌同高，掌心均向上（图 9-2-3-①）。

右脚向前一步，两臂下垂后摆。

左脚向右脚并步，两臂向外、向上经胸前屈肘下按。两掌变拳，拳心向下，至于腹前，目视左方（图 9-2-3-②）。

要点：并步后挺胸、立腰，对拳、并步、转头要同时完成。

图 9-2-3

2. 第一段

(1)弓步冲拳(图 9-2-4)

左脚向左上一步,脚尖向斜前方,右腿微屈成半马步。左臂向上、向左格挡,拳眼向内,拳与肩平;右拳收至腰间,拳心向上,目视左拳(图 9-2-4-①)。

右腿蹬直成左弓步,左拳收至腰间,拳心向上;右拳由腰间向前冲出,高与肩平,拳眼向上,目视右拳(图 9-2-4-②)。

要点:成弓步时右腿充分蹬直,脚跟不能离地;冲拳时尽量转腰顺肩。

攻防含义:以左小臂格挡对方之来拳,随即出右拳猛力击打对方的胸、腹部。

① ②

图 9-2-4

(2)弹腿冲拳(图 9-2-5)

重心前移至左腿,右腿屈膝提起,脚面绷直,猛力向前弹出伸直,高与腰平;右拳收至腰间,左拳由腰间向前冲出,目视前方。

要点:支撑腿可微屈,弹出的腿要有爆发力,力达脚尖。

攻防含义:上虚下实,主要用右腿弹击对方的腹部或裆部。

(3)马步冲拳(图 9-2-6)

右脚向前落步,脚尖内扣,上体左转 90°;左拳收至腰间,两腿下蹲成马步,右拳向前冲出,目视前方。

要点:成马步时大腿要平,两脚平行,脚跟外蹬,挺胸、立腰。

攻防含义:用右拳击打对方的腹部或肋部。

(4)弓步冲拳(图 9-2-7)

上体右转 90°,右脚尖外展,脚尖向斜前方成半马步;右臂屈肘向右格挡，拳眼向内，目视右拳。

左腿蹬直成右弓步，右拳收至腰间，左拳向前冲出，目视前方。

要点：成弓步时左腿充分蹬直，脚跟不能离地；冲拳时尽量转腰顺肩。

攻防含义：以右小臂格挡对方之来拳，随即出左拳猛力击打对方的胸、腹部。

图 9-2-5

图 9-2-6

图 9-2-7

（5）弹腿冲拳（图 9-2-8）

重心前移至右腿，左腿屈膝提起，脚面绷直，猛力向前弹出伸直，高与腰平；左拳收至腰间，右拳由腰间向前冲出，目视前方。

要点：支撑腿可微屈，弹出的腿要有爆发力，力达脚尖。

攻防含义：上虚下实，主要用右腿弹击对方的腹部或裆部。

（6）大跃步前穿（图 9-2-9）

左腿屈膝，右拳变掌内旋，以手背向下挂至

图 9-2-8

左膝外侧，上体前倾，目视右手（图 9-2-9-①）。

左脚向前落步，两腿微屈；右掌继续向后挂，左拳变掌向后、向下伸直，目视右掌（图 9-2-9-②）。

右腿屈膝向前提起，左腿立即猛力蹬地向前跃出；两掌向前、向上画弧摆起，目视左掌。

右脚落地全蹲，左腿随即落地向前铲出成左仆步；右掌变拳抱于腰间，左掌由上向右、向下划弧成立掌停于胸前，目视左脚（图 9-2-9-③）。

要点：跃步要远，落地要轻，落地后立即做下一个动作。

攻防含义：伏身躲闪对方之攻击，并出左脚向前铲击对方的前脚。

图 9-2-9

（7）弓步击掌（图 9-2-10）

右腿猛力蹬直成左弓步。左掌经左脚面向后画弧至身后成勾手，左臂伸直，勾尖向上；右拳由腰间变掌向前推击成立掌，掌指向上，掌外侧向前，目视前方。

要点：左腿猛力蹬直成弓步，勾手、推掌动作要协调一致。

攻防含义：以左手搂开对方攻击之来腿，随即出右掌击打对方的胸、腹部。

图 9-2-10

（8）马步架掌（图 9-2-11）

重心移至两腿中间，左脚脚尖内扣成马步，上体右转 90°；右掌收至左胸前，同时左勾手变掌由后经腰间从右臂内向前穿出，两掌心均向上，目视左手（图 9-2-11-①）。

右掌立于左胸前，左臂向左上屈肘抖腕亮掌于头部左上方，掌心向前，目右转视（甩头）（图 9-2-11-②）。

要点：成马步右立掌、左抖腕亮掌、右甩头要协调一致，同时完成。

攻防含义：以左掌向前上方穿击对方的喉部、面部或上架以解脱对方抓握之手。

①　　　　　　　　　　②

图 9-2-11

3. 第二段

(1)虚步栽拳(图 9-2-12)

右脚蹬地，屈膝提起，左腿伸直，以左脚掌为轴向左后转体 180°；右掌由左胸前向下经右腿外耳向后画弧成勾手，左臂随即转动左掌外旋，使掌心朝内做格挡，目视右手(图 9-2-12-①)。

右脚向右落地，重心移至右腿，下蹲成左虚步；左掌变拳下落于左膝上，拳眼向里，拳心向后；右勾手变拳，屈肘向上架于头右上方，拳心向前，目视左方(图 9-2-12-②)。

要点：虚步要挺胸、立腰、右实左虚、虚实分明。

攻防含义：以提膝、右勾手往下格挡对方之来腿。

①　　　　　　　　　　②

图 9-2-12

（2）提膝穿掌（图 9-2-13）

右腿稍伸直，右拳变掌收至腰间，掌心向上；左拳变掌由下向左、向上画弧盖压于头上方，掌心向前（图 9-2-13-①）。

右腿蹬直，左腿屈膝提起，脚尖内扣；右掌从腰间经左掌背向右前方穿出，掌心向上；左掌收至有胸前成立掌，目视右掌（图 9-2-13-②）。

要点：支撑腿与右臂充分伸直。

攻防含义：以左拳变掌向前、向下压住对方之来拳，随即出右掌穿击对方的喉部或面部。

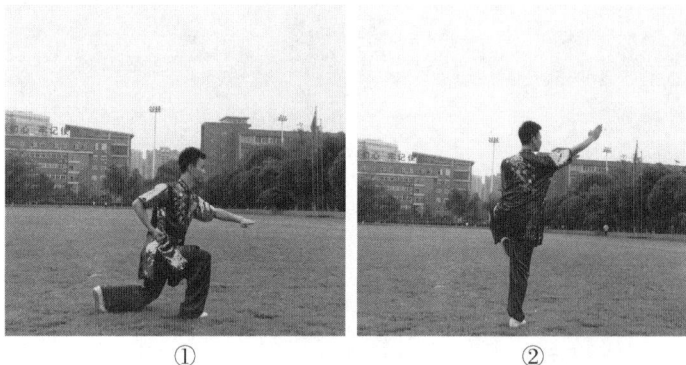

图 9-2-13

（3）仆步穿掌（图 9-2-14）

右腿全蹲，左腿向左后方铲出成左仆步；右臂不动，左掌指尖向下翻转由左胸前向下经左腿内侧，向左脚面穿出，目随左掌转视（甩头）。

要点：前手低、后手高，两臂伸直，上体向左侧前倾。

攻防含义：一则可躲开对方的攻击，二则可伺机待动。

图 9-2-14

（4）虚步挑掌（图 9-2-15）

重心前移至左腿成左弓步；右掌微下降；左掌随重心前移向前挑起。

右脚向左前方上步，左腿半蹲成右虚步；身体随上体左转 180°；左掌由前向上、向后画弧成立掌；右掌向下从右腿外侧向上跳起成立掌，指尖与眼平，目视右掌。

要点：上动要快，虚步要稳。

攻防含义：以右掌挑开对方之来拳。

（5）马步击掌（图 9-2-16）

右脚落实，脚尖外展，重心微升高并后移；左掌变掌收至腰间，右掌外旋捋手。

左脚向前一步，以右脚为轴心向右转体 180°，下蹲成马步；左掌从右臂上成立掌向左侧击出，右掌变拳收至腰间，目视左掌。

要点：收拳和击掌动作要同时进行。

攻防含义：以右掌外旋捋开或抓握对方的手腕并用力回拉，随即左脚上步，出左掌击打对方的胸、肋部。

图 9-2-15　　　　　　　　　　　图 9-2-16

（6）叉步双摆掌（图 9-2-17）

重心微后移，两掌同时向下、向右摆，掌指均向上，目视右掌。

右脚向左腿后插步，前脚掌着地；两臂继续由右向上、向左摆停于身体左侧，两手均成立掌，右掌停于左肘窝处，目随双掌转视。

要点：两臂要画立圆，幅度要大，摆掌与后插步要配合一致。

攻防含义：以右脚向左腿后插步来锁住对方的前腿，同时用两掌摆击对方的胸部。

（7）弓步击掌（图 9-2-18）

两腿不动，左掌收至腰间，右掌向上、向右画弧，掌心向下。

左腿后撤一步成右弓步；右掌向下、向后伸直成勾手，勾尖向上；左掌经腰间成立掌向前推击，目视左掌。

要点：撤步成弓步与勾手、推掌要同时完成。

攻防含义：以右掌捋开对方之来拳，随即出左掌猛击对方的胸、腹部。

图 9-2-17

图 9-2-18

（8）转身踢腿马步盘肘（图 9-2-19）

两脚以前脚掌为轴向左后转体 180°；同时左臂向上、向前画半立圆，右臂向下、向后画半立圆。

上动不停，两脚不动，右臂由后向上、向前画半立圆；左臂由前向下、向后画半立圆（图 9-2-19-①）。

上动不停，右臂向下成反臂勾手，勾尖向上；左臂向上成立掌，掌心向前上方；右腿伸直，脚尖勾起，向额前踢（图 9-2-19-②）。

右脚向前落地，脚尖内扣；右手不动，左臂屈肘下落至胸前，左掌心向下，目视左掌。

上体左掌 90°，两腿下蹲成马步；左掌向前、向左平捋变掌收至腰间；右勾手变掌，右臂伸直，由体后向右、向前平摆至体前屈肘，肘尖向前，高与肩平，拳心向下，目视肘尖（图 9-2-19-③）。

要点：两臂抡动时要画立圆，动作连贯；盘肘时要快速有力，右肩前顺。

攻防含义：以左、右手交替抡臂格开对方之来拳，并以左手抓住对方右臂，随即用右盘肘猛力击打对方的胸、肋部。

①

②

③

图 9-2-19

4. 第三段

(1)歇步抢砸拳(图 9-2-20)

重心稍提,右脚尖稍外展;右臂由胸前向上、向左抢直;左臂由腰间向下、向左抢直,目视右拳。

上动不停,两脚以外脚掌为轴,向右转体 180°,右臂向下,向后抢摆,左臂向上、向前随身体转动(图 9-2-20-①)。

上动不停,两脚全蹲成左歇步;左手握拳随身体下蹲向下平砸,拳心向上,左臂微屈;右臂伸直向上举起,目视左拳(图 9-2-20-②)。

要点:抢臂动作要连贯完成,画立圆;歇步要两腿交叉全蹲,左腿大小腿靠近,臀部贴于左小腿外侧,膝关节在右小腿外侧,脚跟提起,右脚尖外展,全脚掌着地。

攻防含义:以左拳下砸对方之来腿。

① ②

图 9-2-20

(2)仆步亮掌(图 9-2-21)

左脚由右腿后抽出前上一步,左腿蹬直成右弓步;上体微向右转,左拳收至腰间,右拳变掌向下经胸前右横击掌,掌心向下,目视右掌(图 9-2-21-①)。

右脚蹬地屈膝提起,上体右转 180 度;左拳变掌从右掌上向前穿出,掌心向上,右掌平收至左肋下(图 9-2-21-②)。

右脚向右落步,屈膝全蹲,左腿伸直成左仆步;左掌向下、向后画弧成勾手,勾尖向上;右掌向右、向上画弧微屈抖腕亮掌,掌心向前。头随右手转动,至亮掌时目视左方(图 9-2-21-③)。

要点:仆步时,左腿充分伸直,脚尖内扣,全脚掌着地;右腿全蹲,全脚掌着地。上体挺胸、立腰,微左转。

攻防含义：以右掌格开或下压对方之来拳，随即出左掌穿击对方的喉部或面部。

①　　　　　　　　②　　　　　　　　③

图 9-2-21

（3）弓步劈掌（图 9-2-22）

右腿蹬地起立，左腿收回并向左前方上步；右掌变拳收至腰间，左勾手变掌由下向前、向左做捋手（图 9-2-22-①）。

右腿经左腿前方向左绕上一步，左腿蹬直成右弓步；右臂伸直向后、向上、向前抡劈拳，高与耳平，拳心向上；左掌外旋贴扶右小臂，目视右拳（图 9-2-22-②）。

要点：左右脚上步稍带弧形。

攻防含义：以左手向外捋开对方之来拳，随即出右手拳猛力劈击对方头部。

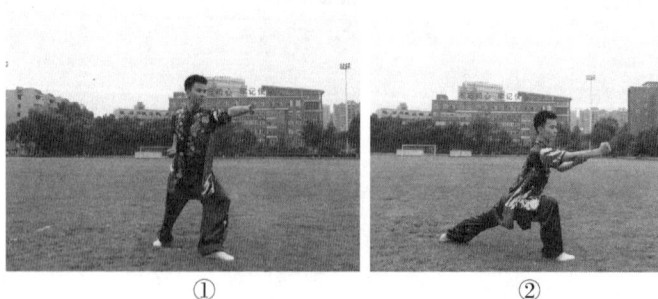

①　　　　　　　　　　　　②

图 9-2-22

（4）换跳步弓步冲拳（图 9-2-23）

重心后移，右脚微向后移动；右拳变掌臂内旋，以掌背向下画弧挂至右膝内侧，左掌背贴靠右肘内侧，掌指向前，目视右掌（图 9-2-23-①）。

右腿自然上抬，上体微向左扭转；右掌挂至身体左侧，左掌向右腋下插，目视右掌转视。

左脚抬起的同时，右脚用力向下震踩；右手由左向上、向前掳盖而后变拳收至腰间，左掌伸直向下、向上、向前屈肘下按，掌心向下；上体微右转，目视左掌（图9-2-23-②）。

左脚向前落下，右腿蹬直成左弓步；右拳向前冲出，左掌背贴靠右腋下，目视右拳（图9-2-23-③）。

要点：换跳步动作要连贯、协调；震脚时腿要弯曲，全脚掌着地，左脚离地不要高。

攻防含义：以右拳向下挂开对方来腿，随即换跳步出右拳猛击对方的胸、肋部。

① ② ③

图 9-2-23

（5）马步冲拳（图9-2-24）

上体右转90°，重心移至两腿中间成马步；右拳收至腰间，左掌变拳向左冲出，目视左拳。

图 9-2-24

（6）弓步下冲拳（图 9-2-25）

右脚蹬直成左弓步；左掌变拳向下经体
前向上架于头左上方，掌心向上；右拳自腰
间向左前斜下方冲出，目视右拳。

攻防含义：以左拳架格开对方之来拳，
随即出右拳猛力击打对方的下腹部。

（7）叉步亮掌侧踹腿（图 9-2-26）

上体微右转；右拳变掌由头上下落于右手
腕上；两手交叉成十字，目视双手（图 9-2-26-①）。

图 9-2-25

右脚蹬地，左腿后插步，以前脚掌着地；左掌由体前向下、向后画
弧成勾手，勾尖向上；右掌由前向右、向上画弧抖腕亮掌，掌心向上，
目视左侧。

重心移至右腿，左腿屈膝提起，向左上方猛力踹出，目视左侧，上
肢姿势不变（图 9-2-26-②）。

要点：插步时上体微向右倾斜，腿、臂的动作要一致；侧踹高度不
能低于腰，大腿内旋，着力点在脚跟。

攻防含义：以左手勾挂对方之来拳，随即出左腿猛力侧踹对方的胸、
腹部或肋部。

①

②

图 9-2-26

（8）虚步挑拳（图 9-2-27）

左脚在左侧落地；右掌变拳微后移，左勾手变拳由体后向左微屈臂
上挑，拳背向上。

上体左转180°，微含胸前俯。左拳向前、向上画弧上挑，右拳向下、
向前画弧挂至右膝外侧，目视右拳（图 9-2-27-①）。

右脚向左前方上步，脚步点地，重心落于左脚，左腿下蹲成右虚步；左拳向后画弧收至腰间，右拳向前微屈臂挑出，拳心向内，拳与肩同高，目视右拳（图9-2-27-②）。

要点：虚步与上肢的动作协调一致。

攻防含义：以左拳向上挑开对方之来拳。

图 9-2-27

5. 第四段

（1）弓步顶肘（图9-2-28）

重心升高，右脚踏实；右臂内旋向下直臂画弧以拳背下挂至右膝内侧，左拳不变，目视前下方。

左腿蹬直，右腿屈膝上抬；左拳变掌，右拳不变；两臂向前向上画弧摆起，目随右拳转视。

图 9-2-28

左脚蹬地起跳，身体腾空，两臂继续画弧至头上方。

右脚先落地，右腿屈膝，左脚向前落步，以前脚掌着地。同时两臂向右向下屈肘停于右胸前，右拳变掌，左掌变拳。右掌心贴左掌面。

左脚向左上一步，左腿屈膝，右腿蹬直成左弓步，右掌推左拳，以左肘尖向左顶出，高与肩平。

要点：交换步时不要过高，但要快。两臂抡摆时要成圆弧。

攻防含义：以左肘尖猛力击打对方的胸、肋部。

（2）转身左拍脚（图 9-2-29）

以两脚前脚掌为轴向右后转体 180°。随着转体，右臂向上，向右向下画弧抡摆，同时左拳变掌向下、向后、向前上抡摆（图 9-2-29-①）。

左腿伸直向前上踢起，脚面绷平，左掌变拳收至腰侧，右掌由向上前拍击左脚面（图 9-2-29-②）。

要点：右掌拍脚时手掌稍横过来，拍脚要准而响亮。

攻防含义：以左腿摆踢击打对方的下颌。

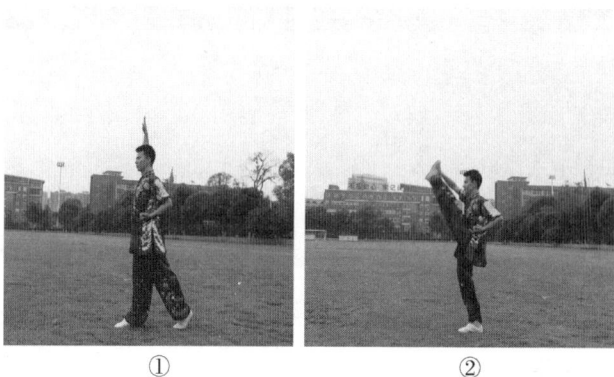

① ②

图 9-2-29

（3）右拍脚（图 9-2-30）

左脚向前落地，左拳变掌向下、向后摆，右掌变拳收至腰侧。

右腿伸直向前上踢起，脚面绷平；左拳变掌由后向上向前拍击右脚面。

要点：左掌拍脚时手掌稍横过来，拍脚要准而响亮。

攻防含义：以右腿摆踢击打对方的下颌。

图 9-2-30

（4）腾空飞脚（图 9-2-31）

①右脚落地，上体微后倾。

②左脚向前摆起，右脚猛力蹬地跳起，左腿屈膝继续前上摆；同时右拳变掌向前向上摆起，左掌先上摆而后下降拍击右掌背。

③右腿继续上摆，脚面绷平；右手拍击右脚面，左掌由体前向后上举。

要点：蹬地要向上，不要太向前冲，左膝尽量上提；击响要在腾空时完成，右臂伸直成水平，同时左腿屈膝于体前尽量上提。

攻防含义：用腾空飞脚来弹踢对方的胸、腹部或下颌。

①　　　　　　　　　②

图 9-2-31

（5）歇步下冲拳（图 9-2-32）

左、右脚先后相继落地，左掌变拳收至腰间。

右脚尖外展，身体右转 90°，两腿全蹲成歇步；右掌抓握、外旋变拳收至腰间；左拳由腰侧向前下方冲出，拳心向下，目视左拳。

要点：右掌抓握动作要快速，歇步与左冲拳的动作要一致。

攻防含义：以右手抓握对方之来腿，随即出左拳猛力击打对方之腹部或小腿胫骨。

（6）仆步抡劈拳（图 9-2-33）

重心升高，右臂由腰侧向体后伸直，左臂随身体重心升高向上摆起。

以右脚前脚掌为轴，左腿屈膝提起，上体左转 270°。左拳由前后下画立圆一周；右拳由后向下向前上画立圆一周。

左腿向后落一步，屈膝全蹲，右腿伸直，脚尖内扣成右仆步；右拳向上下抡劈，拳眼向上；左拳后上举，拳眼向上，目视右拳。

要点：抡臂时一定要画立圆，上体向右侧倾。

攻防含义：以仆步右劈拳格挡对方之来腿。

图 9-2-32   图 9-2-33

（7）提膝挑掌（图 9-2-34）

重心前移成右弓步，同时右拳变掌由下向上抢摆，左拳变掌稍下落，右掌心向左，左掌心向右（图 9-2-34-①）。

左、右臂在垂直面上由前向后各画立圆一周。右臂伸直停于头上，掌心向左，掌指向上；左臂伸直停于身后成反勾手。同时右腿屈膝提起，左腿挺膝伸直独立，目视前方（图 9-2-34-②）。

要点：抢臂时要画立圆。

攻防含义：以左右手抢臂格挡对方之来拳。

①   ②

图 9-2-34

（8）提膝劈掌弓步冲拳（图 9-2-35）

下肢不动；右掌由上向下猛劈伸直，停于右小腿内侧；用力点在小指一侧，左勾手变掌，屈臂向前停于右上臂内侧，掌心向左，目视右掌（图 9-2-35-①）。

右脚向右后落地，身体右转90°；同时左掌变拳收至腰侧，右臂内旋向右画弧做劈掌。

上动不停，左腿蹬直成名弓步；右手抓握变拳收至腰侧，左拳由腰侧向左前方冲出，目视左拳（图 9-2-35-②）。

要点：左掳手动作要快，右弓步与左冲拳的动作要一致。

攻防含义：以右劈掌格挡对方之来腿，再用右手掳开对方之来拳，随即左拳猛力击打对方的胸、肋部。

①　　　　　　　　　②　　　　　　　　　③

图 9-2-35

6. 结束动作

（1）虚步亮掌（图 9-2-36）

右脚扣于左膝后，两拳变掌，两臂右上、左下屈肘交叉于体左前方，目视右掌。

右脚向右后落步，重心后移，后腿半蹲，上体稍右转。同时右掌向上、向右、向下画弧停于左腋下；左掌向左、向上画弧停于右臂上与左胸前；两掌心左下右上，目视左掌。

左脚尖稍向后移，右腿下蹲成左虚步。左臂伸直向左 向后划弧成反勾手；右臂伸直向下、向右、向上画弧抖腕亮掌，掌心向前，目视左方。

要点：三个动作必须连续完成，不能间断；成虚步时重心落于右腿上，大腿平行于地面；左腿微屈，脚尖虚点地。

（2）并步对拳（图 9-2-37）

左腿后撤一步，同时两掌经两腰侧向前穿出伸直，掌心向上。

右腿后撤一步，同时两臂分别向体后下摆。

左脚后腿半步向右脚并拢；两臂由后向上经体前屈臂下按，两掌变拳，停于腹前，拳心向下，拳面相对，目视左方。

要点：并步后挺胸、立腰；对拳、并步、甩头同时完成。

（3）还原（图9-2-38）

两臂自然下垂成预备式，目视正前方。

图9-2-36　　　　　　　　图9-2-37　　　　　　　　图9-2-38

四、初级剑

（一）动作名称

表9-2-2

组别	动作名称			
1. 预备式	（1）预备动作	（2）预备式一	（3）预备式二	（4）预备式三
2. 第一段	（1）弓步直刺 （5）提膝平斩	（2）回身后劈 （6）回身下刺	（3）弓步平抹 （7）挂剑直刺	（4）弓步左撩 （8）虚步架剑
3. 第二段	（1）虚步平劈 （5）提膝直刺	（2）弓步下劈 （6）回身平崩	（3）带剑前点 （7）歇步下劈	（4）提膝下截 （8）提膝下点
4. 第三段	（1）并步直刺 （5）左截腕	（2）弓步上挑 （6）跃步上挑	（3）歇步下劈 （7）仆步下压	（4）右截腕 （8）提膝直刺
5. 第四段	（1）弓步平劈 （5）进步左撩	（2）回身后撩 （6）进步右撩	（3）歇步上崩 （7）坐盘反撩	（4）弓步斜削 （8）转身云剑
6. 结束动作				

（二）动作说明

1. 预备式（图9-2-39）

（1）预备动作

身体正直，并步站立（图9-2-39-①）；左手持剑，以拇指为一侧，中指、无名指和小指为另一侧，分握护手盘与剑柄的分界处，掌心贴在护手盘下部，手背朝前，食指贴于剑柄，剑身贴于前臂（即小臂）后侧；右手握成剑指，食指和中指伸直并拢，无名指和小指屈向手心，拇指压在无名指的指甲上，手腕反屈，手背朝上，食、中指内扣指向左下侧；两臂在体侧下垂，两肘微上提，目向左平视。

图 9-2-39

要点：持剑时，前臂与剑身要紧贴并垂直于地面；两肩松沉，上身微挺胸、收腹，两膝挺直。

（2）预备式一（图 9-2-40）

上身半面向右转，右脚向右上一步，屈膝；左脚前脚掌碾地，脚跟外展，膝盖挺直，成右弓步；在右脚上步的同时，手剑指从身体右侧经胸前屈肘上举，至左肩后向右前方平伸指出，拇指一侧在上，目视剑指。

上身右转，左手持剑由左侧直臂上举，经头部前上方向右侧画弧，至身前时，拇指一侧朝下做反臂平举；同时，右手剑指屈肘收于右腰侧，手心朝上（图 9-2-40-①）。

左脚向右脚并步，左手持剑随之下落，垂于身体左侧；同时，右手剑指向右侧平伸指出，拇指一侧在上，目视剑指（图 9-2-40-②）。

要点：第一，上述的上步剑指平伸、转体持剑向右侧画弧和并步剑指平伸三个分解动作，必须连贯起来做。第二，动作过程中，两肩必须放松。第三，持剑转体向右侧画弧时，左臂直臂上举，腰向右拧转，两脚不可移动。第四，左臂向右侧画弧至与肩同高时，肘略屈，使右手剑指从左手背上穿出成立指。左手持剑继而下落于身体左侧，剑身垂直于地面。

① ②

图 9-2-40

（3）预备式二（图 9-2-41）

左脚向左上一步、屈膝；右脚前脚掌碾地使脚跟外展，膝部挺直，成左弓步。上身随之向左转。在左脚上步的同时，左手持剑屈肘经胸前向上，向前弧形绕环，平举于身体左侧，拇指一侧在下。

左腿伸直站立，右脚向前并步。左手持剑随之从身前下落，垂于身体左侧；同时，右手剑指屈肘沿右耳侧向前平伸指出，拇指一侧在上，目视剑指。

要点：右手剑指向前指出时，肘要伸直，剑指尖稍高过肩。

图 9-2-41

（4）预备式三（图 9-2-42）

左手持剑由右手剑指上面向前平伸穿出，拇指一侧在下；右手剑指顺左臂下面屈肘收于左肩前，并且屈腕使手指朝上；上身右转，右脚向右侧跨步、屈膝；左脚脚尖随之内扣，膝盖挺直，成右弓步，目向左平视。

上身右转，右手剑指经身前向右侧平伸指出，拇指一侧在上，目视剑指。右脚的前脚掌里扣，上身左转，重心落于右腿；左脚随之移回半步，屈膝，并以前脚掌虚着地面，成左虚步；在左脚移步的同时，左手持剑向胸前屈肘，手心朝外；右手剑指也向胸前屈肘，手心朝里，准备接握左手之剑，目视剑尖。

图 9-2-42

要点：成右弓步时，左腿要挺直，两脚的全脚掌均着地；上身略向前倾，挺胸、塌腰；左手持剑伸平，左肩放松。做左虚步时，右实左虚要分明，右脚跟不要掀起；上身要挺胸、塌腰，并稍前倾；两肘要平，剑尖稍高于左肘。

2. 第一段

(1)弓步直刺(图 9-2-43)

右手接握左手之剑，左手握成剑指；左脚向前上半步、屈膝；右脚前脚掌碾地，脚跟外展，膝部挺直，成左弓步。同时，上身左转，右手持剑向身前平伸直刺，拇指一侧在上；左手剑指随之伸向身后平举，拇指一侧在上，目视剑尖。

要点：做弓步时，前腿屈膝蹲半，两脚的全脚掌全部着地；上身稍向前倾，腰要向左拧转、下塌，臀部不要凸起；两肩松沉，右肩前顺，左肩后引，剑尖稍高于肩。

(2)回身后劈(图 9-2-44)

左脚不动，膝部伸直；右脚向前上一步，膝略屈，上身右转；同时，右手持剑经上向后劈，剑高与肩平，拇指一侧在上；左手剑指随之由下向前上弧形绕环，在头顶上方屈肘侧举，拇指一侧在下，目视剑尖。

要点：上步、转身、平劈和剑指向上侧举必须协调一致；转身后，腰要向右拧转，左脚不要移动；剑身和持剑臂必须成直线。

图 9-2-43   图 9-2-44

（3）弓步平抹（图 9-2-45）

左脚向左前方上一步、屈膝；右腿在后，膝部挺直，脚尖里扣，成左弓步；同时，左手剑指由胸前下降，经左下向上弧形绕环，在头顶上方屈肘侧举，拇指一侧在下右手持剑（手心转向上）随之向前平抹，剑尖稍向右斜，目视前方。

要点：抹剑时，手腕用力须柔和。

（4）弓步左撩（图 9-2-46）

上身左转，右腿屈膝在身前提起，脚尖下垂，脚背绷直；同时，右手持剑臂外旋使剑由前向上、向后画弧，至后方时，屈肘使手腕、前臂贴靠腹部，手心朝里；左手剑指随之由头顶上方下落，附于右手腕部（手心朝下），目视剑身。

右腿继续向右前方落步、屈膝；左腿在后蹬直，脚尖里扣，成右弓步；同时，右手持剑由后向下、向前反手撩起，小指一侧在上；左手剑指随右手运动，仍附于右手腕处，目视剑尖。

要点：剑由前向后和由后向前弧形撩起时，必须与提膝和向前落步的动作协调一致，握剑不可太紧；形成弓步后，上身略向前倾，直背、收臀，剑尖稍低于剑指。

图 9-2-45   图 9-2-46

（5）提膝平斩（图 9-2-47）

左脚向前上一步，右手手腕向左上翻转、屈肘，使剑向左平绕至头部前上方，右脚随之由后向身前屈膝提起；右手继续翻转手腕，使剑向右平绕至右方后（手心朝上），再用力向前平斩；左手剑指由下向左、向上弧形绕环，屈肘横举于头部左上方，目视前方。

要点：剑从左向后平绕时，上身必须后仰，使剑从脸部上方平绕而过，不可从头顶绕行，提膝时，左腿必须挺膝伸直站稳，右腿屈膝尽量上提，右脚贴护裆前，上身稍向前倾，挺胸、收腹。

（6）回身下刺（图 9-2-48）

右脚向前落步，脚尖外撇，膝略屈，上身右转；同时，右手持剑手腕反屈，使剑尖下垂，随之向后下方直刺，剑尖低于膝，拇指一侧在上；左手剑指先向身前的右手靠拢，然后在刺剑的同时，向前上方伸直，拇指一侧在上，目视剑尖。

要点：右手持剑要先屈肘收于身前，在右脚向前落步和上身右转的同时，使剑用力刺出；左腿伸直，右腿稍屈，腰向右拧转，剑指；两臂和剑身须成一直线。

图 9-2-47　　　　　　　　　　　　图 9-2-48

（7）挂剑直刺（图 9-2-49）

左脚向前上一步，屈膝略蹲，右臂内旋先使拇指一侧朝下成反手（图 9-2-49-①）。然后翘腕、摆臂，使剑尖向左、向上抄挂，当持剑手抄至左肩时，再屈肘使剑平落于胸前，手心朝里；此时左腿伸直站立，右腿随之在身前屈膝提起，左手剑指屈肘附于右手腕处。

接着，以左脚前脚掌碾地，上身右转，右手持剑使剑向下插，左手剑指仍附于右手腕处，目视剑尖。

上动不停，仍以左脚前脚掌为轴碾地，右脚向身后跨一大步、屈膝，上身从右向后转；左腿在后蹬直，脚尖里扣，成右弓步；同时，右手持剑向前直刺，剑尖与肩同高，拇指一侧在上；左手剑指随之向后平伸，拇指一侧在上，目视剑尖(图 9-2-49-②)。

要点：挂剑、下插、直刺三个分解动作必须连贯，它们与跨步、提膝、转身、弓步的动作要协调一致；弓步直刺后，两脚全脚掌均着地，上身稍向前倾，挺胸、塌腰。

① ②

图 9-2-49

(8)虚步架剑(图 9-2-50)

右手持剑先将剑尖由左向右搅一小圈，臂内旋使持剑手的拇指一侧朝下；同时，以右脚跟和左脚前脚掌为轴碾地，右脚尖外撇，上身从右向后转，左脚向前收拢半步，两膝均略屈成交叉步，在转身的同时，右手持剑反手向后上方屈肘上架；左手剑指屈肘经左肩前附于右手腕处，目向左平视(图 9-2-50-①)。

右腿屈膝不动，左脚向前进一步，膝盖稍屈，前脚掌虚着地面，重心落于右腿，成左虚步；在右手持剑略向后牵引的同时，左手剑指向前平伸指出，手心朝下，目视剑指(图 9-2-50-②)。

要点：虚步必须虚实分明，右肘略屈使剑身成立剑架于额前上方，左臂伸直，剑指稍高过肩。

① ②

图 9-2-50

3. 第二段

（1）虚步平劈（图 9-2-51）

左脚脚跟外展，上身右转，重心移于左腿，右脚跟随之离地，成为前脚掌虚着地面的右虚步；在转身的同时，右手持剑向下平劈，拇指一侧在上，左手剑指即向上屈肘，手心向左上方，目视剑尖。

要点：虚步必须虚实分明，劈剑时手腕要挺直。

（2）弓步下劈（图 9-2-52）

右脚踏实，身体重心前移，左手剑指伸向右腋下，右手持剑臂内旋使手心朝下。左脚随即向左前方上步、屈膝；右腿在后蹬直，脚尖里扣，成左弓步。在左脚上步的同时，右手持剑屈腕向左平绕，画一小圈后向前下方劈剑，剑尖高与膝平；左手剑指随之由右腋下面向左、向上绕环，在头顶上方屈肘侧举，上身略前俯，目视剑尖。

要点：劈剑时，右肩前顺，左肩后引，剑尖与手、肩成一直线。

图 9-2-51　　　　　　　　　　图 9-2-52

（3）带剑前点（图 9-2-53）

右脚向左脚靠拢，以前脚掌虚着地面，两腿均屈膝略蹲；右手持剑向上屈腕，使剑向右耳际带回，肘微屈；左手剑指随之由前下落，附于右手腕处，目向右前方平视（图 9-2-53-①）。

上动不停，右脚向右前方跃一步，落地后即屈膝半蹲，全脚着地；左脚随之跟进，向右脚并步屈膝，以脚尖点地，成丁步；同时，右手持剑向前点击，拇指一侧在上；左手剑指即屈肘向头顶上方侧举，手心朝上，目视剑尖（图 9-2-53-②）。

要点：向前点击时，右臂前伸、屈腕，力点在剑尖，手腕稍高于肩，剑尖略比手低；成丁步后，右腿大腿尽量蹲平，左脚脚背绷直，脚尖点在右脚脚弓处，两腿必须并拢；上身稍前倾，挺胸、直背、塌腰。

① ②

图 9-2-53

（4）提膝下截（图 9-2-54）

右腿伸直，左腿退步后屈膝，上身后仰；右臂外旋手心朝上，使剑向右、向后上方弧形绕环；左手剑指不动（图 9-2-54-①）。

上动不停，右臂内旋使手心朝下，继续使剑向左、向前下方画弧下截，同时上身向前探倾，左腿屈膝提起，目视剑尖（图 9-2-54-②）。

要点：剑从右向左的圆形画弧下截是一个完整动作，必须连贯起来做；左膝尽量高提，脚背绷直；右腿膝部挺直，站立要稳；右臂和剑身成一直线，剑身斜平。

① ②

图 9-2-54

（5）提膝直刺（图 9-2-55）

右腿略屈膝，左脚向前落步，脚尖外撇；右臂外旋使手心朝上，并在左脚落步的同时向上屈肘，将剑柄收抱于胸前，手心朝里，剑尖高与肩平；左手剑指随之下落，屈肘按于剑柄上；此时两腿成为交叉步，目视剑尖（图 9-2-55-①）。

右腿向身前屈膝提起，左腿伸直站立。右手持剑向前平直刺出，拇指一侧在上；同时左手剑指向后平伸指出，手心朝下，目视剑尖（图 9-2-55-②）。

要点：抱剑与落步，直刺与提膝，必须协调一致。

① 　　　　　　②

图 9-2-55

（6）回身平崩（图 9-2-56）

右脚向前落步，脚尖外撇；左脚前脚掌碾地使脚跟外转，屈膝略蹲，同时上身向右后转，成交叉步；右手持剑臂外旋使手心朝上，屈肘向胸前收回，剑身与右前臂成水平直线；左手剑指随之直臂上举，经左耳侧屈肘前落，附于右手心上面，目视剑尖（图 9-2-56-①）。

上身稍向右转，左腿挺膝伸直，右腿略屈膝；同时，右手持剑使剑的前端用力向右平崩，手心仍朝上；左手剑指屈肘向额部左上方侧举，目视剑尖（图 9-2-56-②）。

要点：收剑和平崩两个动作必须连贯起来做；平崩时，用力点在剑的前端；平崩后，上身向右拧转，但左脚不得移动。

① 　　　　　　②

图 9-2-56

（7）歇步下劈（图 9-2-57）

右脚蹬地起跳，左脚向左跃步横跨一步，落地后，右腿随即向左腿后侧插步，继而两腿屈膝全蹲，成歇步；在跃步的同时，右手持剑向上举起，并在形成歇步时向左下劈，拇指一侧在上，剑尖与踝关节同高；左手剑指随着下劈动作，下按于右手腕上面，目视剑身。

要点：成歇步时，左大腿盖压在右大腿上面，左脚全掌着地，右脚脚跟离地，臀部坐在右小腿上；劈剑时，右臂尽量向前下方伸直，剑身与地面平行；劈剑与跃步成歇步动作须同时完成。

（8）提膝下点（图 9-2-58）

右手持剑先使手心朝下成平剑，然后以两脚的前脚掌碾地，上身经右、向后转动，两腿边转边站立起来，右手持剑平绕一周；当剑绕至上身右侧时，上身稍向左后仰，同时剑身继续向外、向上弧形绕环，剑尖接近右耳侧；此时左手剑指离开右手腕向上屈肘侧举，目视前下方。

上动不停，右腿伸直站立，左腿屈膝提起，上身向右侧下探俯，同时右手持剑向前下点击，拇指一侧在上，目视剑尖。

要点：仰身外绕剑与提膝下点两个动作必须连贯、同时完成；右腿独立时，膝部要挺直，左膝尽量上提；点剑时，右手腕屈腕向下，剑身、右臂、左臂和剑指要在同一个垂直面。

图 9-2-57

图 9-2-58

4. 第三段

（1）并步直刺（图 9-2-59）

以右脚前脚掌为轴碾地，使上身向左后转；在转身的同时，右臂内旋并向拇指一侧屈腕，使剑尖指向转身后的身前；左手剑指随之由上经右肩前、腹前绕环，向正前方指出，手心朝下，目视剑指（图 9-2-59-①）。

左脚向前落步，右脚随之跟进并步，两腿均屈膝半蹲；同时，右手持剑向前平伸直刺，拇指一侧在上；左手剑指顺势附于右手腕处，目视剑尖（图 9-2-59-②）。

要点：两腿半蹲时大腿要蹲平，两膝、两脚均须紧靠并拢；上身前倾，直背，落臀；两臂伸直，剑尖与肩相平。

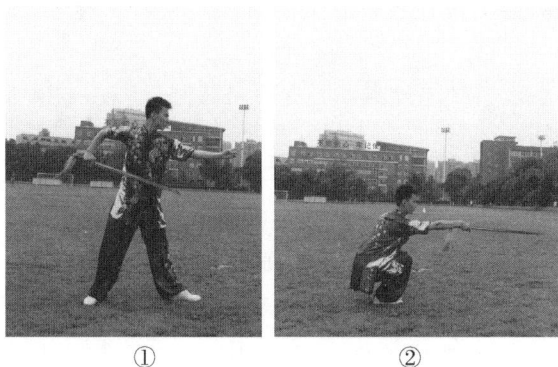

图 9-2-59

（2）弓步上挑（图 9-2-60）

右脚上步屈膝，同时左脚挪跟稍内转，左腿挺膝伸直，成右弓步；右手持剑直臂向上挑举，剑尖向上，手心朝左；左手剑指仍向前平伸指出，手心朝下；上身稍微前倾，目视剑指。

要点：左臂伸直，左肩前顺，剑指略高过肩；右臂直上举，剑刃朝前后。上身挺胸，直背、塌腰。

（3）歇步下劈（图 9-2-61）

右腿伸直，左脚向前上步，脚尖外撇，随之两腿交叉屈膝全蹲，成歇步；同时，右手持剑向前下劈，拇指一侧在上，剑尖与踝关节同高；左手剑指屈肘附于右手腕里侧；上身稍前俯，目视剑身。

要点：与第二段第七动歇步下劈相同。

图 9-2-60　　　　　　　图 9-2-61

（4）右截腕（图 9-2-62）

两脚以前脚掌碾地，并且两腿稍伸直立起，使上身右转，右腿屈膝半蹲，左腿稍屈膝，左脚前脚掌虚着地面，成左虚步，右臂内旋使拇指一侧朝下，用剑的前端下刃向前上方画弧翻转，随着上身起立成虚步，右手持剑再向右后上方托起，左手剑指仍附于右手腕，屈肘，目视剑的前端。

要点：两腿虚实必须分明，上身稍向前倾，剑身平横于右额前上方，剑尖稍高于剑柄。

（5）左截腕（图 9-2-63）

左脚向前上半步，并以前脚掌碾地使上身向左后转，右脚随之向前上一步，前脚掌着地，两腿均屈膝，成左实右虚之右虚步；在右脚进步的同时，右臂外旋，使剑身的前端向左前上方画弧翻转，手心朝上，剑身与地面平行；左手剑指随之离开右手腕，屈肘向上侧举，目视剑的前端。

要点：同上述右截腕。

图 9-2-62   图 9-2-63

（6）跃步上挑（图 9-2-64）

左脚经身前向前上一步，右脚随之在身后离地，小腿后弯；同时，右臂外旋手心朝里，使剑由右向上，向左屈肘画弧，剑至上身左侧时，右手靠近左胯旁，拇指一侧在上并向上截腕；左手剑指在右手向左下落时附于右手腕上，目视剑尖。

左脚蹬地，右脚向右侧跃步，落地后屈膝略蹲，左脚随之离地屈膝从身后伸向右侧方，形成望月式平衡；上身向左侧倾俯，在右脚跃步的同时，右手持剑由左胯旁向下、向右画弧，当剑到达右侧方时，臂外旋并向拇指一侧屈腕，使剑向上挑击；左手剑指即向左上方屈肘横举，拇指一侧在下，目视右侧。

要点：跃步和上挑动作必须协调一致，迅速进行；挑剑时，腕部要猛然用力上屈；形成平衡动作后，右腿略屈膝站稳，左小腿尽量向上抬起；上身向右拧转，剑身斜举于右侧上方，持剑手略松，便于手腕上屈。

（7）仆步下压（图 9-2-65）

右手持剑使剑尖从头上经过，继而向身后、向右弧形平绕，当剑绕到右侧时，即屈肘将剑柄收抱于胸部前下方，手心朝上；同时，右膝伸直，上身立起，左腿屈膝提于身前，左手剑指仍横举于左额前上方。

上动不停，左手剑指经身前下落，按在右手腕上；左脚随之向左侧落步，屈膝全蹲；右腿在右侧平铺伸直，脚尖里扣，成右仆步；同时，右手持剑用剑身平面向下带压，剑尖斜向右上方；上身前探，目向右平视。

要点：做仆步时，左腿要全蹲，臀部紧靠脚跟，不要凸起，两脚全脚掌均着地；上身前探时要挺胸，两肘略屈环抱于身前。

（8）提膝直刺（图 9-2-66）

两腿直立站起，左腿屈膝提于身前，右腿挺直站立；同时，右手持剑向身前平伸直刺，拇指一侧在上；左手剑指屈肘在左侧上举，拇指一侧在下，目视剑尖。

要点：右腿独立须挺膝站稳，左膝尽量上提，脚背绷直，脚尖下垂；上身稍右倾，右肩、右臂和剑身要成一条直线，左臂屈成半圆形。

图 9-2-64　　　　　　　图 9-2-65　　　　　　　图 9-2-66

5. 第四段

（1）弓步平劈（图 9-2-67）

右臂外旋，先使手心朝向背后、剑的下刃转翻向上，继而上身左转，同时左脚向左后侧落一大步、屈膝；右脚以前脚掌为轴碾地，脚跟稍外转，右腿挺膝伸直，成左弓步；左手剑指随着持剑臂的运行而向右、向下、向左、向上圆形绕环，仍屈肘举于头部左侧上方；同时，右手持剑向身前平劈，拇指一侧在上，臂要伸直，剑尖略高于肩，目视剑尖。

要点，向前劈剑和剑指绕环这两个动作必须协调一致、同步完成，两肩要放松。

（2）回身后撩（图 9-2-68）

右脚向前上一步，膝微屈；左脚随之离地，小腿向上屈；上身前俯，腰向右拧转。右手持剑随右脚上步而向后反撩，剑尖斜向下方，拇指一侧在下；左手剑指前伸成侧上举，拇指一侧在下，目视剑尖。

要点：右脚站立要稳，左脚脚背绷直，上身挺胸，两肩放松。

图 9-2-67

图 9-2-68

（3）歇步上崩（图 9-2-69）

右脚蹬地，左脚向前跃步，上身随之向右后转；左脚落地，脚尖稍外撇，右腿摆向身后；在上身转动的同时，右臂外旋，使拇指一侧朝上；左手剑指在身后平伸，手心朝下，目视剑尖。

上动不停，右脚在身后落步，两腿均屈膝全蹲，左大腿盖压在右大腿上，臀部坐在右小腿上，成歇步；同时，右手持剑直臂下压，手腕向拇指一侧上屈，使剑尖上崩；左手剑指随之屈肘在头部左上方侧举，拇指一侧在下，目视剑身。

要点：向前跃步、歇步和剑尖上崩三个动作要连贯协调；跃步要远，落地要轻（前脚掌先着地）；上崩时腕部要猛然用力上屈，剑尖高与眉平；歇步时上身前俯，胸须内含。

（4）弓步斜削（图 9-2-70）

左脚脚尖里扣，上身右转，右脚随之向前上步、屈膝，左腿在身后挺膝伸直，成右弓步；右手持剑臂外旋使手心朝上，在转身的同时，屈肘向左肋前收回；左手剑指随之从身前下落，按在剑柄上；上身向右前倾，目视前方。

上动不停，右手持剑由后向前上方斜面弧形上削，手心斜向上方，手腕稍向掌心一侧屈；同时，左手剑指伸向后方，拇指一侧在上，目视剑尖。

要点：斜削时，右臂稍低于肩，剑尖斜向脸前右上方，略高于头；左臂在身后侧平举，剑指指尖略高于肩部。

图 9-2-69　　　　　　　　图 9-2-70

（5）进步左撩（图 9-2-71）

右腿伸直，上身向左转，左腿稍屈膝；同时，右手持剑使手心朝里，经脸前边转身边向左画弧，剑至体前时，左手剑指附于右手腕里侧，目视剑尖。

以右脚跟为轴碾地，脚尖外撇，上身向右后转；左脚随之向前上步，以前脚掌虚着地面；同时，右手持剑反手向下、向前、向上继续画弧撩起，剑至前上方时，肘部略屈，拇指一侧在下，剑尖高与肩平；左手剑指随右手动作，仍附于右手腕上，目视剑尖。

要点：上述两个剑身的画弧动作，必须连贯成一个完整的绕环动作；撩剑后，右腿微屈，左腿伸直，身体重心落于右腿，剑尖稍微朝下。

（6）进步右撩（图 9-2-72）

右手持剑直臂向上、向右后方画弧，左手剑指随势收于右肩前，手心朝左，目视剑尖。

左脚踏实后以脚跟为轴碾地，脚尖外撇，右脚随之向左脚前上一步，前脚掌虚着地面；同时，右手持剑由右向下、向前画弧抡臂撩起，剑至前方时，肘微屈，手心朝上，剑尖高与头平；左手剑指随之由右肩前向下、向前、向后上方绕环，屈肘侧举于头部左上方，目视剑尖。

要点：同上述进步左撩，左右相反。

227

图 9-2-71

图 9-2-72

（7）坐盘反撩（图 9-2-73）

右脚踏实后向前上一小步，随即左脚从右腿后向右侧插一步，两腿屈膝下坐，成坐盘式；在左脚插步的同时，右手持剑向上、向左、向下，再向右上方反手绕环斜上撩，剑尖高过头顶；左手剑指随之经体前向下，向后上方画弧，屈肘横举于左耳侧，拇指一侧在下，上身向左前倾俯，目视剑尖。

要点：坐盘必须与反撩剑动作协调进行，坐盘时，左腿盘坐地面，左脚背外侧着地；右腿盘落于左腿上，全脚掌着地，脚尖朝身前；上身倾俯时胸要内含，剑尖与右臂、左肘、左肩成一直线。

（8）转身云剑（图 9-2-74）

右脚蹬地，两腿伸直站起，并以两脚的前脚掌碾地，使上身向左后转；转身之后，右腿屈膝略蹲，右脚踏实，左膝微屈，前脚掌虚着地面，身体重心落于右腿；同时，右手持剑随身体转动一周后屈肘使剑平举，拇指一侧在下；此时左手剑指附于右手腕处，目视剑尖。

上动不停，上身后仰，右手持剑向左、向后、向右、向前圆形云绕一周，剑至身前时，右手手心朝上，松把，使剑尖下垂；左手剑指放开，拇指一侧朝上，准备接握右手之剑。此时重心前移，左脚踏实，右腿伸直，上身前倾，目视左手。

要点：转身和云剑动作必须连贯，云剑要平，要快，腕关节放松使之灵活。

图 9-2-73

图 9-2-74

6. 结束动作（图 9-2-75）

右手将剑柄交于左手后即握成剑指（图 9-2-72-①）。

左手接剑后反握住剑柄向身体左侧下垂；此时右脚向右前方上步，脚尖里扣，屈膝略蹲，上身随之左转：左脚随之向前移步，以前脚掌虚着地面，膝微屈；在上身左转的同时，右手剑指随之由身后向上屈肘侧举于头部右上方，手心朝上，目向左平视（图 9-2-72-②）。

右腿伸直，右脚向左脚靠拢，并步站立；右手剑指下落于身体右侧，手心朝下，恢复成预备式，目向正前方平视（图 9-2-75-③）。

要点：重心落于右腿，上身前倾，挺胸、塌腰，两肩松沉，左肘略上提，剑身紧贴前臂后侧，并与地面垂直。

| ① | ② | ③ |

图 9-2-75

要点：同预备式。

第三节　武术比赛规则简介

一、武术套路比赛的有关规定

（一）难度填报

参赛运动员必须根据竞赛规则和规程要求选择难度，在规定的网站上填报"自选套路难度登记及评分表"（创新难度的分值应计算在难度分值以内），确定该运动员比赛套路的起评分，并将确认的表格经教练员签字后于赛前 30 天（以到达邮戳为准）寄到主办方。

（二）套路完成时间

第一，自选套路，例如，长拳、南拳、剑术、刀术、枪术、棍术、南刀、南棍套路等，成年不少于1分20秒，青少年（含儿童）不少于1分10秒。太极拳、太极剑套路为3～4分。

第二，规定套路，例如，太极拳套路为5～6分，太极剑套路为3～4分。

第三，对练套路不少于50秒。

第四，传统套路不少于1分。

第五。集体项目为3～4分。

（三）比赛场地

第一，个人项目的比赛场地为长14米、宽8米，其周围至少有2米宽的安全区。

第二，集体项目的比赛场地为长16米、宽14米，其周围至少有1米宽的安全区。

第三，比赛场地四周内沿应标明5厘米宽的白色边线。

第四，比赛场地的空间高度不少于8米。

第五，两个比赛场地邻近边缘距离6米以上。

第六，根据实际情况比赛场地可高出地面0.6～1米。

第七，比赛场地灯光照度应达到1500勒克斯以上。

（四）比赛服装

裁判员统一的着装，运动员穿武术比赛服装。

（五）比赛器械

第一，使用中国武术协会指定的比赛器械。

第二，器械要求如下。左手持剑或抱刀，剑尖或刀尖不低于运动员本人耳上端，刀彩自然下垂的长度不短于30厘米。棍、南棍的长度不短于运动员本人身高。枪的长度不短于运动员本人并步直立直臂上举时从脚底至中指尖的长度，枪缨长度不短于20厘米且不得太稀疏。南刀刀尖在运动员左手抱刀时不低于本人下颌。

（六）比赛音乐

配乐项目必须在音乐伴奏下进行，音乐自行选择。

（七）比赛设备

按照中国武术协会的技术标准与要求执行。

二、评分方法与标准

(一)自选项目评分方法与标准

1. 评分方法

第一，各项目比赛的满分为 10.00 分(不含创新难度加分)，其中动作质量的分值为 5.00 分、演练水平的分值为 3.00 分、难度的分值为 2.00 分(包括动作难度分值 1.40 分和连接难度分值 0.60 分)。

第二，A 组评分裁判员根据运动员演练时出现的动作错误和其他错误进行扣分。

第三，B 组评分裁判员和裁判长根据运动员整套动作的演练评定等级分，并对不符合编排要求的内容进行扣分。

第四，C 组评分裁判员根据运动员现场动作难度和连接难度的完成情况进行评定。

2. 评分标准

(1)动作质量

动作与规格要求不符，每出现一次扣 0.10 分；其他错误每出现一次扣 0.10~0.30 分。

(2)演练水平

演练水平的评分，包括演练水平等级分的评定和编排扣分。

①演练水平等级分的评定

演练水平等级分的评分标准如下。按劲力、协调、节奏、风格、配乐的评分标准分为 3 档 9 级，其中 3.00~2.51 分为好、2.50 分~1.91 分为一般、1.90 分~1.01 分为不好。

②编排扣分

运动员完成的套路与编排要求的内容不符，每出现一次扣 0.10~0.20 分。

(3)难度

①动作难度

完成一个 A 级动作难度计 0.20 分，完成一个 B 级动作难度计 0.30 分，完成一个 C 级动作难度计 0.40 分。动作难度的累计分如超过 1.40 分，则按 1.40 分计算。

每个动作难度的分值只计算一次。作为降分处理的难度动作，只能编排在难度动作中的最后一个。

动作难度不符合要求，则不计算动作难度分。

②连接难度

完成一个 A 级连接难度计 0.05 分，完成一个 B 级连接难度计 0.10 分，完成一个 C 级连接难度计 0.15 分，完成一个 D 级连接难度计 0.20 分。连接难度的累计分如超过 0.60 分，则按 0.60 分计算。

每个连接难度的分值只计算一次。作为降分处理的连接动作，只能与最后一个可连接的难度动作，只能与最后一个可连接的难度动作相连接。

连接难度不符合要求，则不计算连接难度分。

③创新难度加分

完成一个创新的 B 级动作难度(含连接难度)加 0.10 分，完成一个创新的 C 级动作难度(含连接难度)加 0.15 分，完成一个创新的超 C 级动作难度加 0.20 分。

动作完成与鉴定的创新难度不符，不予加分。

(二)规定、对练和集体项目评分方法与标准

1. 评分方法

第一，各项目比赛的满分为 10.00 分，其中动作质量的分值为 5.00 分、演练水平的分值为 5.00 分。

第二，A 组评分裁判员根据运动员演练时出现的动作错误和其他错误进行扣分。

第三，B 组评分裁判员和裁判长根据运动员整套动作的演练评定等级分，并对不符合编排要求的内容进行扣分。

2. 评分标准

(1)动作质量

动作与规格要求不符，每出现一次扣 0.10 分；其他错误每出现一次扣 0.10～0.30 分。

(2)演练水平

演练水平的评分，包括演练水平等级分的评定和编排扣分。

①演练水平等级分的评定

演练水平等级分的评分标准如下。按劲力、协调、节奏、风格、配乐的评分标准分为 3 档 9 级，其中 5.00～4.21 分为好、4.20～3.01 分为一般、3.00～1.51 分为不好。

②编排扣分

运动员完成的套路与编排要求的内容不符，每出现一次扣 0.10～

0.20分。

(三)传统项目评分方法与标准

1. 评分方法

第一，各项目比赛的满分为10.00分，其中动作质量的分值为5.00分、演练水平的分值为5.00分。

第二，A组评分裁判员根据运动员演练时出现的动作错误和其他错误进行扣分。

第三，B组评分裁判员和裁判长根据运动员整套动作的演练评定等级分。

2. 评分标准

(1)动作质量

动作与规格要求不符，每出现一次扣0.10分；其他错误每出现一次扣0.10～0.30分。

(2)演练水平

演练水平等级分的评分标准如下。按劲力、协调、节奏、风格、配乐的评分标准分为3档9级，其中5.00～4.21分为好、4.20～3.01分为一般、3.00～1.51分为不好。

(四)对所示分数的要求

A组、B组与C组评分裁判员和裁判长所示分数到小数点后两位数。

(五)应得分数的确定

1. 自选项目

动作质量应得分、演练水平应得分和难度得分之和，即为运动员的应得分。

(1)动作质量应得分

A组3名评分裁判员中，至少2名对运动员演练时出现的不符合规格要求的动作或其他错误内容同时确认时，按照其扣分标准进行扣分，累计所扣分数为动作质量应扣分。

动作质量分值减去动作质量应扣分，即为动作质量应得分。

(2)演练水平应得分

B组3名评分裁判员和裁判长对运动员整套动作的演练评定等级分，取中间两个分数的平均值为演练水平等级分。等级分取到小数点后两位数，两位数之后的数字无效。

B组3名评分裁判员和裁判长中，至少2名对运动员演练时出现的不符合编排要求的内容同时确认时，按照其扣分标准进行扣分，累计所扣分数为编排扣分。

演练水平等级分减去编排扣分，即为演练水平应得分。

（3）难度应得分

C组3名评分裁判员中，至少2名对运动员完成的动作难度或连接难度同时确认时，按照其难度分值进行加分，累计所加分数为难度应得分。

2. 规定、对练和集体项目

动作质量应得分和演练水平应得分之和，即为运动员（队）的应得分。

（1）动作质量应得分

A组3名评分裁判员中，至少2名对运动员（队）演练时出现的不符合规定要求的动作或其他错误内容同时确认时，按照其扣分标准进行扣分，累计所扣分数为动作质量应扣分。

动作质量分值减去动作质量应扣分，即为动作质量应得分。

（2）演练水平

B组3名评分裁判员和裁判长对运动员（队）整套动作演练评定等级分，取中间两个分数的平均值为演练水平等级分。等级分取到小数点后两位数，两位数之后的数字无效。

B组3名评分裁判员和裁判长中，至少2名对运动员（队）演练时出现的不符合编排要求的内容同时确认时，按照其扣分标准进行扣分，累计所扣分数为编排扣分。

演练水平等级分减去编排扣分，即为演练水平应得分。

3. 传统项目

动作质量应得分和演练水平应得分之和，即为运动员（队）的应得分。

（1）动作质量应得分

A组3名评分裁判员对运动员演练时出现的动作错误和其他错误，按照其扣分标准进行扣分，3人所扣分数的平均值为动作质量应扣分。动作质量应扣分取到小数点后两位数，两位数之后的数字无效。

动作质量的分值减去动作质量应扣分，即为动作质量应得分。

（2）演练水平应得分

B组3名评分裁判员和裁判长对运动员整套动作的演练评定等级分，取中间两个分数的平均值为演练水平应得分。演练水平应得分取到小数点后两位数，两位数之后的数字无效。

（六）最后得分的确定

1. 自选项目

裁判长从运动员的应得分中减去"裁判长的扣分"，加上"创新难度的加分"，即为运动员的最后得分。

2. 规定、对练、传统和集体项目

裁判长从运动员的应得分中减去"裁判长的扣分"，即为运动员（队）的最后得分。

（七）裁判长的加分与扣分

第一，裁判长执行对完成的创新难度的加分。

第二，裁判长执行对套路完成时间不足或超出规定的扣分。

（1）自选项目

长拳、南拳、剑术、刀术、枪术、棍术、南刀、南棍及对练套路，不足规定时间在 2 秒以内者（含 2 秒）扣 0.10 分，在 2 秒以上至 4 秒以内者（含 4 秒）扣 0.20 分，依此类推。

太极拳、太极剑套路，不足或超出规定时间在 5 秒以内者（含 5 秒）扣 0.10 分，在 5 秒以上至 10 秒以内者（含 10 秒）扣 0.20 分，依此类推。

（2）集体项目

不足或超出规定时间在 5 秒以内者（含 5 秒）扣 0.10 分，在 5 秒以上至 10 秒以内者（含 10 秒）扣 0.20 分，依此类推。

第三，由于某种不可预见的原因（诸如场馆原因、计分系统受损等），致使比赛开始后暂时中断、运动员无法继续演练比赛套路时，视具体情况，经裁判长允许后可接做或重做一次，不予扣分。接做应在恢复正常比赛秩序后 5 分钟内在套路中断处开始继续演练，重做安排在该组最后一名上场。如该组最后一名运动员重做，应在恢复正常比赛秩序后 5 分钟内重新开始演练。

第四，如裁判员在评分中出现明显不合理的现象或明显错误时，在出示运动员的最后得分前，裁判长经总裁判长同意后可做适当调整。

第十章 其他运动与健身

第一节 户外运动

一、户外运动的概念

户外运动是一项在自然场地举行的一组集体项目群，包括登山、攀岩、悬崖速降、野外露营、野炊、定向运动、溪流、探险等项目。户外休闲运动中多数带有探险性，属于极限和亚极限运动，有很大的挑战性和刺激性。长期参与此类项目，不仅对心肺功能、弹跳能力、力量、柔韧性和灵敏性有很大的促进作用，还可以促进人心理健康，具有较强的健身价值。

二、户外运动的起源和发展

户外运动的历史，最早可追溯到 18 世纪的欧洲。早期的户外运动其实是一种生存手段，采药、狩猎、战争等无一不是人类为了生存与发展而被迫进行的活动。第二次世界大战前后，为了符合特种地形作战上的需求，军队开始发展登山、攀岩、野营等技术，攀岩和野营等活动也逐渐有了雏形。20 世纪 70 年代以后，一些分类的户外体育项目开始形成。后来，一些人为了追求另一种刺激，开始把户外运动当成一种休闲方式。这些户外运动项目的历史虽然很短，但已成为许多发达国家很普及的运动，如野外露营是欧美国家上至老人下至孩子都十分喜爱的活动。

三、户外运动的特征

第一，户外运动是在自然环境中进行的，有着回归自然、返璞归真的特征。

第二，户外运动具有不同程度的挑战性和探险性。

第三，户外运动对体能有严苛的、近于极限的全面要求。

第四，户外运动强调团队精神。

第五，户外运动是一门综合性学问。

第六，户外运动是体验教育的重要组成部分。

户外的特性决定了户外运动是一项高风险的运动，它将会面对复杂甚至恶劣的环境，户外运动也没有一致的运动规律，情况复杂多变，团队成员之间的心态微妙，同时发生意外求救和救援都非常困难。正是因为这些原因，户外运动实际上是一门综合性非常强的学问和技能，它包括生理、运动、医学、地理、气候、天象、动植物、人文等方面的知识，同时还需要有良好的心态、沟通的能力、团队的精神、丰富的经验和果断的性格。一位好的户外运动爱好者，不仅仅应该是运动方面专家，还应该上知天文，下通地理，更需要是一位具备完美人格和品质，勇于付出和牺牲的优秀人物。

四、户外运动的注意事项

（一）时刻要有危险意识

初入户外运动者必须认真对待，从学会"害怕"开始，学会尊重生命。

（二）要储备个人体能

在户外一旦遇到恶劣的环境，身体里的潜在病症可能会被激发出来，后果不堪设想。

（三）学会救生和自救

要具备基本、必要的救生和自救技能，具备一定的相关知识，学会使用地图和指南针进行定位。

（四）选择安全、专业的户外装备

户外运动是一项对装备有专业要求的运动，前期需投入一定费用，同时要选择适合自己的场地。

（五）新手尽量选择正规户外团体

专业户外俱乐部一般会有活动预案，具备完善的后勤保障和联络系统。相比之下，自发的团体活动盲目性和随意性就很大，出现问题的几率会大大增加。

（六）户外急救

在户外遇到事故时，应沉着大胆，细心负责，分清轻重缓急，果断实施急救方法；先处理危重病人，再处理病情较轻的病人，在同一患者中，先救治生命，再处理局部；观察现场环境，确保自己及伤者的安全；充分运用现场可供支配的人力、物力来协助急救。

五、户外运动具体项目介绍

（一）登山

1. 登山运动的概念与分类

登山是户外运动的源头，也是最常见的户外运动之一。登山是指在特定要求下，运动员通过徒手或使用专门装备，从低海拔地形向高海拔山峰进行攀登的一项体育活动。

登山按照活动形式可分为健身登山和登山探险。两者相比，健身登山具有明显的安全性、易行性和广泛性。健身登山活动一般是在海拔3500米以下的山地进行，这种地形在中国国土上分布十分广泛。特别是一些离城市较近、交通方便的山区，日益成为当地居民进行户外健身的理想场所。在户外体育活动中，健身登山可以很方便地结合野外生存历练、人体潜能拓展和环保意识的强化，使参与者在强身、养心、益智等多方面收到成效。

登山探险又称为高山探险，一般是指人们在一定器械和装备的辅助下，以克服各种恶劣自然条件和登上高峰绝顶为目标而进行的登山运动。登山探险运动所面对的山峰往往为海拔3000～4000米以上并覆有终年积雪的山峰，它的竞技性，不是表现为运动员（队）之间在同一时空、同一条件下的比赛和对抗，而是表现为运动员（队）与恶劣的大自然环境的抗争，是人的生命力与严酷的生存条件之间的较量。在登山探险活动中，运动员面对的是高山缺氧、强风低温、陡峭的地形以及随之而来的各种困难和山间危险。对一次成功的登山探险活动的评价，不是从一般意义上的时间、速度、力量和技巧等方面去判定，而是强调所选对象山峰的高度、难度和组织运用战术的独特性及其科学程度。

2. 登山运动的起源和发展

1760 年，德·索修尔贴出了号召人们征服勃朗峰的告示。1786 年 8

月 8 日，一名叫巴卡罗的山村医生与当地山区水晶石采掘工人巴尔玛结伴，首次登上了阿尔卑斯山的主峰——勃朗峰。因此，人们把登山运动也称为"阿尔卑斯运动"，把 1786 年作为登山运动的诞生年，德·索修尔、巴尔玛等人则成为世界登山运动的创始人，并得到了国际登山界的公认。1850 年至 1865 年，阿尔卑斯山区的登山运动发展极为迅猛。1857 年成立了世界上第一个国家性的登山组织——英国登山俱乐部。并出现了所谓的"阿尔卑斯黄金时代"。1950 年到 1964 年，是人类高山登山运动的一个重要发展阶段。世界登山史将此阶段称为"喜马拉雅黄金时代"。1953 年 5 月 29 日，英国登山队的埃德蒙·希拉里和丹增·诺尔盖从南坡登上珠穆朗玛峰，这是人类登山史上有记录以来，人类首次成功登上世界最高山峰。

我国登山运动始于 20 世纪 50 年代。1964 年 5 月 2 日，我国登山队的许竞、王富洲等 10 名运动员首次成功地登上世界第 14 高峰——希夏邦马峰，创造了一次 10 名队员集体登上 8000 米以上高峰的世界纪录。几十年来，我国实现了人类双跨（从南北两个方向登顶）世界顶峰和登顶世界最高峰等壮举。

如今，登山运动已经成为世界上惊险、刺激、能表现人的精神风貌的勇敢者的运动，受到许多青年人的喜爱。

3. 登山的基本技巧

（1）登山前要做好健身运动

如果将攀登的山比较高或者平时较少参加攀登运动，在登山之前做一些热身运动是很必要的，即利用 10～20 分钟做一些肌肉伸展运动，尽量放松全身肌肉，促使全身血液循环加快，这样既能在攀登时觉得轻松许多，又能防止活动过程中肌肉损伤。

（2）登山时要调整动作

在登山时，每一步都可有意地增添一些弹跳动作，这样不仅省力，还可使人精神焕发。

（3）登山时别总往高处看

一般来说，向上攀登时，目光尽量保留在自己前方三五米处最好。如果山路比较陡峭，则可作"Z"字形攀登，这样比较省力。

（4）登山时尽量转移注意力

不要总是想着山有多高，爬上去还需多少时间之类的事情。不慌不忙、走走停停才能体会到爬山的乐趣，不会错过美丽的风景。在疲惫时，可以多观赏一下周围的景色，转移注意力，倦意会有所消减。

（5）下山时要放松

下山一定要控制住自己的脚步，切不可冲得太快，这样很容易受伤。同时，注意放松膝盖部位的肌肉，绷得太紧会对腿部关节产生较大的压力，易使肌肉疲劳。

4. 登山的注意事项

（1）做好计划

登山的地点应该慎重选择，要向附近居民了解清楚当地的地理环境和天气变化的情况，选择一条安全的登山路线，并做好标记，防止迷路。凡攀登超过 1000 米的山需要做好周密的计划，计划包括路程、食宿、天气、脚力、所带装备、预计时间等。计划至少要准备两套，并考虑到最坏、最不可抗拒的因素，例如，暴雨、暴晒、大雪、动物侵袭等。

（2）结伴而行

登山需结伴而行，至少三人以上。

（3）做足准备

登山前，一定要备好必要的装备和物品。在夏季，一定要带足水，因为登山会出汗，如果不补充足够的水分，容易发生虚脱、中暑。背包不要手提，要背在双肩，便于双手抓攀。攀登时，可将结实的长棍当作手杖，帮助攀登。要随身携带急救药品，如云南白药、止血绷带等，以便在发生摔伤、碰伤、扭伤时应急。

（4）赶早不赶晚

山中早上天气较为稳定，适宜登山。中午登山可能会暴晒。下午登山，由于经过一上午的阳光照射，山中水汽易凝结，容易下雨。故登山时间最好放在早晨或上午，午后应该下山返回驻地。不要擅自改变登山路线和时间。

（5）关注天气、注意休息

登山前一天要看天气预报，随时关注山上的天气情况。在登山的前一天晚上要休息好。

（6）控制饮食

出发前不可进食过多，否则易导致肠胃出现问题。

（7）注意安全

千万不要在危险的崖边照相，以防发生意外。

（8）购买保险

对于团体登山可自行购买短期团体出游意外保险。

（二）攀岩运动

1. 攀岩运动简介

攀岩运动，又被人们誉为"岩壁上的芭蕾"。根据不同的地貌特点，可将攀岩运动的攀登技术分为岩石作业和冰雪作业两大类。其中，岩石峭壁的攀登技术简称攀岩技术。

早在 1865 年，英国登山家、攀岩运动创始人埃德瓦特首次用简单的钢锥、铁索和登山绳索等技术装备，成功地攀登上了险峰。1890 年，英国登山家马默里又改进了攀登工具，发明了打楔用的钢锥和钢丝挂梯以及各种登山绳结，把攀岩技术推进到了新的阶段。但是，种种难度较大的攀岩竞赛，则是在 20 世纪 50 年代末至 60 年代初才出现的。1974 年 9 月，苏联和捷克斯洛伐克的登山组织，在克里米亚发起并举办了首届"国际攀岩锦标赛"，英国、民主德国、联邦德国、意大利等 12 个国家的 213 名选手参加了比赛。此后，国际登山联合会决定，每年举办一次"国际攀岩锦标赛"。现在，世界攀岩比赛分两大流派，分别是以俄罗斯为代表的"速度"派和以西欧国家为主的"难度"派。

现在，攀岩技术不仅是一项在全世界各地广泛开展的体育运动项目，还可以广泛运用于科学考察、工程技术、消防、建筑等领域。开展这项运动，不但开支少，而且装备简单，还具有难、险、新以及竞争性和实用性等特点，因此，深受广大群众喜爱，各地每年都会举办丰富多彩的攀岩活动。

2. 攀岩运动的基本方法

三点固定法是攀岩的基本方法，这种方法对身体各部位的姿势和动作有一定的要求。

（1）身体姿势

攀登岩石峭壁时，身体要自然放松，以三个支点稳定身体重心，而重心要随攀登动作的转换移动，这是攀岩能否稳定、平衡、省力的关键。要想身体放松就要根据岩壁陡缓程度，使身体和岩壁保持一定距离，靠得太近，会影响观察攀岩路线和选择支点。但在攀登人工岩壁时要贴得很近。在攀登自然岩壁时，上、下肢要协调舒展，攀岩要有节奏，上拉、下蹬要同时用力，身体重心一定要落在脚上，保持面向岩壁、三点固定支撑的攀登姿势。

（2）手臂动作

手在攀登中是抓住支点、维持身体平衡的关键，手臂力量的大小直接影响攀登的质量和效果。一个优秀的攀岩运动员必须有足够的指力、腕力和臂力。对初学者来说，在不善于充分利用下肢力量的情况下，手臂的动作就显得更为重要。手臂如何用力，在人工岩壁攀登和自然岩壁攀登时情况不同。前者要求第一指关节用力抠紧支点的同时，手腕要紧张，手掌要贴在岩壁上，小臂也要随手掌紧贴岩壁而下垂，在引体时，手指（握点）要有下压抬臂的动作。其动作规律是重心活动轨迹变化不大，节奏更为明显。但攀登自然岩壁时，其动作就变化很大，要根据支点的不同采用各种用力方法，例如，抓、握、挂、抠、扒、捏、拉、推、压、撑等。

（3）脚的动作

一个优秀攀岩运动员的攀登技术能否发挥得好，关键是两腿的力量是否能充分利用。只靠手臂力量攀登不可能持久。脚的动作要领是两腿外旋，大脚趾内侧贴近岩面，两腿微屈，以脚踩支点维持身体重心，在自然岩壁支点大小不一和方向不同的情况下，要灵活运用。切记，膝部不要接触岩面，否则会影响到脚的支撑和身体平衡，甚至会造成滑脱而使膝部受伤。另外，在用脚踩支点时，切忌用力过猛，并要掌握用力的方向。

（4）手脚配合

凡优秀的攀岩运动员，上、下肢力量是协调运用的。对初学者或技术还不熟练的运动员来说，上肢力量显得更为重要，攀登时往往是上肢引体，下肢蹬压抬腿而移动身体。如果上肢力量差，攀登时就容易疲劳，手臂无力，酸疼麻木，逐渐失去抓握能力。失去抓握能力后，即使下肢力量再好，也难以继续维持身体平衡。所以学习攀岩，首先要练好上肢力量，上肢又要以手指和手腕、手臂力量为主。再配合以脚踝、脚趾以及腿部的力量，使身体重心随着用力方向的不同而协调地移动，手脚动作也就配合自如了。

（三）野外生存

1. 野外生存概述

野外生存生活训练是指在远离居民点的山区、丛林、荒漠、高原和孤岛等野外环境中，在不完全依靠外部提供的生存、生活等物质条件下，依靠个人和集体的努力保存生命、维持健康生活能力的训练，包括登山、野营、野炊、负重行军、攀岩、速降、定向、漂流、涉水、穿越丛林、野外自救、野外觅食（水）等内容，具有较强的挑战性、冒险性、趣味性和实用性等特点，能充分展现团队合作精神和个人创造性，因而引起了大学生浓厚的兴趣。

参加野外生存生活训练，不仅可以帮助人们重新认识自我、挖掘自身潜能，而且能够唤起人们面对困难和挑战的勇气，同时通过在活动中提高环保意识，使人们更深切地体会到爱护大自然和保护大自然的重要性。

2. 野外生存的装备

进行野外生存活动时，携带物品要精简。一般来说，负重不超过体重的 1/5 时，人可以较轻松地承受。野外活动中负重以不超过体重的 1/4 为宜。主要装备有以下几种。

(1)个人装备

背包、毛巾、肥皂、牙刷、牙膏、梳子、镜子；内衣裤、御寒衣物、防风雨衣裤、登山鞋、鞋垫、袜子、帽子、手套；太阳镜、防风镜；杯子、水壶、塑料布、铝箔、塑料袋、卫生用品、净水吸管；现金、信用卡、身份证等。

(2)宿营设备

帐篷、睡袋、防潮垫、衬垫、充气枕、石灰等。

(3)烹调设备和自备食品

饭锅、炉子、饭盆、勺子、燃料、调料、食品、巧克力、奶糖、口香糖(代替刷牙)、高级营养素等。

(4)技术装备

地图、指南针、移动电话、对讲机、GPS、海拔表、照相机、收音机、望远镜、放大镜、温度计、闹表、手电筒、头灯、备用电池、灯泡；绳索、安全带、上升器、下降器、岩锥、岩石锤、救生衣、瑞士军刀或其他多用刀、斧头、锯子、铲子等。

(5)求生盒(密闭防水)

求生盒中应放纱布、绷带、棉花、创可贴、碘酒、止血带、三角巾、体温计、感冒药、止痛药、晕车药、肠胃药、消炎药、外伤药、驱虫药、蛇药、净水药片、纸、笔、别针、细金属线、钓鱼钩、解剖刀、钢丝锯、针线包、打火机、防潮火柴等。

为了不至于取东西时把所有东西都翻出来，在打包时应注意将物品合理地分类放置，并用塑料袋包装起来放进背包里。背包内的所有物品都必须完全防水。

3. 野外生存的注意事项

从事野外生存活动，磨炼意志，亲近大自然，本来是件好事，但如果因为意外情况而受伤或陷入困境，应马上采取措施排除险情，保护自己。因此，应做好以下各方面的准备。

第一，出发前应做好身体和心理的准备，做好体检工作。有慢性疾病的应咨询医生，备好相关药品。

第二，量力而行，根据自身能力做好活动计划，切忌好高骛远。

第三，活动中如发生意外或继续前进将会有危险，应果断取消行程，不能逞强好胜。

第四，出发前应将计划上报学校、单位或通知家人、朋友。

在野外生存活动中，有时难免会遇到一些突发险情或受伤事故。一旦发生，应沉着冷静、机智果断，采取科学合理的方法摆脱险情和避免造成更大的伤害。

（四）定向越野

1. 定向越野简介

定向运动最初起源于瑞典，距今已有百年的历史。"定向"一词也源自瑞典语，原意是指借助指北针和地图穿越未知地带。"定向越野"是指利用一张详细精确的地图和一个指北针，按顺序到达地图上所指示的各个点标，以最短时间到达所有点标者为胜的体育项目。一条标准的定向路线包括一个起点、一个终点和一系列点标，这些点标已在地图上用数字标明。

现在，这项运动在欧美的发达国家已成为一项风靡的时尚运动，它既是一种竞技运动，又是一种户外休闲、娱乐运动。定向也被人们看成是日常生活、工作和户外娱乐活动中的重要工具，一种找到安静的垂钓地、偏僻的野餐地的工具，一种帮助确定自己在森林中的位置、走出森林的工具。参加定向运动除需要指北针和地图外，不需要特殊的设备，很少受到条件限制，是一种较为经济的运动项目，能满足不同年龄层次的人的需求。定向越野通常在森林中举行，也可以在公园、校园，甚至城市街头举行。据国外有关报道，定向运动的参赛者年龄最小的才3岁，最大的则有80多岁。

2. 定向越野的技能

（1）辨别方位

①利用地物特征

房屋：房屋一般门朝南开，在我国北方尤其如此。

庙宇：庙宇通常南向设门，尤其是庙宇群中的主要殿堂。

树木：树木通常朝南的一侧枝叶茂盛，色泽鲜艳，树皮光滑，朝北的一侧则相反，同时，朝北一侧的树干上可能生有青苔。

凸出地物：如墙、地埂、石块等，其向北一侧的基部较潮湿，并可能生长苔类植物。

凹入地物：如河流、水塘、坑等，其向北一侧的边缘（岸、边）的情况与凸出地物相同。

②利用太阳与时表判定

上午 9 时至下午 4 时，可用时数折半对太阳，手表刻度"12"指的就是北方；如在上午 9 时，可以 4 时 30 分的位置对向太阳；如在下午 2 时 40 分，则应以 7 时 20 分的位置对向太阳，此时"12"指的方向即为北方。为提高判定的准确性，可在"时数折半"的位置上竖一细针或草棍，并使其阴影通过表盘中心(图 10-1-1)。

使用该方法时需要注意以下几点。

第一，"时数"是按一日 24 小时而言的，例如，下午 1 时，就是 13 时。

第二，在判定方向时，时表应平置(表面向上)。

第三，此方法在南、北纬度 20°30′地区的中午前后不宜使用。

第四，要注意时差的问题，即要采用"以标准时的经线为准，每向东 15°加 1 小时，每向西 15°减 1 小时"的方法将标准时间换算为当地时间。

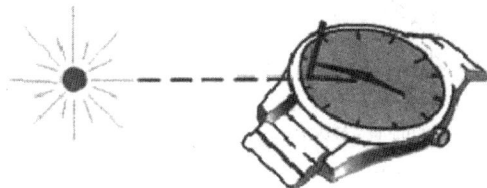

图 10-1-1

③利用指北针

当指北针的磁针静止后，其 N 端(通常都有标志)所指的方向即为北方。利用指北针辨别方向是十分简便快捷的，但是需要注意以下几点。

第一，尽量保持指北针水平；

第二，不要距离铁、磁性物质太近；

第三，不要错将磁针的 S 端当作北方，造成 180°的方向误判。

④夜间利用星体

第一，利用北极星。北极星位于正北天空，观察时，其距离地平面的高度相当于当地的纬度。寻找时，通常要根据北斗七星(即大熊星座)或 W 星(即仙后星座)确定。北斗七星是 7 个比较亮的星，形状像一把勺子，将勺头甲乙两星连一直线向勺口方向延长，约在甲乙两星间隔的 5 倍处，有一颗略暗的星，即北极星(图 10-1-2)。

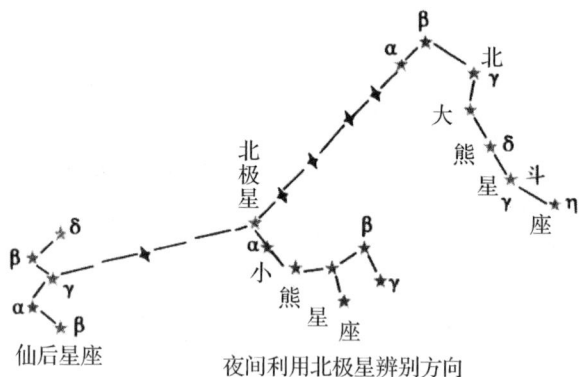

夜间利用北极星辨别方向

图 10-1-2

第二，利用 W 星。当地球自转，看不到北斗七星时，则可利用 W 星寻找。W 星由 5 颗较亮的星组成，形状像个"W"字母，向 W 字缺口方向延伸约为缺口宽度的两倍处，就是北极星。

第三，利用南十字星。在北纬 23°30′以南的地区，夜间有时可以看到南十字星，它也可以用于辨别方向。南十字星由 4 颗较亮的星组成，形同"十"字。在南十字星的右下方，沿甲乙两星的连线向下延长约该两星的四倍半处(无可见的星)，就是正南方(图 10-1-3)。

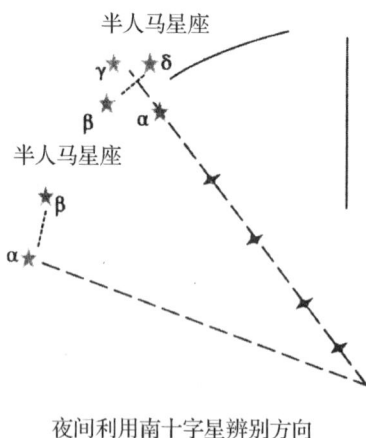

夜间利用南十字星辨别方向

图 10-1-3

(2)使用越野图的比例尺

比例尺是地图上最重要的参数之一。要想学会识别、使用越野图，首先应懂得地图比例尺。

①比例尺的概念

图上某线段的长度与相应实地水平距离之比，叫作地图比例尺。

地图比例尺＝图上长度/相应实地水平距离

如某幅图的图上长度为 1 厘米，相应实地的水平距离为 15000 厘米，则这幅地图是将实地缩小 15000 倍测制的，l 与 15000 之比就是该图比例尺，叫 1：15000 或 1：1.5 万地图。

②比例尺的特点

第一，比例尺是一种没有单位的比值，相比的两个量的单位必须相同，单位不同不能成比。

第二，比例尺的大小是按比值的大小衡量的。比值的大小，可按比例尺的分母来确定，分母小则比值大，比例尺就大；分母大则比值小，比例尺就小。如 1：1 万大于 1：1.5 万，1：25 万小于 1：1 万。

第三，一幅地图，当图幅面积一定时，比例尺越大，其包括的实地范围就越小，图上显示的内容就越详细；比例尺越小，图幅包括的实地范围就越大，图上显示的内容就越简略。

第四，比例尺越大，图上量测的精度越高；比例尺越小，图上量测的精度也就越低。

③图上距离的量算

第一，用直尺量读。当利用刻有"直线比例尺"的指北针量读时，可根据刻在尺上的数值在图上直接读出相应实地的距离。当利用"厘米尺"量读时，要先从图上量取所求两点间的长度，然后乘以该图比例尺分母，即得出相应的水平距离（需将结果换算为米或千米）。

实地距离＝图上长度×比例尺分母

如在 1：1.5 万越野图上量得某两点间的距离为 3 毫米（0.3 厘米），则实地水平距离为：3 毫米×15000＝45000 毫米（45 米）。

当量算某两点间的弯曲（如公路）距离时，可将曲线切分成若干短直线，然后分段量算并相加。

第二，估算法。又叫心算法，这种方法在定向越野比赛中最有实用价值。要掌握它，需要具备下述两方面能力。

能够精确地目估距离，包括图上的距离和实地的距离。在图上，能够辨别 0.5 毫米以上尺寸的差异；在实地，目估距离的误差不超过该距离总长度的 1/10，如某两点间的准确距离为 100 米，目估出的距离应为 90～110 米。

熟知几种图上常用的尺寸单位与相应实地水平距离的对应关系，如在 1∶1.5 万图上，1 毫米相当实地 15 米；2 毫米相当实地 30 米，1 厘米相当实地 150 米等（表 10-1-1）。

表 **10-1-1**

图上长度 ＼ 比例尺	1∶10000	1∶15000	1∶2000
0.5m	5m	7.5m	10m
1mm	10m	15m	20m
2mm	20m	30m	40m
5mm	50m	75m	100m
10mm	100m	150m	200m

图上量算距离应注意的问题如下。

从越野图上量得的距离，不论是直线还是曲线距离，都是两点间的水平距离。如果实地的地形平坦，图上所量距离接近于实地水平距离；如果实地两点间的地形起伏，则两点间的实际距离大于图上量得的水平距离。因此，在计算行进里程时，必须根据地形的起伏情况进行具体分析，将图上量得的距离加上适当改正数。表 10-1-2 是根据在不同坡度的道路上经实验得出的改正数。在有些地区（如深切割的山地），实际改正数可能会大于该表中所列的数据。

表 **10-1-2**

坡度	加改正数（％）	坡度	加改正数（％）
0°～5°	3	20°～25°	40
5°～10°	10	25°～30°	50
10°～15°	20	30°～35°	65
15°～20°	30	35°～40°	70

如果对行进的里程只求概略的了解，可以根据下列经验数据进行改正（表 10-1-3）。

表 10-1-3

地形类别	加改正数（%）
平坦地（有微起伏）	10～15
丘陵地（比高 100m 以上）	15～20
一般山地（比高 100～200m）	20～30

（3）越野图的注记

越野图的注记主要分为以下三类。

①地名注记

在越野图上，地名的表示并不重要，除非对运动员判定方向与确定站立点非常有用，地名（包括村镇、河流、高地等）一般不表示。

②高度注记

高度注记分为等高线注记（注在等高线上）、高程注记（地面高程注记绘有测注点，水面高程注记旁则不绘测注点）和比高注记三种。

③图外说明注记

越野图图外说明注记包括比例尺、等高距、图名、图例、出版单位、出版时间、成图方法、用图要求等。有时越野图上还会印有检查卡片、检查点说明表、赞助人、广告等。

（4）如何选择比赛路线

①选择路线的标准

什么是最佳行进路线？简单地说应该是省体力、省时间、最安全、便于发挥自己的技能或体能优势的路线。

②选择路线的基本问题

第一，当遇到高地、陡坡、围栏之类的障碍时，是翻越还是绕行？

第二，当遇到密林、沼泽、水塘之类的障碍时，是通过还是绕行？

③同地形对运动速度的影响

表 10-1-4 列出了各种地形的概略值。

表 10-1-4　不同地形的每千米用时

每千米用时（分）	公路	空旷地	树林	山地或树林
走	9	16	19	25
跑	6	8	10	14

④选择路线的原则

第一，有路不越野。应尽量选择沿道路行进，因为在道路上容易确定站立点，使运动员更具信心；地面相对光滑、平坦，有利于提高奔跑速度。

第二，走高不走低。如果不得不越野，应尽量在高处(如山脊、山背)行进，避免在低处(如山谷、凹地)行进。原因如下。首先，高处地势高，展望好，便于确定站立点和保持行进方向；其次，高处通风、干燥，荆棘、杂草、虫害及其他危险少；此外，人们都习惯在高处行走。因此，像在山脊这样的地方，常常会有放牧、砍柴的人踏出的小路，利用它们便于提高运动速度。

⑤选择路线的方法

实际上，依靠上述一般原则决定路线的选择是很不够的。只有让自己的"感觉"或"估计"变得更有科学根据，才有可能更快地提高定向越野成绩。分析与解决选择路线基本问题的方法有多种，下面仅介绍其中的一种——经验法。

某人以自己在道路上奔跑300米需要的时间2分钟(近似值)，作为一个标准，通过多次实践，归纳出表10-1-5所列的奔跑速度。

那么，他就可以用这样的方法解决问题。假定穿过密林的距离为1(75米)，沿大路跑的距离为4(300米)，则两种选择所用的时间相等；如果他的体力好而定向本领差，那他就应该选择沿大路跑。

对于其他选择，可以参照同样的方法进行。

表 10-1-5　某人的奔跑速度

地形类别	每300米用时(分钟)	倍率	每2分钟的距离(米)
大路	2	1	300
杂草地	4	2	150
有灌木的树林	6	3	100
密林或荆棘丛	8	4	75

3.国际定向越野地图

(1)越野图的符号

识别越野图的符号对于正确地使用越野图是十分重要的。而识别符号不能靠机械地记忆，需要了解它们的制订原则，了解符号的图形、色彩和表意之间的逻辑联系，这样才能根据符号联想出每一种地面物体的外形、特点和专门功能。

如同其他地形图一样，越野图也要求完整而详细地表示地貌、水系、建筑物、道路、植被和境界，即所谓"地图的六大要素"。与其他地图图种相比，国际定向越野使用的地图（以下简称越野图）是一种更为清晰易读，便于在野外进行中使用的专用地图。

根据定向越野比赛的特殊需要，国际定联将越野图的符号分成以下五类。

①地貌用棕色表示

这类符号还包括小丘、小洼地、土崖、冲沟、陡坡、土垣等表示地面详细形态的专门符号。

②岩石与石块用黑色表示

岩石与石块是地貌的特殊形式，它们既可以为读图与确定点位提供有用的参照物，又可以向运动员表明是危险还是可奔跑通行的情况。为使它们明显区别于其他地貌符号，这一类符号使用了黑色。

③水系与淤泥地（沼泽地）用蓝色表示

这类符号包括露天的明水系和水生或沼泽生的植物。

④植被用空白或黄色和绿色普染表示

植被情况的详细区分和全面表示非常重要。植被是按下列基本原则表示的。

第一，白色（空白）指一般性起伏地上的树林的密度适度，地面上无阻碍行进的灌木或杂草丛，可以按正常速度奔跑的地区。

第二，黄色指空旷的地域。分为空旷地、半空旷地及凌乱的空旷地。

第三，绿色指树林中密度较大的地区。此地区按可跑性又可以分为以下三种。慢跑区，使正常跑速降低 20%～50%；难跑区，使正常跑速降低 50%～80%；通行困难区，使正常跑速降低 80%～100%。

上述可跑性区域的区分均取决于树林的生态，如树种、密度及矮树、草丛、蕨类、荆棘、荨麻等的生长情况。

⑤人工地物用黑色表示

包括各种道路、房屋、栅栏、境界等地图符号。

（2）读图的一般规则

①要完整、正确地理解越野图

越野图不是地面客观存在的机械反映，它是通过制图工作者采用取舍、概括、夸大、移位等制图综合方法完成的。因此，图上物体的数量、形状、大小、精确位置等与实地并非总是完全一致的。例如，在多种地物聚集的地方只表示了对运动有价值的，其他地物通常不表示或仅象征性地选择表示；山背上、河岸边的细小凸凹，图上不可能全部表示，仅表示出了它们的概略形状；公路、铁路等线状地物，其符号的宽度是夸大了的。地图比例尺越小夸大程度越高，这必然引起线状地物两旁其他符号的移位，因此这些符号的位置就不可能十分精确。

②要有选择地了解地图的内容

读图时不能漫无边际什么都看，而应有选择地把注意力集中在与解决如何定向和越野跑问题有关的地域和内容上。可以先综合扫视一下图上的比赛地域，而后确定需要重点考察的内容，进而获取需要的信息。

③要对各类符号进行综合阅读

不能孤立地看待地物或地貌的单个符号，而应将它们与地貌和其他地形要素联系起来阅读。即不仅要了解它们的性质，还要了解它们之间的方向、距离、高差等空间位置关系，从而明确这些要素对竞赛的综合影响。

④要注意读图与记图的关系

读图时，要边理解边记忆，对在竞赛中可能有助于判定方位与确定站立点的各种要素更应如此。有效的读图应转变为这样一种能力，即比赛中不必过多而频繁地查看地图就能在自己的意识中清楚地再现从图上得到的信息，并根据自己的记忆快速而准确地确定自己在图上的位置、下一步的运动路线和方向。

⑤要考虑实地变化的可能性

虽然越野图的测制十分强调现势性，但由于人工或自然的原因造成地形变化是不可避免的，有时甚至是十分迅速的，因此，读图时必须根据图廓外说明注记中注明的测图时间，考虑图上表现内容落后于实地变化的可能性。一般地，测图时间距离使用时间越久，图上与现地之间的差异就会越大。

4. 定向越野训练

训练计划的实现，离不开切实可行的训练方法。基本的训练方法为"四级八步训练法"，这种训练方法是在运动员已掌握识、用图基本知识的基础上所采用的。

(1)读图训练

读图的熟练程度关系到野外用图的准确与迅速，是取得理想成绩的基础。因此，读图训练主要是解决在准确无误的前提下的快速读图问题，其关键在于对地图上地貌的识别。由于等高线显示地貌立体感不强，不像地物符号表示地物那样直观、形象，因此，读图训练必须从培养运动员看图的立体感着手，达到准确、快速读图之目的。具体步骤与方法如下。

①辅助法读图

即利用在地图上画出地貌骨架线进行读图。地貌骨架线是指山脊线、山背分水线、山谷合水线。画地貌骨架线，应先画出主要山脊线，再画出其他山脊线与主要分水线、合水线。从地貌骨架线可以看出实地地貌的基本走向与形状，便于初学者更进一步研究具体地貌形态。训练时，可先规定统一的颜色(一般山脊线、分水线用红色，合水线用蓝色)，由运动员自主练习，达到一定熟练程度后，教练员可限时让运动员在地图上标出地貌骨架线，然后由教练员评阅，并进行综合讲评。

②直接法读图

通过辅助法读图训练后，有了一定的读图能力，即可进行直接法读图训练，即不画地貌骨架线，直接利用地图分析地貌总的升高或下降方向、主要山脊线的走向，再做细部分析。分析地貌总的走向时，要先找到制高点，如较高的山顶，然后沿主要的山脊线判明主要走向。分析细部地形时，要在分析总的走向的基础上，根据等高线显示地貌的特点，结合地图上等高线的组合，逐片进行分析，判明哪是山背、山谷及其相对陡缓、形状、走向。训练时，教练员先规定范围让运动员独立分析，并讲解自己的分析过程，有条件时可利用投影仪进行讲解，再由其他运动员补充说明，最后由教练员归纳讲评。经过多次反复练习，运动员的读图能力将在准确、快速方面有很大提高。如能达到只要展开地图，就能较快地看出实地的立体起伏形状和地物分布的具体位置的水平，对野外用图练习是很有作用的。

(2)定点图地对照训练

所谓定点图地对照训练，即在野外固定点进行地图与实地详细对照。这是准确、快速进行地图与实地对照的关键。具体步骤与方法如下。

①先明确站立点，后对照地形

先明确站立点，即由教练员指出站立点的图上位置。后对照地形则是由运动员以已知站立点为前提，自行对照站立点四周的地形。对照地形的具体方法见前所述。要强调的是在这一步训练中，教练员可指定几个点进行反复练习，并要逐一检查与辅导，使运动员人人过关，因为这一步训练直接影响以下各步训练的效果。

②先对照地形，后确定站立点

这一步训练是指在生疏地区站立点不明确的情况下，通过对照地形来确定站立点。确定站立点的基本方法，在前面已经介绍。教练员预先要选择好较理想的训练地点，训练中结合具体地形引导运动员灵活运用不同的方法。

③单个运动中图地对照训练

这一步训练是在以小组为单位运动的基础上，运动员单独进行运动的训练。

在整个运动中图地对照训练时，应以"准"为前提，即在准确无误的前提下，可逐步提高运动速度。在安排训练计划时，可逐次增加目标点（即检查点）的个数，可设置简易的检查点标志（如有编号的小红纸旗），便于检查讲评。

（3）模拟训练

即模拟比赛而进行的训练。训练时，仍应由易到难、由浅入深、循序渐进。从训练量到训练难度上，可分两步进行。

①轻量训练

轻量训练是指控制检查点个数和总距离的训练。模拟训练初期，应适当控制每段距离和全程距离；训练场地的地形条件应较简单；检查点个数不宜太多，检查点点标的位置应较比赛时明显易找。经过一段时间训练后，可逐步增加距离与难度。在这一步训练中，对运动员的要求是准中求快、快中保准。

②超量训练

超量训练是指检查点的个数和全程距离达到或超过（控制在 20％以内）比赛允许的最大值的训练；选择符合或稍难于比赛规定的训练场地，同时应每天更换训练场地；每次训练应提出全程最大允许耗时。

允许耗时＝全程距离/速度＋各检查点作记时间

这一步训练对运动员总的要求是"准""快"并举。教练员讲评时，不但要讲评用图技能，而且还要讲评个人的运动速度。

5.定向越野比赛的基本规则

（1）按序到访

必须按顺序到访路点的所有点标。

（2）定点打卡

在起点处领取地图、电子打卡器或带好检查卡片。在途中找到每一个点后，打卡为记。在终点处必须将电子打卡器或检查卡片交回，并记录时间，领取成绩单。

（3）犯规与处罚

①犯规

有下列行为之一者即为犯规，应取消比赛资格。

第一，有意妨碍他人比赛（包括有同样性质的其他任何不良言行）者。

第二，蓄意损坏点标、点签和其他比赛设施者。

第三，比赛中搭乘交通工具行进者。

第四，未通过全部检查点，而又伪造点签图案者。

②违例

有下列行为之一者被视为违例，应给予警告。裁判人员将根据违例的性质和程度，采取从降低成绩直至取消比赛资格的处罚。

第一，在出发区越位（提前）取图和抢先出发者。

第二，接受别人的帮助，如指路、寻找点标、使用点签者。

第三，为别人提供帮助，如指路、寻找点标、使用点签者。

第四，从对手的技术中获利，故意在比赛中与对手同路或跟进者。

第五，故意不按比赛规定顺序行进者。

第六，不按规定位置佩戴号码布者。

第七，有其他违反比赛规则行为者。

③成绩无效

有下列情况之一者，比赛成绩将被判为无效。

第一，有证据表明在比赛前勘察过路线者。

第二，未通过全部检查点，即检查卡片上点签图案不全者。

第三，点签图案模糊不清，确实无法辨认者。

第四，在检查卡片上不按规定位置使用点签者。

第五，在比赛结束（指终点关闭）前不交回检查卡片者。

第六，超过比赛规定的终点关闭时间（检查点一般也在同一时间撤收）而尚未返回会场者。如确系迷失方向，应向附近任意一条大路或原检查点位置靠拢，等候工作人员处置。

第七，有意无意地造成国家或他人的重大经济损失和破坏自然风景者。由此带来的一切后果，责任由肇事人承担。

④特殊情况的处置办法——仲裁方法参考

在定向越野比赛中，某些特殊的情况是可能出现的，例如，检查点被无关人员拿走或遭自然破坏；检查点的位置与图上的位置不符；比赛中出现个人或团体的成绩完全相等。

对于这类问题，通常应在比赛前的准备阶段由筹备组长、领导、各委员仔细地研究、确定处置办法，形成文字，由技术委员在制定比赛规程时列入。如果这些问题是出现在比赛过程中的，则应由裁判长决定处置办法（参见裁判长职责）。当某个领导小组成员对裁判长的决定有异议时，应经比赛领导小组组长同意，召集全体成员，以举手表决的方式另行选择处置办法，但必须获得 3/4 以上的多数通过。对于在比赛后提交到领导小组的诉讼，原则上也应按此办法处理。

（五）拓展训练

拓展训练，英文名为 Outward Bound，原意为一艘小船在暴风雨来临之际起锚驶离平静的港湾，义无反顾地投向未知的旅程，去迎接一次次挑战。这种训练起源于第二次世界大战期间的英国。当时英国的商务船只在大西洋屡遭德国潜艇的袭击，许多身强力壮但缺乏经验的年轻海员葬身海底，而一些经验丰富、毅力坚强的年长船员却幸存下来。针对这种情况，库尔特·哈恩等人创办了"阿伯德威海上学校"，训练年轻海员在海上的生存能力和船触礁后的生存技巧，使他们的身体和意志都得到锻炼。战争结束后，许多人认为这种训练仍然可以保留，于是拓展训练的独特创意和训练方式逐渐被推广开来，并成为一项广受欢迎的体验教学模式。它有别于传统的认知教育活动，是一种借助精心设计的特殊情境，以户外活动的形式让参与者亲身体验，从中感悟活动所蕴含的理念，通过反思，获得知识，改变行为，实现可趋向性目标的教育模式。将拓展训练纳入体育教育中，可以达到加强团队意识、适应工作环境、应对竞争挑战、改善人际关系、培养沟通能力的目的。

现在，拓展训练的对象也由最初的海员扩大到军人、学生、工商业人员等各类群体，训练目标也由单纯的体能、生存训练扩展到心理训练、人格训练、管理训练等。许多高校也纷纷开设了拓展训练课程，信任背摔、高空断桥、牵手结、盲人方阵、定向越野、孤岛求生等这些体验式的而非竞赛的活动成为高校体育课的内容。这是对传统体育教学的一个必要补充。这种以体验、经验分享为教学形式的课程，打破了以往传统的教学模式，吸收借鉴了国外先进的经验，同时注重适应中国人的心理特性与接受风格，将大部分课程放在户外，精心布置了一系列新颖、刺激、"困惑"的情景，让学生主动去体验、去解决问题，在参与、体验的过程中，心理受到挑战，思想得到启发。然后通过学生共同讨论总结，进行经验分享，提升在活动中感悟到的道理。

拓展训练项目的设定主要以攀登、跳跃、下降、通过等活动为基本形式，项目的设定不是固定的，教师会根据现有的条件对个人和团队做出有针对性的安排。但项目设定的标准必须符合以下几条。第一，有一定的安全性。第二，能够使学习理念在学生体验中自发地产生出来。第三，有一定的趣味性和新奇性。第四，有一定的针对性，符合学生的身心发展状态，符合现有的条件。另外，在拓展训练活动的过程中，拓展训练的活动本身就是最好的老师，"从做中学"淡化了教师"教"的作用，反倒使得教师具有了多重身份特征：活动的策划者、场景的布置者、规划的执行者、气氛的制造者、安全的监督者、流程的疏导者、矛盾的化解者、知识的提升者。

第二节　新兴体育运动

新兴体育运动是指在国际上比较流行，国内开展不久或国内新创的，深受大众喜爱的运动项目，例如，台球运动、保龄球运动、棒球运动、垒球运动、轮滑运动、瑜伽和高尔夫运动等。

一、台球运动

（一）台球运动简介

台球也叫桌球、弹子球，最早出现在欧洲。世界上第一张台球桌出现在 1400 年，当时球桌上没有袋，只有拱门或门柱。在英国的维多利亚女王时代，台球是一项贵族的休闲项目。

20 世纪初，台球游戏开始逐渐变成了竞技运动项目。1919 年，英国成立了该国最高台球组织机构——英国台球联合会。1940 年世界台球联盟成立，它负责国际性台球比赛活动，总部设在比利时的布鲁塞尔，行政中心在西班牙的巴塞罗那。1948 年，美国成立了美国台球协会，会址设在芝加哥。1986 年我国成立了中国台球协会。这些机构的成立，促进了台球竞技运动的开展。1996 年，星伟体育用品有限公司与北京体育大学联合创建了运动系台球项目，为中国培养高级台球专业人才创造了条件。此后，台球运动在中国有了长足的发展。素有"台球神童"之称的我国年轻选手丁俊晖就曾在 2005 年接连夺得中国斯诺克公开赛冠军和斯诺克英国锦标赛的冠军。

台球运动有许多优点，如运动场地小，不受季节、天气、时间等因素影响，运动量不大，不会耗费大的体力，适合任何人。台球运动也是一种智力体育活动，参加人数灵活，趣味性十分强。近些年，这项运动更是持续升温，无论是在休闲场所，还是在街边的破篷子里，都可以看到台球活动，它已成为人们的健身休闲活动之一。

（二）台球的基本技术

台球要求先打白色主球，再由主球把目标球撞进球袋或连续碰撞两个目标球方可得分。而且不但要求把球打进球袋得分，还必须考虑打进一个球后，主球能停留在理想位置，以便接着打下一个球。如此反复才能连连取得高分，这点正说明台球的绝技就是控制主球的停留位置，也就是我们常说的"走位"。所以，学打台球首先必须了解用球杆怎样打；打主球各个部位，球将会产生什么样的旋转变化；当主球主动撞击被动的目标球后，两个球将会产生什么样的旋转变化和行进去向等。

用球杆击打主球上的点叫击点，也称撞点。面对主球平视，是个圆形面，这个圆形面上到处都是可以打的击点。但是，为了方便分析研究和学习，要在圆形面上以圆心为基点设中心点，并根据点位与旋转的相应关系，在中心点周围选定 8 个点，一共 9 个点。球和球杆上的撞头都是圆球面形的，如果球杆上的撞头撞在圆球的边缘部位时，由于角度过斜，便要发生打滑现象（称滑杆）。说明主球的球面上，不都是可以用球杆击打的点位，而是有一定范围限制的。可以撞击而不至于打滑的范围称安全击球区。即把主球视平面直径划分 10 等份，取其中 6 等份在球中心画个圆，称其为 6/10 的同心圆，在这个范围内击球，就可以不会发生"滑杆"现象。如果击球技术达到高超水平，还可以超过安全区击球，也很少发生"滑杆"现象，而且可继续向球体边缘延伸，把安全击球区再扩展到主球直径的 7/10 或 8/10 范围。当球技达到相当高超的水平后，击球范围也自然随之延伸扩大，密密麻麻地布满了球面，几乎处处都是可击之点，使球的运动千变万化，变幻莫测，从 9 个基本点扩展为 17 个、33 个直到 49 个。

（三）斯诺克台球规则简介

世界流行的台球种类主要分为斯诺克台球、美式台球、法式台球和开伦式台球。其中斯诺克台球因其竞争激烈，趣味无穷，既是世界主流台球项目之一，也是世界台球大赛的项目之一。

1. 球台与球的设置

斯诺克台球球台内沿长 350 厘米，宽 175 厘米，高 85 厘米。22 个球共分 8 种颜色，红色球 15 个（1 分），黄色球 1 个（2 分），绿色球 1 个（3 分），棕色球 1 个（4 分），蓝色球 1 个（5 分），粉色球 1 个（6 分），黑色球

1个(7分)，白色球1个(主球)。

2. 开球与击球规则

开球前主球可在开球区(D形区)内任选一点位置。开球必须首先直接或间接击中红色球，按照击落一个红色球再击落一个彩色球的顺序直至红色球全部落袋；其中彩色球落袋后放回原置球点，最后按照彩色球的分值从低到高依次把黄、绿、棕、蓝、粉、黑色球击落袋中。

3. 比赛结束的判定

当台面上只剩下黑色球时，击球入袋或犯规都会使比赛结束，这时如果双方比分相等则重新放置黑色球，进行决胜期比赛，此时无论谁击球入袋或犯规都将使比赛结束。

4. 犯规行为的判定

遇有下列犯规行为，应判罚分(分值小于4分按4分罚分，大于4分按自身的分值罚分)：球未停稳就击球；击球时杆头触击主球一次以上；击成空杆；主球击目标球后自落；击球时双脚离地；开球时主球未放入开球区(D形区)；击成跳球；击球出界；主球首先撞击非活球；击球时，球员的衣服、身体、球杆及佩戴物等触动台面上的球。

如遇下列犯规行为，应判罚7分：击红球入袋后，尚未指定球就开始击球；击进红色球后，未报彩色球又击打红色球；不使用白色球而使用其他任何一个球作为主球。

二、保龄球运动

(一)保龄球运动简介

国际保龄球联盟(简称FIQ)，成立于1952年。国际保龄球联盟把世界划分为美洲、欧洲和亚洲三大区域，每年在不同的国家和地区举行一次世界杯单项比赛，每两年举行一次区域大赛，每四年举行一次综合性运动赛。保龄球在1988年汉城第二十四届奥运会上被列为表演项目，在1992年巴塞罗那第二十五届奥运会被列为正式比赛项目。

(二)保龄球比赛的组织与主要规则

1. 比赛方法

第一，保龄球比赛以局为单位，一局分10轮，每轮有两次投球机会。如果第一次把10个木瓶全部击倒，就不能再投第二次。唯有第10轮不同，全中时继续投完最后两个球，补中时继续投完最后一个球，结束全局。

第二，比赛以抽签决定道次。每局在相邻的一对球道上进行比赛。每轮互换球道，直至全局结束。

第三，保龄球比赛时，均以6局总分决定名次。

2. 记分规则

第一，保龄球按顺序每轮允许投2个球，投完10轮为一局。

第二，击倒1个木瓶得1分。投完一轮将2个球的所得分相加，为该轮的应得分，10轮依次累计为全局的总分。

第三，保龄球运动有统一格式的记分表。第一球将全部木瓶击倒时，称为"全中"，应在记分表上部左边的小格内用符号"X"表示，该轮所得分为10分。第二球不得再投。但按规则规定，应奖励下轮两个球的所得分。它们所得分之和为该轮的应得分。

第四，当第一球击倒部分木瓶时，应在左边小格内记上被击倒的木瓶数，作为第一球的所得分。如果第二球将剩余木瓶全部击倒，则称为"补中"，应在记分表上部的右边小格内用符号"/"表示。该轮所得分亦为10分。按规则规定，应奖励下轮第一球的所得分，它们所得分之和为该轮的应得分。

第五，10轮全中时，应在同一条球道上继续投完最后两个球结束全局。这两个球的所得分应累计在该局总分内。

第六，10轮为补中时，应在同一条球道上继续投完最后一个球结束全局。这个球的所得分应累计在该局总分内。

三、棒球运动

(一)棒球运动简介

棒球运动源于英国的板球，棒球运动脱胎于板球。据史料记载，板球早在14—15世纪就在英国盛行，并随着英国人开拓美洲大陆而传到美国东北部各地。18—19世纪，这项运动在美国已相当普及。1839年，美国人窦布戴伊组织了第一场与现代棒球运动十分相仿的棒球比赛。1845年，美国人卡特莱德为统一名称和打法制定了有史以来第一部棒球竞赛规则，并正式采用了"棒球"这一名称，其中多数规则条文迄今继续使用。

19世纪七八十年代，美国出现了职业棒球队，并先后成立了国家联盟和美国联盟两大联盟。由于棒球运动具有个人英雄主义与集体主义完美结合的特点，深受美国人民喜爱，被定为美国的"国球"。

随着世界交流的增强与美国影响力的提高，棒球运动在世界其他国家和地区也得到了很大的发展。其中，古巴棒球运动水平较高，多次夺得世界锦标赛冠军，号称五强之一；其次是亚洲的日本、韩国与中国台湾地区。其中，日本的发展最为迅速，现有中央联盟和太平洋联盟两大联盟，拥有14支大联赛队伍，号称五强之一，为亚洲之最；欧洲各国的棒球运动水平要低于美洲和亚洲；棒球运动在非洲几乎是空白，这主要由经济原因制约。到目前为止，棒球运动已在全世界五大洲的100多个国家和地区开展。世界棒球垒球联盟是管理各国棒球及垒球代表队间赛事的组织。在1992年第二十五届巴塞罗那奥运会上，棒球被列为正式比赛项目，仅设男子项目。从2000年第二十七届悉尼奥运会开始，国际奥委会允许职业棒球选手参加奥运会。

（二）棒球运动的特点

1. 棒球运动是比意识的运动

棒球规则十分复杂，局面多变，一攻一守、一投一击、一传一接、一跑一杀都会因局面不同而发生变化。这需要运动员随时开动脑筋，既要对眼前局面很清楚，又要对可能出现的情况有所预见。

2. 棒球运动是比心理素质的运动

击球员会面对好投手，投手可能面对强打手，接手失误会造成失分或对方上垒，比赛气氛紧张激烈，裁判员有误判与喜好……凡此种种都要求运动员有过硬的心理素质。

3. 棒球运动是一项高消费的运动

棒球的高消费是棒球运动在经济不发达国家发展缓慢的主要原因。棒球场占地面积相当于两个足球场，棒球设备繁多且昂贵，球棒与球的高损耗也是一般个人或单位无法承受的。

4. 棒球运动是一项非常有趣的运动

棒球运动既要求个人能力超强，如明星投手、强打手等，又要求集体协调一致，如防守时的传杀。运动的多样性带来了运动的趣味性，人人可以玩，人人能找到合适的位置。

（三）棒球运动的比赛方法

棒球比赛的球场呈直角扇形，有4个垒位，分两队比赛，每队9人，两队轮流攻守。攻队队员在本垒依次用棒击守队投手投来的球，并乘机跑垒，能依次踏过一、二、三垒并安全回到本垒者得1分。守队截接攻队击出之球后可以持续碰触攻队跑垒员或持球踏垒以"封杀"跑垒员。攻队3人被"杀"出局时，双方即互换攻守。两队各攻守一次为一局，正式比赛为9局，以得分多者获胜。守队队员按其防守位置及职责规定名称如下。投手、接手、一垒手、二垒手、三垒手、游击手、左外场手、中外场手和右外场手。攻队入场击球的队员叫击球员。合法击出界内球时，该击球员应立即跑垒，称为击跑员。击跑员安全进入一垒后，即称为跑垒员。

棒球要求运动员具有速度和力量，平衡与协调，柔韧与灵活等素质。作为一名队员与全队的配合能力是十分重要的，个人的基本技术包括击、投、守、准确传球、跑垒和偷垒。可以使用各种不同的握球方法投出，如曲线球、滑球、指节球和快速球等。最重要的是击球的站立姿势、向后引棒、伸踏、挥棒、中球和后继动作。击球员能打出跑完各垒回到本垒的球叫本垒打。多数本垒打球都从界内外场地区飞出围栏。

（四）棒球运动的主要规则

裁判人员包括一名主裁判（司球裁判员）、三名司垒裁判员和若干名记分员。司球裁判员负责使用规定手势同时喊出"球"或"击"。司垒裁判员判定安全和出局。

1. 关于投球的规定

投手可以采用正面投球和侧身投球两种姿势。投球前均须用脚踏触投手板。正面投球只许向击球员投出。投球动作开始后，动作必须连续，不得中断。侧身投球可以向有跑垒员的垒位传牵制球，但投球动作开始后，只许投向击球员。投球前必须在身前保持静止持球的姿势至少1秒钟。违反投球规则的投球叫"不合法投球"，判投手一个"坏球"；垒上有跑垒员时，叫"投手犯规"，跑垒员得安全进一个垒。

2. 关于击球和跑垒的规定

攻队必须按"击球次序"名单依次入场击球。击球时不得越出击球区；击出腾空球被守队合法接住，击球员出局；击球员可以用棒挥击、推击或触击。击出界内球后，击球员即应跑垒；投手累计3个"好球"（在本垒宽度上空以内，高度在击球员膝上、腋下之间），击球员三击不中出局。如投4个"坏球"或投球击中击球员时，击球员安全进一垒。击球员击球落入界内时，即成击跑员，应向一垒跑进。到达一垒时未被防守队员"封杀"或"触杀"，为安全到垒，此时即成为跑垒员。跑垒员必须按一、二、三及本垒顺序跑垒。不得反向跑垒，不得有意妨碍守队接球，否则判出局。跑垒员可以偷垒，但有被"杀"出局的可能。跑进时可以冲跑或滑垒，但必须沿跑垒线范围内跑进。击球员击出界内腾空球时，跑垒员应触踏垒包，待球接触守队队员后，方可离垒。击出合法腾空球超出外场规定界限时，为"本垒打"，击球员安全得1分。但击球员仍需按规定路线踏触 3 个垒再回到本垒，才算合法得分。

3. 关于防守"截杀"规定

"封杀"跑垒员，即当击球员成为击跑员时，其他跑垒员被迫放弃原垒向前跑进，守垒员只要接球用脚触垒即可封杀跑垒员出局。防守队员持球"触杀"离垒或跑进中的跑垒员，判跑垒员出局。

四、垒球运动

(一)垒球运动简介

垒球运动起源于美国，是由棒球运动演变而来的。垒球运动由美国芝加哥弗拉加特划船俱乐部的乔治·汉考克和明尼苏达州明尼阿波利斯的消防队员莱维斯·罗伯于 1887 年和 1895 年先后提出的。人们首先将棒球场缩小并移至室内进行，时称"室内棒球"。数年后改在室外进行。为了有别于棒球，于 1933 年正式取名为"垒球"。1933 年美国成立了美国业余垒球协会并举办全美男、女垒球比赛。次年又制定了统一的规则，逐渐流行世界各地。1952 年，成立了国际垒球联合会。从 1965 年起，每四年举办一次世界性成年男、女和少年男、女垒球锦标赛。从 1981 年起，国际垒球联合会开始举办 19 岁和 19 岁以下的世界青年(男、女)锦标赛(快投)，每四年一次。为促进垒球普及，从 2002 年起，开始举办世界慢投垒球锦标赛(男子组和男女混合组)。随着垒球运动的发展，国际奥委会于 1991 年 6 月 12 日决定，1996 年第二十六届亚特兰大奥运会将女子垒球(快投)列为正式比赛项目。

垒球运动传入中国较早，开始时是作为学校体育课内容，直到 1924 年第三届全国运动会首次将女子垒球列为表演项目。1933 年，在第五届全国运动会上，女子垒球被列为正式比赛项目。我国于 1980 年加入了国际垒球联合会。现在，女子垒球在国内开展较为广泛，运动水平也逐年提高，多次在国际比赛中获得佳绩。

(二)垒球运动的比赛方法

垒球是一种在一块直角扇形平地进行、两支队伍交替击球和接球的比赛项目。比赛双方的目的是力争在 7 局比赛(即 7 轮击球)中获得最高分。双方各有 9 名队员参加，如果一方有 3 名击球手被淘汰出局的话，那么，该队的半局就宣告结束。如果 7 局比赛之后两队打平的话，两队将进入附加赛，直到有一方获胜为止。

在一局比赛中，如果击球手击中球后沿逆时针方向顺利到达一垒，然后跑完所有的三垒，最后跑回本垒，此时，这支球队得 1 分。击球手击中对方队员投出来的球后，该击球手占得一垒。击球手击出来的球必须落在边线以内、对方接球队员之前，这样，对方接球队员就有可能用其手套将球接住。在接球手拿球上垒之前，击球手必须先到该垒。

垒球运动是一项集体的对抗运动，其基本技术如传球、接球、击球和跑垒等，都是人类日常生活中的基本活动技能。其动作自然舒展，比较容易掌握。比赛时，攻与守截然分开，运动量有大有小、有张有弛，设备比较简单，场地可适当地扩大和缩小。垒球这项运动各种年龄的人都可以参加，是一项引人喜爱的运动。

(三)垒球运动的主要规则

1. 将对方击球手淘汰出局

投球手的目的就是要将击球手(即跑垒员)淘汰出局。要达此目的，有如下三种途径。

第一，迫使击球手向内场手击出一粒地面球。即内场手向一垒球员掷出球后，立即跑到一垒。

第二，迫使击球手将球击向空中，这样队友能将球接住。

第三，迫使击球手三击不中出局。

2. 击球员出局

第一，如果击球手打出一粒边界球，除非该队员在此之前已击出两粒好球，那么这个球算击球手的一次失误。

第二，如果击球队员在前二次击球失败后，第三次击出的球被接球队员接住，那么，该击球手就会以三击不中而被淘汰出局。

第三，击球手可以跑过第一垒，但如果跑过或滑过第二垒或第三垒，就有可能被接球手追上而被淘汰。

第四，击球手在第三打时，触击球犯规就会被淘汰。

3. 跑垒员出局

第一，接球手一旦接到被击球手打到空中的球，跑垒员就必须离开本垒，然后在接球手之前赶到下一垒。

第二，在球被接到之前，如果跑垒员跑离本垒，而且接球队员在跑垒员赶回之前拿到球并成功上垒的话，那么该跑垒员被淘汰出局。

第三，跑垒员可以在击球手击球之前就开始跑垒，或叫窃垒。

4. 替换球员

球员被替换下场之后可以重新上场，但是一名替补只能替换一名场上球员。

五、轮滑运动

（一）轮滑运动简介

轮滑运动，过去人们一般称之为"滑旱冰"，它是在针对滑冰的陆上辅助训练过程中逐渐演变形成的运动项目。苏格兰人在 1700 年创造性地制造了第一双轮滑鞋，从此轮滑运动在欧洲诞生并发展。

真正的轮滑鞋是由美国的詹姆斯·普利姆普顿于 1863 年发明的，是一双四个轮子且轮子并排排列的轮滑鞋。1866 年，詹姆斯在纽约投资开办了第一座室内轮滑场，并组织了纽约轮滑运动协会，首次将轮滑运动列入体育运动的正式比赛项目，轮滑运动迅速传遍欧洲各国。1879 年，英国成立了国家滑冰协会，四年后，轮滑运动也归该协会管理。1924 年，国际轮滑联合会成立，总部设在西班牙的巴塞罗那，每年的 9 月 22 日为"国际轮滑节"。

作为一种娱乐项目，轮滑于 19 世纪末传入我国。而作为一个体育项目，轮滑在 20 世纪 80 年代初才开始在我国发展起来。目前，轮滑运动在我国还处于发展阶段，但作为一种休闲运动，早已在全国各地普及了。目前我国几乎所有大中城市都开展了轮滑运动，每个城市至少都有几个溜冰场，不仅青少年参加，一些老年人、中年人也纷纷参与，成为一项普及面较广的群众性体育运动。2006 年，在苏州举行的世界杯环太湖轮滑马拉松赛上，约 1500 名选手参加了本次比赛。另外，有五名轮滑爱好者分别在 2005 年和 2006 年成功完成了国内首次环青海湖之旅和西藏行。

（二）轮滑运动的特点

轮滑运动集健身、竞技、娱乐、趣味、技巧、休闲于一身，同水、冰相比，它更刺激、惊险。轮滑受气候和场地条件的限制较小，其用具携带方便、技术容易掌握。而且具有健身休闲等多重功效，所以深受中青年和少年儿童的喜爱。随着该运动的不断完善，轮滑运动如今越来越普及，已经成为都市休闲健身生活的一种新时尚。

相对别的体育运动来说，轮滑有以下几个特点。

1. 环保性

轮滑运动本身不会产生任何污染，倡导了健康的环保观念，是一项时尚的健康运动。

2. 娱乐性

轮滑有很强的娱乐性和趣味性，通过这项运动，人们可以从紧张的学习和工作中解脱出来，达到放松身心的目的。

3. 健身性

轮滑可以有效地改善和提高运动者机体中枢神经系统的功能，提高呼吸系统、消化系统、血液循环系统功能，全面协调和综合发展人体在速度、力量、耐力、灵敏性等方面的素质，增强臂、腿、腰、腹肌的力量和身体关节的灵活性，特别对提高人的平衡能力有很大的作用。如果一个人想消耗卡路里，同时锻炼自己的肌肉，轮滑是最好的运动，其效果甚至超过跑步或骑单车。

4. 工具性

轮滑具有很多体育项目所不具备的一个特性，那就是在平整的路面上，轮滑可以作为代步工具。在交通越来越拥挤的今天，当你穿着轮滑鞋穿梭于车来人往的大街上时，必然会吸引路人羡慕的目光。

(三)常见的轮滑竞技项目

1. 花样轮滑

花样轮滑源自花样滑冰，是体育和艺术相结合的运动项目。同花样滑冰一样，花样轮滑也分为单人花样轮滑、双人花样轮滑和轮滑舞蹈等多种形式，其中单人花样轮滑是基础。

2. 速度轮滑

速度轮滑是以单排、双排轮滑鞋为比赛工具的竞速轮滑项目。具体项目有场地赛和公路赛。按照比赛形式分为计时赛、开放赛和接力赛。

3. 轮滑球

和我们熟知的冰球不一样，轮滑球是在水泥地面、滑面塑胶地面进行的。常用器材包括轮滑球、击球用的曲棍、球鞋、护膝和头盔等。轮滑球运动量大，场面精彩火爆，很受年轻人喜爱。

4. 平地花式

平地花式不像花样轮滑那样对场地有严格的要求，也没有旋转、跳跃等高难动作，因此初学入门较容易，危险性小，适应性强。

5. 极限运动和技巧

利用 U 形台做各种各样惊险、复杂技巧的表演动作，这也是轮滑竞技项目中很吸引人的内容。在极限运动中，所有的动作都由选手自由选定，选手也可以创造新动作，而腾越可以不单是腾越一个动作，可以以任何方式衔接另外的动作，使难度增加，也让动作更具观赏性。

(四)轮滑运动注意事项

第一，初学者上场练习时，应着运动服或长裤长袖衣服，戴上护具，避免摔倒时受伤。

第二，初学者上场练习时必须采取正确的练习姿势，要注意上体的前倾和小腿的前伸，切不可在滑行中身体伸展、后仰。

第三，每次练习前应注意检查场地。如有沙石、木屑、烟头等杂物要及时清除干净，如有裂痕要及时修补。

第四，每次上场练习前要严格检查轮滑鞋是否符合练习要求，必须戴护盔和防护手套。

第五，在练习场上应严禁随意追逐、打闹等。严禁在跑道上顺时针方向滑跑。

第六，场地附近应备有常用外伤药品，一旦有外伤情况应立即处理。如有骨折、脑震荡等严重伤害出现时，应及时护送至医院治疗。

六、滑板运动

(一)滑板运动简介

滑板运动起源于 20 世纪 50 年代末至 60 年代初的美国，由海上冲浪运动演化而来，是水上滑板向陆地的延伸。

20 世纪 50 年代中后期，美国南加州海滩社区的居民发明了世界上第一块滑板，将一块 50 厘米×10 厘米×50 厘米的木板固定在轮滑的铁轮子上而制成。由于它能给人们带来和冲浪相同的感受，这项运动开始受人瞩目。

第二代滑板诞生于 1962 年，由橡木多层板压制而成的板面、轮滑转向桥和塑料轮子组成。但是，这种滑板的塑料轮的性能依然不理想。它过小的附着摩擦力易使滑板转弯时失控，而它的低弹性则使滑板遇到微小的障碍物也会立刻停下，把滑手摔下来。同时，它的耐磨性也很差。尽管如此，这种滑板仍然受到滑手的普遍欢迎。

1973 年，一个叫弗兰克的滑板爱好者首次将聚氨酯轮子安在他的滑板上并取得了意想不到的效果。这种柔韧的轮子不仅耐磨，而且可以使滑板安全稳当地急转弯，轻而易举地碾过地上的小障碍，这就是第三代滑板。

由于滑板运动是冲浪运动的衍生，20 世纪 70 年代的滑板文化带着冲浪的印记，滑板爱好者修建的滑板公园都是在模拟冲浪的地形。直到美国加州圣塔莫尼克的"西风"滑板队摒弃了冲浪道具，首次把游泳池作为练习垂直表面滑板的场地，并在全美掀起了"泳池滑板热"，至此，滑板运动开始从冲浪中，不仅是从器材、场地，也从人员上彻底分离出来，并形成了自己的语言、技巧、服饰风格和音乐爱好。

20 世纪 80 年代末，由于滑板运动本身的发展和滑手对滑板技巧要求的提高，以及为了适应 U 形池双向滑行的需要，一种与前三代滑板形状完全不同的两头翘起、形状对称的滑板出现了，这就是第四代滑板。制作这种滑板的材料叫硬岩枫，重量更轻，弹性更好。滑板轮硬度高，弹性好，更适合高速滑行。由于重量平衡，第四代滑板更适合各种翻转动作。

20 世纪 90 年代初，滑板由一头改为两头，因而出现了许多前一代滑板不可能完成的动作。这个时期是滑板运动的技巧性动作时代。滑手发明了很多新的动作。同时为了使滑板更容易翻转，滑板板面变得很窄，轮子变得很小。

现在，国际极限运动比赛常用的滑板属于第四代滑板，板面普遍以五层、七层或九层枫木板微波冷压制成，也有用铝合金、碳纤维等材料所做成的。板面上粘上一层防滑层（俗称"砂"），轮子一般采用聚氨酯为主要材料，用合金制成的滑板支架（又称"转向桥"）与板面相连。

滑板运动以滑行为特色，运动方式崇尚自由，注重体验与创造超重力的感受，给滑手带来了成功和创造的喜悦。滑板运动富有超越身心极限的自我挑战性、观赏刺激性和高科技渗透性，它不同于传统运动项目，不拘泥于固定的模式，需要滑手自由发挥想象力，在运动过程中创造，以创造力来运动，强调身心的自由，推崇与自然互相融合的运动理念。

（二）滑板运动注意事项

第一，使用前将轮子调整好，使其运转自如。

第二，要根据自己的使用情况用锁紧螺母合理调整缓冲垫的弹性。

第三，要定期给轴承注油，增加轴承的润滑度，减少滑行阻力。

第四，初学者需要在亲友的帮助下，在倾斜角度小的坡面上滑行，随着技术水平的提高，可逐步调换不同的坡度。

第五，不要在潮湿或粗糙的路面上滑行，当要跳下滑板时，要观看是否会撞到周围的人或其他物品。

第六，如需换件，其换件应与原来部件为同一个规格型号。

七、瑜伽

瑜伽起源于印度，现流行于世界，是一种源远流长的古老的哲学体系，也是一套人类控制自我精神和肉体机能的方法。瑜伽是印度的一种古老的健身法，瑜伽是梵文"YOGA"的译音，意为"加法"，有"结合""连接"的意思，它的含义是把精神和肉体结合到最佳状态，把生命和大自然结合到最完美的境界。古印度人希望通过修炼瑜伽达到身、心、灵合一的境界，通往解脱之门。

（一）传统瑜伽的分类

1. 哈他瑜伽

哈他瑜伽把体位法、身体洁净、呼吸锻炼结合在一起，是传统瑜伽体系中最基础、最普及的流派，动作相对缓慢柔和，在全世界传播范围最广。

2. 阿斯汤加瑜伽

即八支分瑜伽，又称滕王瑜伽，这种瑜伽以体位法、呼吸、冥想、三摩地等8个步骤著称，有着比较系统的瑜伽体系。

3. 实践派瑜伽

一种以身心的行动、无私奉献世人的无我修行派瑜伽，提倡在工作中修行。

4. 语音冥想瑜伽

通过反复唱诵语音净化身心的瑜伽流派。

（二）现代社会派生的瑜伽种类

1. 阿斯汤加瑜伽

这种瑜伽起源于印度的迈索（Mysore），以"Vinyasa动作呼吸紧密相连"为基础，动作前后连贯，一气呵成，是系统性强、难度高的瑜伽，有呼吸体操之称。阿斯汤加是一种自我挑战，能使全身的力量及协调、柔韧、平衡等能力全面发展的运动，练习后可使人身心和谐，神清气爽。在欧美许多国家，这一运动是田径、篮球、网球、自行车、高尔夫等项目运动员理想的交叉训练项目。

2. 力量瑜伽

力量瑜伽是阿斯汤加瑜伽的现代演绎，同样以"Vinyasa"为基础，动作更为活泼，可以穿插许多力量型的体位法，注重意志力和生命内在能量的锻炼。

3. 流瑜伽

流瑜伽是由哈他瑜伽向力量瑜伽和阿斯汤加瑜伽过渡而产生的，以阿斯汤加瑜伽的"Vinyasa"为主线，但动作缓慢而流畅，同时又可以穿插快速的节拍性练习，强度大于哈他瑜伽，小于力量瑜伽和阿斯汤加瑜伽，是练习阿斯汤加瑜伽和力量瑜伽的基础。

4. 热瑜伽

热瑜伽是一种通过外在环境温度的控制（38℃～42℃）而达到减肥、排毒效果的瑜伽。

(三)瑜伽的分类

1. 从锻炼目的看瑜伽的分类

(1)力量类瑜伽

力量类瑜伽分为活力瑜伽（力量瑜伽）、阿斯汤加瑜伽和流瑜伽。

(2)放松类瑜伽

放松类瑜伽分为哈他瑜伽、心灵瑜伽和香熏瑜伽。

(3)减肥、塑身类瑜伽

减肥、塑身类瑜伽分为热瑜伽（高温瑜伽）、形体瑜伽和水中瑜伽。

(4)理疗瑜伽

理疗瑜伽针对身体部位的不同，可分为背部瑜伽、腰部瑜伽等。

2. 从参与人群看瑜伽的分类

因参与人群的不同，瑜伽可以分为孕妇瑜伽、妈妈瑜伽、少儿瑜伽和亲子瑜伽等。

3. 从锻炼形式看瑜伽的分类

除单人瑜伽外，从锻炼形式角度来说，瑜伽还可以分为双人瑜伽和辅助瑜伽。

(四)瑜伽的呼吸方式

1. 胸式呼吸

仰卧或伸直背坐着，深深吸气，但不要让腹部扩张，代替腹部扩张的是把空气直接吸入到胸部区域。胸式呼吸时，胸部区域扩张，腹部应保持平坦。然后，吸气越深，腹部向内、朝脊梁骨方向收入的程度越大。当用这种方式吸气时，要注意肋骨是向外和向上扩张的。当呼气时，肋骨向下并向内收。

2. 腹式呼吸

仰卧或伸直背坐着，把左手或右手轻轻放在肚脐上。当吸气时，空气直接吸向腹部，手就会被腹部向上（坐着时向前）抬起。吸气越深，腹部升起越高。随着腹部扩张，横膈膜就会下降。

3. 完全呼吸

完全呼吸是一种把以上两种呼吸方法结合起来进行的自然的呼吸方法。轻轻吸气，首先吸向腹部区域。当腹部区域鼓起的时候，再开始充满胸部区域的下半部分，然后再充满胸部的上半部分。尽量将胸部吸满空气而扩张到最大程度，此时，双肩可能略微抬起，胸部也将扩大。在这种情况下，腹部将会向内紧收，吸气吸到双肺的最大容量。

（五）瑜伽的基本姿势与体位

瑜伽姿势又叫瑜伽体位法，印度瑜伽先哲帕坦迦利所著《瑜伽经》将体位法定义为"将身体置于一种平稳、安静、舒适的姿势"，它是一种锻炼身体、强化身体，并使身体健康美丽的调养方法。瑜伽体位法通过身体的前弯后仰、扭转侧弯、俯卧、仰卧等各种姿势，对人体脊柱、中枢神经、骨骼、肌肉、内脏进行全方位的刺激与按摩，配合自身的呼吸、消化、体液、分泌物的运转循环，可以激活身体潜能，弥补自身的不足，增强人的免疫力。这种配合呼吸缓慢做动作的体位法，有促进血液流通的按摩效果，可使练习者达到强身健体、塑身美容的功效。

现在，常用的瑜伽姿势有近百种，下面介绍一些最基本和常用的姿势。

1. 站立体位法

（1）风吹树式

站姿，双脚并拢，两手体前十指相交，两臂高举过头顶，翻腕，手心向上，提踵。上肢及躯干以腰为轴向右侧弯曲，上肢及躯干回位，手臂还原，足跟落地，再进行另一侧练习。此姿势可重复进行 4～8 次（图 10-2-1）。

图 10-2-1

（2）腰躯扭转式

两脚开立，身体挺立，两臂从两侧举起，从骶椎发力向左后转身，当转到最大幅度时，右手放在左肩膀之上，左手背扶于右臀后。保持此姿势，然后回到原位，再进行另一方向的练习（图 10-2-2）。

图 10-2-2

（3）三角伸展式

两脚平行站立，身体重心在两脚之间，左脚外展 90°。两臂侧举与肩同高，掌心向前，手臂尽量向两侧伸展。向左慢慢弯腰，手臂与躯干成直角，两臂在一条线上，眼向上看手。停住，自然呼吸 2～6 次。躯干慢慢还原，手臂保持侧伸。手臂落下，然后再进行另一侧练习（图 10-2-3）。

图 10-2-3

2. 平衡体位法

（1）树式

站姿，双脚并拢，挺身直立，合掌胸前。吸气，身体重心放在左脚，脚趾施力压住地面，骨盆向左推移。提起左脚横置右脚背上，脚跟向外。双手同时向上伸展，高举至头顶。眼睛注视前方一固定点，保持自然呼吸 5 次。吐气，双手慢慢还原胸前，脚也同时放回地面。交替两侧重复练习 3 次（图 10-2-4）。

图 10-2-4

（2）壮美式

站姿，左臂前举至与肩同高的位置，右腿弯曲向后抬，右手抓握右脚外侧，左腿支撑，保持身体平衡。左臂前平举，右手用力拉举右脚，右臂向后伸至与肩膀同高的位置，使两臂前后平行，保持这一姿势。右手继续向后上拉右腿，同时右臂向内旋至右后上，左臂继续前伸，随着腿的后举，身体重心稍前移，保持这一次姿势。还原后，再进行反方向练习（图 10-2-5）。

图 10-2-5

3. 跪姿体位法

以猫式为例。跪坐，伸直背部。两手在体前撑地，成四肢支撑的姿势，翘臀凹背、挺胸、抬头、塌腰，尽量增加背部下端的弧度。保持这一姿势，自然呼吸 2～4 次。低头，尽量弓起背部，两臂伸直，尽量向上顶肩。保持这一姿势，自然呼吸 2～4 次（图 10-2-6）。

① ② ③ ④

图 10-2-6

4. 坐姿体位法

（1）坐姿伸展式

由简易坐或莲花式坐姿开始。两臂由侧上举至头上，十指交叉，低头下颌收于胸骨上，掌心翻转向上，两臂尽量向上伸展带动脊柱伸展，背部要伸直（自然呼吸）。保持这一姿势呼吸 4～8 次，然后两手分开，手臂慢慢落下。可交换两腿的位置，反复做这个练习（图 10-2-7）。

① ② ③

④ ⑤

图 10-2-7

（2）牛面坐

直腿坐，两手撑地使臀部离开地面，屈左膝，向体后收回左脚，屈右腿置于左大腿上，两腿交叉，臀部坐在两脚之间，脚离臀部越近越好，背部保持垂直。手臂姿势为左右手在背后上下扣拉，置于肩胛骨之间，眼睛向前看。保持这个姿势，自然呼吸 3～8 次。还原后，换另一侧重复此动作(图 10-2-8)。

图 10-2-8

5. 俯卧式体位法

以眼镜蛇式为例。俯卧，双脚伸直并拢，两臂置于体侧。头慢慢后抬，整个动作要慢慢吸气。当头抬至最大幅度时，两手置于胸前，慢慢将身体推起来，使背部继续上升成反弓。保持这一姿势，自然呼吸 4～8 次。再吸气，身体慢慢还原。此动作可反复进行练习(图 10-2-9)。

图 10-2-9

6. 仰卧体位法

(1)船式

仰卧，膝关节弯曲，全脚掌着地，上体慢慢抬起 45°，两手前伸，与地面平行，随后大腿不动，小腿上举，使身体成"对钩状"。保持此姿势一定时间后，慢慢还原，可反复进行练习(图 10-2-10)。

① ② ③ ④

图 10-2-10

（2）仰卧放松式

仰卧，轻轻闭上眼睛，双腿屈膝，脚掌置于臀部下，双手放置身体两侧外，掌心向上，手指微曲，下颌微微引向胸部。缓缓吸气，胸廓慢慢扩张，双肩放松，双膝向外，想象头顶、手指尖、尾椎、脚跟、脚尖向外延伸。两手从地板上滑动到头上方，吸气，伸展双手带动身体坐起，再把上半身弯向双腿，伸展背部。

八、高尔夫运动

高尔夫运动是一项在世界上流行的极富魅力的体育运动项目。关于高尔夫运动的起源众说纷纭。其中，广为流传的说法是它起源于 14—15 世纪的苏格兰的圣·安德鲁斯，在那里至今还保存着与现代高尔夫球场基本相同的古老的高尔夫球场，迄今已经有 500 多年的历史了。高尔夫球的名称"golf"便是来自苏格兰的方言"gouf"，为"击、打"的意思。在苏格兰，关于高尔夫球的起源有两种有趣的说法。

第一种说法认为，高尔夫球是苏格兰东海岸的渔夫发明的。渔夫在打完鱼返家的途中，往往会随手捡起被海水带到岸边的树枝枯木，朝路边的小圆石瞄准击打，并比赛看谁最先击中，谁击得最远。如果石头偶尔滚进了羊群聚集的避难防护的坑洞，人们有可能认为他们发现了第一个阻碍小圆石前进的障碍物沙坑。若石头碰巧又滚进了一个兔子窝之类的洞，他们便可能在此基础上发展出一个固定的球洞。这种游戏比赛渐渐发展普及，就形成了高尔夫运动的雏形。

第二种说法则认为，高尔夫球的产生与荷兰人引进的一种叫"Het kolven"运动有关。当时，苏格兰海滨具有很多优良的海港，并形成了许多繁华的贸易市场。圣·安德鲁斯是当时比较繁荣的城市，也是当时的基督教中心和贸易中心，这里聚集了很多来往于世界各地的商队和船只，当时的荷兰商人把这种运动带到了这里。圣·安德鲁斯海滨优越的自然环境和天然地形——温和的气候、起伏绵延的小沙丘、细软的草地等，都大大促进了"Het kolven"的发展。这项运动很快盛行开来,并逐渐向现代的高尔夫运动演变,最终风行英伦大地。这种说法的依据之一是现在高尔夫运动的很多术语都源于"Het kolven"这种运动。

17世纪,高尔夫运动被欧洲人带到了美洲,19世纪20年代初传到亚洲,最后又传到非洲。时至今日,高尔夫运动已经风靡世界各地,成为很多人熟悉和喜爱的体育运动。500多年来,高尔夫球一直保持着旺盛的生命力,不仅是因为它是一种适合男女老少的全民运动,还在于它在现代体育个人比赛中的高额奖金。目前,在美国、亚洲、日本、欧洲和南非等都有成功的职业高尔夫球巡回赛,其中,英国公开赛、大师锦标赛、美国公开赛和PGA比赛是最为激烈的四大赛事。

(一)高尔夫球运动的特点与价值

1. 高尔夫球运动的特点

(1)高雅性

与保龄球、篮球相比,高尔夫球显得高贵了许多,从事高尔夫球运动的是非常富有的一部分人,如企业老总、娱乐明星。

(2)交流性

高尔夫运动相对来说只是一个"圈子",一个高层的相对封闭的"圈子",在这个"圈子"里,从事这项运动的人们又不乏交流,当然这种交流也是高层次的交流。

2. 高尔夫球运动的价值

从事高尔夫球运动不仅可以陶冶性情,还可以增强上下肢力量和腰腹力量,提高协调性,锻炼人的毅力、耐心、意志品质以及良好的心理素质。可以改善人体的血液循环与新陈代谢,同时使球手领略和感受大自然的美丽,在运动中怡心健体,每击出一记好球,能使人兴奋异常,愉快无比。

(二)高尔夫运动的基本技术

高尔夫球的基本技术由握杆、球位与脚位、准备击球姿势、瞄球和击球等几个基本技术环节组成。

1. 握杆

握杆是指球员双手握住球杆的位置和方法,是最基本的动作。常见的握杆方法主要是重叠式、连锁式和十指式。

(1)重叠式握法

将左手掌贴于球杆握柄处,手背正对目标,使球杆握柄从食指的第二关节起斜向通过掌心。以小指、无名指和中指将球杆握在小鱼际和小拇指指根间，食指自然收拢握住球杆。拇指沿球杆握柄纵长自然伸出，压按在握柄正中稍偏右侧，拇指与食指指根形成"V"形，其尖端指向颈部右侧与右肩之间。右手掌张开，掌心正朝向目标方向，紧贴在球杆握柄的右侧方，使握杆的纵长从食指第二关节开始通过中指与无名指指根，小指搭在左手的食指与中指间隙上，手指收拢，握住球杆，食指呈钩状弯曲，大鱼际包在左手拇指上，拇指与食指指根形成"V"形，其尖端指向颈部右侧。这种握法被普遍使用(图10-2-11)。

(2)连锁式握法

左手手型同重叠式。握杆时，右手的小指插入左手食指与中指之间，与左手食指勾锁在一起。其特点是两手连锁在一起，容易产生一体感，且有利于发挥右手力量，但掌握不好会使左手食指翘起，反而破坏双手的整体感。此握法主要用于手掌较小或力量较差的女球手(图10-2-12)。

(3)十指式握法

两手手掌相向，但不重叠，用十指握住球杆，类似棒球握棒方法。右手的小指与左手的食指相贴。其特点是球手能够很好地利用右手手臂的力量。但由于左右手之间没有任何交叉和联系，不易保证双手的一体性，易导致过于使用手腕，故不利于控制球的方向。此握法较适合手掌较小、力量差者，高龄球手及女球手(图10-2-13)。

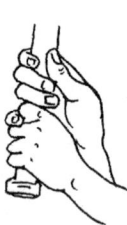 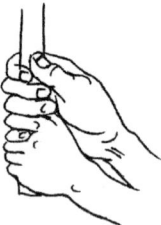 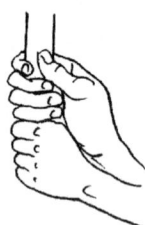

图 10-2-11　　　　　图 10-2-12　　　　　图 10-2-13

2. 球位与脚位

(1)球位

指球手在做好准备击球姿势时，高尔夫球被击出前所处的位置。脚位与球杆、球位的关系为球手握好球杆站在击球位置上，左脚固定不动，球位放在靠近左脚的位置，球杆越短，双脚之间的距离越窄，离球也越近(图10-2-14)。

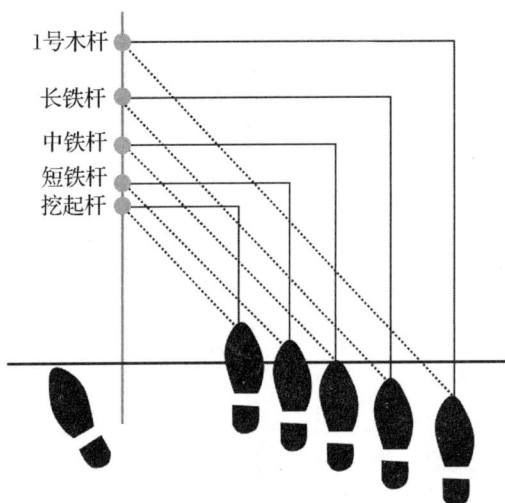

图 10-2-14

（2）脚位

指球员准备击球时两脚站立的位置。脚位一般有正脚位、开脚位和闭脚位三种。

①正脚位

指球手两脚尖连线与准备击球路线平行的站位方式。采用此脚位，球手的腰、肩、手均与目标线成平行状态，它适用于任何一种球杆。同时，全力击球时，无论使用哪一种球杆，均可采用正脚位（图 10-2-15）。

②开脚位

指球手左脚略后于右脚的站位方式。采用这种站位而球杆杆面正对击球方向进行挥杆时，由于引杆时左肩不易向内扭转，而在下挥杆和顺摆动作时身体容易打开形成由外向内的挥杆轨迹，导致右曲球。一般适用于短铁杆击高球或有意打右曲球（图 10-2-16）。

③闭脚位

指球手右脚略后于左脚的站位方式。采用这种站位时，两脚脚尖的连线朝向目标的右侧，引杆时左肩能够充分向内回旋，但容易造成由外向内的挥杆轨迹，产生左曲球。同时，对下挥杆击球时身体的回旋也不利。一般适用于木杆开球、在球道上击远球或有意打左曲球（图 10-2-17）。

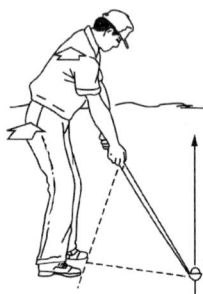  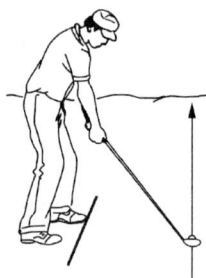

图 10-2-15   图 10-2-16   图 10-2-17

3. 准备击球姿势

准备击球姿势是指握好球杆后准备击球时，身体各部位所处的正确位置。握杆动作完成后，双手自然前伸，球杆头部轻轻着地，两脚间距与肩同宽，身体自然状态站立，头自然略向下俯视，以恰好看到杆头为好。双膝关节稍弯曲，身体左侧朝向球道和果岭，身体重心落在两脚上。

4. 击球

击球动作可以分解为瞄准和击球两个环节，其中击球又分解为引杆、下挥杆、触击球、跟杆和结束五个环节。

（1）瞄准

基本要点是杆面要正对目标，然后根据杆面的位置调整身体、站位以及其他各部分的位置。瞄球中最常见的一个问题是两脚尖的连线指向目标，而不是杆面正对目标，这样就造成站位过于封闭。正确的姿势是两脚尖的连线要与球和目标的连线保持平行。球手要站在球后，平行地伸出双臂，其中右臂、球在一条直线上。球和目标在一条直线上，这也就是目标方向线。然后把一支球杆放在地上标出目标线的方向，将手中球杆的击球面对准球，这才是正确的姿势。

（2）击球

击球指将球击出的连贯动作。无论使用什么球杆，挥杆击球的动作只有一种，挥杆的轨迹是一个较为均匀的大圆弧。

击球的基本动作分为引杆、下挥杆、触击球、跟杆和结束五个环节。

①引杆

指将杆头从击球准备时的状态开始，向身体的后上方摆动的动作。引杆包括后引和上挥两个动作部分，其目的是为了使球手获得最有利的肌肉工作状态。正确的引杆动作应是保持挥杆时身体纵轴的稳定，身体像卷线轴一样，平稳地扭转，手臂动作舒展、缓慢。在引杆动作的最后有一个制动，"制动点"正是引杆结束进入下挥杆的分界线。

第一，后引。杆面瞄准球的后方，使左臂与球杆成为一个整体，不要屈腕屈肘，要保持两臂与肩构成的三角形，向球正后方引杆 30 厘米左右，自然后引时头和肩都不要动。重心由左向右移动，同时上体向右后充分转动，使身体形成扭转拉紧状态。后引动作结束时，有的球手右腿较直，身体重心略高；有的球手右腿弯曲，身体重心较低，这要根据球手的特点而定。

第二，上挥。从引杆动作的整体来看，后引和上挥之间没有任何停顿。后引是上挥的开始，上挥是后引的延续。上挥时，继续保持肩与两臂构成的三角形，左肩向右转动，以杆头带动两臂；左臂伸直，右上臂基本保持固定，右腋夹住。头颈部与脊柱保持一体，两眼注视球，下颌抬起稍向右倾，左肩最终旋转至下颌的下方。胸部几乎对着目标的相反方向，左肘关节微屈，右肘屈曲到最大限度。重心从两脚间移到右脚外侧，右膝伸直，左腿屈膝，左脚跟稍离地面，手腕弯曲，握牢球杆。球杆的杆身基本与地面平行。上挥球杆达到最高点时，背部朝向目标，上身较髋部侧转更大。

②下挥杆

指球杆上挥到顶点时，稍做制动，即开始向下挥杆动作。下挥时，使重心有意识地移到左脚，左膝在下挥动作时基本保持伸直。左腿用力支撑，为右腿的蹬地送髋创造条件。随着手臂向下挥杆，臀部要快节奏地转向上挥前准备击球时的姿势，借助臀部旋转产生的力量带动手臂来增加击球的力量。此时右腿的用力推动了髋部的移动，髋部的移动和领先又拉紧了右大腿的内收肌群和股四头肌，使之更有效地推动了髋部；腰部做向击球准备时的状态复原的扭转；左肩也在下肢及腰部的作用下，自然向左转动，带动在引杆上挥时被拉伸的左臂作为杠杆向下拉引球杆，在身体重心转移到左脚的同时，右肘应到达右髋处。这时杆头仍然被留在后面。

③触击球

触击球是下挥杆的组成部分，是指运用杆头的重量及其运行速度，下挥杆使球向前运行的技术。下挥时，保持手腕弯曲状态，至离球 30 厘米的击球区，才突然甩腕。恰好在两臂位置到达击球准备姿势时，球杆的杆头以最快的速度到达挥杆轨迹的最低点——球的位置，使杆头面触球的瞬间产生极大的冲击力将球击出。击球时尽可能击中"甜蜜点"。击球过程中注意头部应保持固定不动，眼睛注视球。击球时，必须击在球背的正中部位，球才能向正前方飞去。如果击在球的顶部，球将被击到地下，出现地滚球；而击在球背侧面，球将飞向球道两侧的某一方。

④跟杆

指击出球后球杆杆头继续向击球方向挥动的过程。触球后，身体重心逐步过渡到完全由左腿支撑，右踵提起，右膝向左膝靠拢，在右脚的推动下，腰部继续向左转动。身体仍绕轴心转动，在杆头的带动下，右臂逐渐伸直，右肩逐渐对准击出球的方向。杆头向目标方向大幅度挥出。在这个过程中头部始终保持不动，两眼注视击球前球的位置。

⑤结束

结束动作是整个挥杆击球过程的终点。跟杆动作充分时，右臂继续带动右肩向下颌下方转动，杆头向左后上方运动。右臂保持伸直，左腋夹住。左臂肘部随着右臂的向上运动而向上弯曲，腰和肩向左转动，身体重量全部由左腿承担，左膝保持固定，左足支撑体重部位由足内侧向足跟部外侧转移。在臂到达右肩平直高度时，头部才随着转动轴转向目标方向，两眼注视飞行中的球。

完整的击球技术如图 10-2-18 所示。

① ② ③ ④ ⑤

⑥ ⑦ ⑧ ⑨ ⑩

图 10-2-18

(三)高尔夫运动的基本战术

高尔夫球比赛对球手技术、心理和运用战术的要求都比较高。要想在比赛中打出好成绩，球手必须具备各种击球技术、良好的心理素质、适应较长时间比赛的体能以及运用不同战术的控制能力。高尔夫球运动的基本战术主要包括以下几个方面。

1. 合理制订战术计划

战术计划是在比赛中实施战术的依据，制订战术计划是赛前训练最重要的任务之一。在正规的高尔夫球比赛中，赛前要安排球手去熟悉比赛场地。球手要通过赛前练习，对开球区、球道、沙坑、水池、果岭、障碍物等有所了解。练习中对击出球的方向、弹道、跳跃程度和滚动距离应详细记录。根据这些资料和打球的体会合理制订出战术计划。战术计划制订得是否合理，直接关系到技术的发挥效果和比赛的成绩。

2. 合理采用发球球位和球座高度

一场高尔夫球比赛，有18杆要在发球台发球，因此选择最佳球位、打好第一杆球是至关重要的。在规定发球区域内，发球左右位置的选择，要根据自己的技术情况和当时的风向、风力等多方面情况来决定。发球位置的高低是否利于击球，也是需要密切注意的问题。选用不同的球杆、遇到不同的风向，球座的高度也相应有所不同。当顺风时，用1号木杆发出高弹道的球或想打左斜球时，球座应最高；一般发球，使用次高的球座；如果想打出弹道较低的球或右斜球时，球座应更低一点；如果用球道木杆或铁杆发球时，球座的高度不应超过1.25厘米。

3. 巧妙运用优势球杆，保证第一杆的准确

一场高尔夫球比赛要打18个洞，第一洞成绩的好坏，对全场比赛成绩的影响很大。要打好第一洞，首先要打好第一杆球。打高尔夫球的击球原则是在准的基础上去求远，因为其最终目的是要击球入洞，所以，要特别重视第一杆球，不仅要用力，还要注意把球打到自己瞄准的目标点。

优秀球手都有自己的优势球杆，在一定的距离内打得最稳、最准。如果控制球的能力不强，第一洞发球时，可使用3号木杆。3号木杆虽不如1号木杆击球距离远，但击球的准确度高，球的落点好，利于下一杆击球。更重要的是打好第一杆是良好的开端，而良好的开端往往是成功的一半。

4. 集中精力打球，发挥特长取胜

打高尔夫球要想不受外界环境的影响，更重要的是能控制自己的情绪波动，始终以平常心打好每一杆球，即所谓赢人先赢自己。球打好了不可得意忘形，打得不好也不能丧失信心，要始终保持清醒的头脑，正

确分析客观环境对自己技术的影响。

有些选手擅长打左曲球，但有时球场适合打右曲球，在这种情况下，实践证明，球手不可盲目改变战术，要坚持自己的特长打法，这样才会取得优异的成绩。

5. 麻痹对方，施加压力

在热身运动中，球手本来能顺利出色地完成技术动作，却故意表现技术动作不稳定，动作做得差，或有意表现出状态不稳、情绪不佳等，给对方以错觉，使对方产生轻敌思想。一旦开始比赛，则判若两人，出其不意，使对方毫无思想、心理准备。

而为了给对手造成一种心理压力，赛前训练或热身运动可在对手面前进行，有意识地表现出高昂情绪和信心十足，做出高水平的技术动作，使对手产生心理压力，甚至产生自卑感，从而影响其比赛中水平的发挥。赛前也可大造有利于本身比赛的舆论，如"我对自己的实力充满了信心""比赛的环境我很适应，一切条件对我十分有利"。

（四）高尔夫运动规则简介

1. 球台规则

如果迟到了但不足 5 分钟，要加罚两杆。若超过了 5 分钟，就要被判为失格，也就是没有资格参赛了。

出发顺序可以按委员规定的顺序，也可抽签、猜拳或按年龄大小决定由谁先发球。

沙坑、旗杆的位置等是可以问的，但若问同伴使用的是几号杆，则要被判罚两杆；同伴若回答了，同样也要被罚。

球从球座上掉下，或是在准备击球时杆头碰到球使球落下，可以把球重新放在球座上。但是如果正式挥杆击球了，而没打到球，应算作一杆。若空挥时使球从球座上落下，也只能在原位打第二杆了。如果要把打落的球重新放在球座上，那么再打就是第三杆了。如果怀疑打的球出界了，必须向同组竞技者说明，再打一个暂定球。要重新打时，应待大家都打完之后再打。若第一次打的球真的出界了，那么补打的这一杆，就是第三杆了。

2. 球道规则

在球道上，应由距离球洞较远的人先打。

若错打了别人的球，要被罚两杆。

在确认自己的球时，发现球坏了，可以向同伴说明换球；如果没有说明就换球或偷偷地换球，则要罚两杆。

　　球停在道路上或修理地上时，可以在远离球洞的方向，在一杆以内的位置抛球，而不受罚。

　　球打到长草区时，为了确认是不是自己的球，去摸草是可以的，若移动了球，则罚一杆。

　　在 5 分钟内找不到球，则视为球遗失。重新打一个球时，要回到打击位去打，且加罚一杆。

　　在打球时折断树枝或空挥时弄断树枝，都要罚两杆。

　　球打在自己的推车或球袋上，要罚两杆。

　　球杆在击球时，两次碰到球，即为连击，应算两杆。

　　3. 障碍区规则

　　"障碍区"是指任何沙坑或水障碍区。

　　在沙坑中，不可以清除球旁的树枝或树叶。如果犯规的话，要罚两杆。

　　在入沙坑中，准备打球时，球杆碰到了沙子要罚两杆。

　　球进入水障碍中，要罚一杆。当然如果你认为在水中可以打，是不受罚的。

　　4. 球洞区（果岭）规则

　　球打上球洞区，可以把球拿起来擦。但拿起球之前，必须做好标记。如果没有做标记，要罚一杆。

　　别人推的球还在动时，就做动作打自己的球，算犯规，要罚两杆。

　　在正规比赛中，每一洞都必须击球入洞（即使同伴已经承认你下一杆一定能将球击入洞内），否则即失去了参赛资格。

　　从果岭外面打球上果岭时，碰上了本来就停在果岭上的球，要把被碰到的球放回原位，但若两个人的球都在果岭上，打到球的人要被罚两杆。